石を投げるな

及川　弘

ことわざ、伊・独・英　併記手帳

壺中に果てしない大海あり

自分の仕事と言語と音楽学習の足跡をふり返り、ことわざ手帳をつくった背景を述べる。筆者は1932年（昭和7年）6月生れであるから今年（2016年）6月で84歳を迎えることになる。先輩・友人などが次々とこの世を去ってゆくなかに、体のあちこちに問題はあるとしても、一応は健康長寿の道へ歩んでいると自分は感じている。感謝の念で一杯である。

広くて　深い
ことわざの世界に
踏み込んで

70有余年筆者の漢字学習を見守った『新修漢和大字典』(東京博文館蔵版)
昭和19年6月20日344版　定價8圓

石を投げるな
―ことわざ、伊・独・英　併記手帳―

及川　弘

目　　次

私の言語学習の足跡—自分史にかえて —————————————— 9

第1部　石を投げるな
第1章　「ことわざ」は生きている ————————————————————— 19
第1節　「ことわざ」は言（こと）の技（わざ）か、言業（ことわざ）か　19
第2節　「ことわざ」の類語（類義語、同義語）はたくさんある　19
第3節　「ことわざ」の語が読み込まれたことわざ　23
第4節　ことわざは翻訳されて世界に広がる　25
第2章　石を投げるな——一石二鳥の合理的な解釈 ——————————— 33
第1節　石を投げれば波紋が広がる　33
第2節　石で動物を殺したり傷めたりすることわざ　34
第3節　石を投げない方法で一挙両得を表すことわざ　35
第4節　二つ以上のことは同時にできない　36
第5節　天に向けて唾を吐いたり、石を投げたりすればどうなる　37
第6節　「一石二鳥」は「一挙両得」ならず「一挙四失」である　40

第2部　ことわざ伊独英併記手帳
第1章　人生を考える ——————————————————————————— 45
第1節　我思う故に我在り　45
第2節　人間は考える動物　45
第3節　生きるか死ぬかの問題　46
第4節　人生は夢である　46
第5節　命ある限り希望がある　47
第6節　生まれながらの名人はいない　47
第7節　人生は闘い　48
第8節　七転び八起き　48
第9節　誰にでも長所や短所がある——完璧ではない　49
第10節　誤ちや失敗は人の常、改めるのを憚るな　50
第11節　知恵は力に勝る　51
第12節　人生は短く芸術は長い　52
第13節　芸術は身を助け、盗まれることはない　52
第14節　各自の特技特徴を活かし、適材を適所に　54
第15節　必要があれば何かを生み出す　55
第16節　努力する者は救われる　56
第17節　運命には逆らえない　56
第18節　楽あれば苦あり、苦あれば楽あり　57
第19節　逆境・災難・心配を克服して成功へ　59
第20節　不幸は重なる——あと先に注意せよ　61
第21節　怠けは悪のもと　62
第22節　笑う門には福が来る　63
第23節　真実は何か　64

第24節　正直者はどうなる　65
　　第25節　その日暮らしの人生　67
　　第26節　死人に口なし　67
　　第27節　人の死と生に関するあれこれ　68

第2章　時間と人生 ─────────────────── 73
　　第1節　時間は飛ぶ　73
　　第2節　時間を大切に　74
　　第3節　時間は人を待たない　75
　　第4節　長生きすることの良さ　76
　　第5節　若者と高齢者　78

第3章　学習訓練 ──────────────────── 83
　　第1節　学問に近道はない　83
　　第2節　知識・知恵の力　83
　　第3節　習うより慣れろ　84
　　第4節　努力は報われる　86
　　第5節　経験・勤勉は成功のもと　86
　　第6節　必要・困窮は発明・創造のもと　87
　　第7節　教えることは学ぶこと　88
　　第8節　聞くこと訊ねることが大切　88
　　第9節　学習・研鑽に年齢は関係ない　89

第4章　人間関係とくに友人 ───────────────── 91
　　第1節　良い友は宝、親戚以上にも　91
　　第2節　真の友人とは──頼りになるかならないか　92
　　第3節　友人の多いのは──八方美人を考える　94
　　第4節　人は見かけによらない　94
　　第5節　見た目より中身に──氏より育ち　96
　　第6節　見た目も大切　97
　　第7節　朱に交われば赤くなる→環境選びに留意　98
　　第8節　似た者、気の合った者は自然に集る　99
　　第9節　各自思うままに生き、他人にも口出ししない　100
　　第10節　他人の行動から学ぶこと　100
　　第11節　犬猿の仲（欧米：犬猫の仲）とは　101
　　第12節　夫婦喧嘩は放っとけ　102
　　第13節　去る者は日々に疎し──不在者は忘れられる　102

第5章　行動 ─────────────────────── 105
　　第1節　意思と努力があれば何かができる　105
　　第2節　言うは易く行うは難し　106
　　第3節　好機・潮時を逃すな　108
　　第4節　善は急げ　110
　　第5節　早いが勝つ　111
　　第6節　急がば回れ──ゆっくり落ち着いて　112
　　第7節　種を蒔かなければ収穫は得られない　113
　　第8節　歩けばどうなる・転石は　118

第9節　塵も積もれば　119
　　第10節　何事も一歩から≒塵も積もれば　120
　　第11節　点滴岩をも穿つ――小さな働きで大きい結果　121
　　第12節　過ぎたるは　122
　　第13節　待つことの大切さ　123
　　第14節　よく考え、人の意見も聞いて　125
　　第15節　始める前に終わりを考える　126
　　第16節　終わり良ければ――最後に笑う者　127
　　第17節　情報の有無、良し悪しを見極めよ　128
　　第18節　情報の出所――見ると聞くの違い　129
　　第19節　物事には限度がある　130
　　第20節　物事には変化がある　130
　　第21節　今日できることは明日に延すな　131
　　第22節　危険を冒して成功する　132
　　第23節　良い品の宣伝は不要　133
　　第24節　多いほど・大きいほど・長いほどよい　134
　　第25節　少しでも無いよりはまし　135
　　第26節　遅くともしないよりはまし　135
　　第27節　早（速）ければ早（速）い程よい　135
　　第28節　早（速）いのはよくない　136
　　第29節　多すぎると大きすぎるのは良くない　137

第6章　人間社会のすがた ―――――――――――――――― 141
　　第1節　10人いれば性格や好みは皆異なる　141
　　第2節　所が変われば習慣が変わる　143
　　第3節　郷に入れば……　144
　　第4節　住めば都、我が家が一番　145
　　第5節　よい隣人、悪い隣人　146
　　第6節　よそが良くみえる　147
　　第7節　強いものが弱いものを食う　148
　　第8節　憎まれっ子はどうする、雑草は良く育つ　148
　　第9節　火と煙――原因と結果　149
　　第10節　覆水盆に返らず――終わってしまったこと　150
　　第11節　悪事は露見し、真実がわかる　151
　　第12節　嘘をつけばどうなる、方便もある　153
　　第13節　不正な金銭の入手と支出　155
　　第14節　備えあれば…　156
　　第15節　弘法も筆の誤り、上手も失敗する　158
　　第16節　弘法は筆を選ぶか、下手の道具選び　159
　　第17節　旅先の友人、共存共栄　160
　　第18節　情は人のためならず→自分のため　161

第7章　健康・病気そして予防 ―――――――――――――――― 163
　　第1節　健全な身体に宿る健全な精神　163
　　第2節　健康は富に勝る最高の財産　163

　　　　第3節　早寝早起きのすすめ　　165
　　　　第4節　病気は治療より予防が大切　　166
　　　　第5節　良薬は口に苦い　　166
　　　　第6節　毒をもって毒を制す　　167
　　　　第7節　健康・病気と時　　169
　　　　第8節　健康についてあれこれ　　169
　　第8章　食事・満腹そして空腹 ──── 171
　　　　第1節　しっかり食べていい仕事　　171
　　　　第2節　働かざる者食うべからず　　171
　　　　第3節　生きるために食べ、食べるために生きるのではない　　172
　　　　第4節　人はパンだけでは生きられない　　173
　　　　第5節　満腹すれば　　173
　　　　第6節　空腹になったら　　174
　　　　第7節　腹八分目で健康に　　176
　　　　第8節　料理人が多いとどうなる　　177
　　　　第9節　食欲を考える　　178
　　　　第10節　衣食足って礼節を知る　　179
　　第9章　法則と例外 ──── 181
　　　　第1節　法則に例外あり　　181
　　　　第2節　例外が規則を認める　　181
　　　　第3節　必要の前に法則なし　　181
　　第10章　ローマは永遠の都 ──── 183
　　　　第1節　永遠の都（ローマの別称）　　183
　　　　第2節　全ての道はローマへ通じる　　183
　　　　第3節　ローマは一日でできるものではない　　183
　　　　第4節　弁の立つ者はローマへ行く　　184
　　　　第5節　ローマに行ったら→郷に入っては郷に従え　　184
　　　　第6節　ローマに行って法王を見ない──大事なことをしない　　184
　　　　第7節　ローマを主題とすることわざのいろいろ　　185
　　第11章　筆者選定のことわざの出典となった文献数 ──── 187
　　　　第1節　イタリア語のことわざ（669文について）文献数　　187
　　　　第2節　ドイツ語のことわざ（1012文について）文献数　　187
　　　　第3節　英語のことわざ（1519文について）文献数　　189

諸言語の特性を考える　　193

著者経歴と自分史の鳥瞰図　　200

あとがき　　203

引用および参考文献　　206

凡例

凡例1　言語略語表

〔日〕：日本語　〔伊〕：伊太利（イタリア）語　〔独〕：独逸（ドイツ）語
〔英〕：英吉利（イギリス）語*　〔米〕：亜米利加（アメリカ）語**
〔西〕：西班牙（スペイン）語　〔仏〕：仏蘭西（フランス）語　〔ラ〕：ラテン（羅甸）語
〔韓〕：韓国・朝鮮語（ハングル）　〔中〕：中国語（中文）
〔馬〕：馬来西亜（マレーシア）語　〔露〕：露西亜（ロシア）語

*English English, British English, the King's English, the Queen's English
**American English, American Language

凡例2　文法略語表

1：1人称、2：2人称、3：3人称、単：単数、複：複数、現：現在、過：過去、過分：過去分詞、ジェ：ジェルンディオ（〔伊〕）、未：未来、直：直接法、命：命令法、接：接続法、条：条件法

私の言語学習の足跡
―― 自分史にかえて ――

敵国語だった英語

　ふり返って筆者の少年時は第二次大戦中で、衣食に事欠く日々であった。仙台の小学校時代のことで覚えていることは殆どないが、漢字はよく勉強したようで、そのためか今でも漢字は好きである。漢字についてはあとで述べることにする。

　中学（旧制）に入ったのは終戦の年（1945年）の4月であった。敗色の決定的な時で、英語は敵国語として使ってはならないとされていた。しかし学校は進学校で英語は確か必須科目であった。新しく教科書を配布されることはなく、先輩などから借りて使っていた。

　当時、父親は「敵を知るには敵国語を学べ」と言っており、借りた英語の教科書を写しとってくれた。紙が十分にあったわけではなかったが、銀行員であった父の手許に、貸借対照表の仕損じ品があったので、それを使った。その紙は厚く日付毎に横線が引いてあり、表紙はハードカバーであり、当時としてはなかなかの豪華版だったといえる。父の書いた英文は全部筆記体であった。したがって筆者が最初に覚えた英文は筆記体であり、70年後の今でもその影響が残っていると思われる。

　活字体で書かれた英文と日常的に接したのは、その年の（終戦後）秋になってからであった。進駐軍の米兵をみかけることが多くなると大人達の中で英会話を習う人がいると聞いた。終戦の翌年（昭和21年）の春、NHKのラジオ番組で平川唯一先生の英会話教室が始まった。番組はカム、カム、エブリボデイ……の歌で始まるので、カムカム英語と呼ばれ、先生はカムカム先生と呼ばれた。

　戦後英語が重視されて、英語の先生は晴れ晴れとした顔で教壇に立たれたようにみえた。ただ戦前に学んだ英語は英国式の即ち King's English (or Queen's English) であったのが、戦後には米国式即ち American English になったので、混乱は免れなかった。今でも覚えているのは〔英〕want to が〔米〕wanna に、〔英〕tomato の発音が〔米〕təmeitou になり、それに〔英〕centre が〔米〕center に、〔英〕neighbour が〔米〕neighbor になるなどが思い出される。簡単なことでも少年時代に身についたものは改まりにくいのである。

ドイツ語との接点

　新制高校3年生のときに、生物系の進

路を考えて、第2外国語にドイツ語（独語）を選択した。大学進学後も独語を選択した。ドイツは日本と共に敗戦国だったが、基礎科学や医学の先進国として尊敬していたのだ。部活動では乗馬部に入った。岩手県滝沢村にあった馬の種畜場で行われた乗馬合宿訓練に参加したときに、部員の一人が毎夕食後に、岩木山に向かって楽しそうに歌っているのを側で聞いた。ドイツ語（独語）で「ムシデン ムシデン ツム……」やイタリア語（伊語）で「ノノレタ ノノレタ ペラマルティ……」など、歌詞の意味を教えてもらい、メロディーとともにとてもいい歌のように聞こえた。こういう歌を知らなかった自分が貧しく思えた。大学受験に精一杯で、音楽を習う時間も経済的にも余裕がなかったのだ。音楽に触れたのは、海洋少年団に在籍したときに、海軍軍楽隊の先導で市内行進したときに聞いた軍艦マーチが記憶に残っているだけである。なお、さきの2つの歌には約半世紀の後に偶然にも再会できたので後述する。

大学は出たけれど、意に叶う就職先はみつからず、大学院修士課程に進学した。勉強を続けられたことは、父の亡きあと8人の兄弟姉妹をまとめた今は亡き長兄のおかげと感謝している。

大学院ではラットなどの実験動物を飼育して、解剖実験をしたり、ヤギの胃に袋（小胃という、パブロフが行った）をつくって栄養素の消化吸収実験の手伝いなどをやっていた。

2年生を修了したときに大阪に本社のある製薬会社から新薬開発のための動物実験の要員として採用された。当時仙台から東京に就職する者は多かったが、大阪へ行く者は少なく、恰かも外国に渡る

大学で乗馬部に入り動物とのつきあいが始まる

かのような気持ちであった。新幹線などはなく、今でいう在来線のみであった。

今とちがって東北の方言ははずかしいとされていて、関西弁を外国語として習うつもりで、NHKラジオの上方演芸会の番組を一所懸命に聴いたものであった。

1958年から62年にかけて市販されたサリドマイド（Thalidomide）という催眠薬が、催奇形性があるため販売停止となったが、このことで動物実験の重要性が認識されて、自分の仕事の価値に自信をもった。

ロシア語を学ぶ

少し遡るが、大学院生のときに、何か新しいことはないかと思っていたときに、1950年代のソ連で、育種家のミチューリン（Michurin, I.V.）の理論によるヤロビ農法が、ルイセンコ（Lysenko, T.D.）の発育段階理論によって支持されていた。これはメンデル式遺伝による育種とは異なり、環境条件の変化で生物の遺伝的な性質を変化させようとする、作物や家畜の育種法である。この説は後に否定されることになるのだが。この理論を学ぼうとロシア語（露語）の勉強を始めた。

ロシア文字といい、その読み方といいついて行けなかったが、1963年に語学学習のためのソノシートが売り出され（岩波書店、白水社）、ネイティブスピーカーの音が聞けるようになった。またダークダックスやロイヤルナイツの歌声に耳を傾けて、露語の歌詞の意味を覚え、音がわかるようになった。

大阪に就職して、勤めの帰り途に、花柳流の日本舞踊の講座に通った。踊りの伴奏音楽としての小唄や長唄をいくつか覚えた。そこで語られている日本語も結構難しいと思った。ラジオから流れる邦楽そしてリート、シャンソン、カンツォーネ、ラテンなどさまざまな音楽を聞きな

入社1年目　外国人から微生物の講義をうける

がら、仕事の勉強をするという所謂「乍ら族」の一人になっていた。

研究の中での外国語との接点

その後、仕事が抗生剤新薬開発担当になり、新規化合物の効力試験や副作用検査のための動物試験を行うなど、約10年間は仕事一筋で、音楽もことわざ集めも休みとなった。

一方基礎研究の指導を受けるため大阪大学医学部教授の下に、休日返上で通った。大学の研究室・会社の実験室そして家と三角通行になった。いくつかの新薬候補物質が得られ、その国内・国外の特許も得られた。また基礎研究で発表した原著論文の別刷を請求する手紙や葉書が、国内外の研究者から寄せられた。そこにはられた切手で今に残っているものをみると、欧州、南北アメリカ、アフリカ、大洋州そしてアジアの30カ国以上で、振り返って懐かしく感じられる。

45歳（1977）には一つの新薬候補物質の原末見本と効果及び副作用試験成績をまとめる一方、対象となる病原微生物に関する基礎研究の成績をまとめることができた。新薬候補物質については欧州の某製薬会社に共同研究を打診すること、研究成績については学会で発表することで波蘭（ポーランド）、独逸（ドイツ）、仏蘭西（フランス）、英吉利（イギリス）諸国への出張を命じられた。初めての飛行機旅行であった。

当時はアラスカのアンカレッジ経由で、ドイツのハンブルクに降りた。そこからワルシャワ、ベルリン、ボン（当時の西ドイツの首都）、パリ、ロンドンを順次訪問した。ベルリンでは東西を分ける壁を、許される至近距離で見た。この壁は今はとり払われてしまっている。結局新薬への壁は極めて高く、厚いものを感じることになった。ここで二つの壁をみたのだ。

学会での発表は原稿をくり返し練習したため分ってもらえたと思うが、会員の質問の内容が分からず、立往生してしまった。同行の方に助けられて答えたときは汗びっしょりであった。

研究の成果で
医学博士の称号を受ける

しかし、他方、それまでの研究成績に対し大阪大学から医学博士の称号が授与された。当時は主論文と副論文リストの提出と口頭発表、それに独語の文献を読んでいたので、試験問題を解くことができたと思い、「継続は力なり」を実感したのだ。

その後、いくつかの新物質について効果範囲（スペクトラム）の拡大、副作用の軽減に努めたが、50歳になって新薬開発への道は断たれた。あとで知ったことであるが、以前同じ大学の別の研究室で学んでいた遠藤章氏は卒業後、抗コレステロール薬の開発研究を進めていた。彼の新薬はいくつかの賞をうけ、数年前にはノーベル賞候補（科学誌 Newton）と注

五十の手習い ―フルートの試み

凡そ10年前のこと、或る地方紙で、女性ばかりのフルートアンサンブル湖笛の会の公演があるという記事が目にとまった。その時まで、フルートはオーケストラのパートにすぎないと思っていたから、フルートだけのアンサンブルといってもピンとこなかった。とにかく一度は聞いてみなければと思い、客席の一人となった。澄んだ音色とすばらしいハーモニーにすっかり魅了されてしまった。しかもリーダーの先生がピッコロ、フルート、アルトフルート、バスフルート、コントラバスルフートを夫々紹介し、音色の特性を解説されたのでよくわかった。

ふり返ってみると、私の少年時代は戦時中で、海洋少年団に所属していた頃に、海軍軍楽隊にあこがれていたが、楽器を手にすることができず、くやしい思いをしたことが今でも忘れられない。戦後のジャズ時代には松本英彦のテナーサックスや鈴木彰治のクラリネットに、そして近くはニニロッソのトランペットに耳を傾けたものだった。しかし、同じ管楽器でもフルートの音色はそれらの楽器とは異なって清純さがあり、しかもフルート属の楽器だけですばらしいハーモニーの醸し出されるのを初めて知ることができた。

それまで楽器をマスターすることもなく、企業に勤める平凡な科学者として過してきたのに、50を超える年になって、フルートをやってみたいという気がわき出してきた。

フルートを買い求め、近くの音楽教室で、娘位の年の若いフルーティストを先生として、ＡＢＣから手ほどきをうけた。音の楽しみを味わうまでにはならなかったが、石の上にも３年、アルテの教則本第１巻を終えることができた。途中何度か止めようと思ったが、同じ年頃のオジサン達が二、三ヶ月で挫折する姿をみるにつけて、自分だけは生き残りたい気持ちになった。

教室の発表会、小・中学生の子ども達にまざって、50半ばのオジサンが必死に奏する姿を客席でみたら、さぞ滑稽にみえただろう。それでも次回にはもう少しましな演奏をと思う気持が、止めたいと思う気持を抑えて、フルートにもっと時間をと駆り立てられるようになった。

出演の順番を待つときの不安な気持、喉はかわき、息がきれる。唾液が出なくなるのは管楽器演奏にとって致命傷である。或る素人出演の番組で審査員が、「若い人より40代50代の人の方がよけいあがるよ。」といっていたのが身にしみて分かった。人の前で話すことに少しは慣れていたつもりでも、フルートでは一年生にすぎないことを痛感した。それでもどうにか演奏を終えて、口にした一杯のビールのうまさは格別だった。乾き切った大地に雷雨の駆け抜けるようで、まさに干天の慈雨であった。

その快感がフルートを７年も続けさせてしまった。漸く今では日本のメロディーを少し楽しめるようになった。

余暇時間とは暇をもて余した時間ではなく、作り出された時間であることが分った。長い間苦しみがあって始めて音を出す楽しさが分かる。それを知ったのは、50の半ばを過ぎてからであった。これをフルートが教えてくれたのだ。有難う！フルートよ！いつまでも。

目されるまでになった。彼の著書「新薬スタチンの発見」（岩波書店）を読むと、その苦労の程は並大抵ではなかったことがわかる。新薬開発の勝者（彼）と敗者（筆者）の差は比べものでないことを感じとった。

研究テーマの移行と執筆の機会

　筆者の仕事は新薬の開発から変わって、動物とつきあう事が多くなり、ネコが医学研究のモデル動物として、脳神経生理学に貢献していることや、ネコエイズがヒトエイズのモデルとしての可否などを調べた。他方学術書や雑誌に執筆する機会も得られた。

　1970年代には英文タイプライターがあったので自分で英文報告書を作っていたが、日本文のワープロが市販されるまでは和文タイプは専門職の仕事であった。したがって日本文の報告書はまず手書きの原稿をつくり、これを清書して出版社に渡すのであった。この清書がたいへんな作業なのだ。大学の研究室では秘書の大事な仕事の一つであったようだ。日本文ワープロの機械を手にするまでは、筆者の原稿の清書は妻の手に頼った。字を書くのが好きな妻は以来書道の道へ進み、当然のこと漢字の本もたくさん読んでいるので、今では筆者の漢字字典の務めをになってくれている。

　筆者の仕事の転機にさしかかった頃、滋賀県で松山克子氏をリーダーとする女性だけのフルートオーケストラが結成された。その清らかなハーモニーを聞いて、心の癒やされる思いがした。滋賀県の母なる湖・琵琶湖の水面に響けということで「湖笛の会」（うみぶえ）と名づけられている。50の手習いということで、若い女性フルート奏者に演奏の手ほどきをうけた。管楽器の演奏には基本的に語学は要らない。伊語由来の音楽用語のみである。言語の学習に苦闘した者にとっては楽に思われた。しかし天分と年齢が問題なのだ。演奏技術や暗譜では小さい子供達の進歩は早く、どんどん抜かれてしまうのだ。そんな中でフルートの感想文と発表会で演奏する姿が、或るミニ広告に掲載されたのは思い出として最高である。（P13参照）

　60歳（1992年）で定年退職した。次の仕事としてマレーシアに注目した。当時マレーシアは1981年に就任したマハティール（Mahathir, bin M.）首相の「ルックイースト」（Look East）政策の下に、日本や韓国に学べと発展しつつあった。

　首都クアラルンプール（KL）には新空港が完成し、KLタワーやツインタワーが建設中であった。何回か訪問して、現地の研究者らと共に土の微生物調査を行った。結果は原著論文としては1報のみであったが、簡単ながら総説も1冊書くことができた。

　マレーシア語（馬語）に惹かれて、医療用語や諺の収集を行って、マ・日・英1組でかなりの数の単語を集めたが、未

完了のまま残されている。

　戦後我々はアメリカの進んだ科学技術を学び、アメリカに追いつき追い越せと努力してきた。マレーシアでもそういう勢いを感じとることができた。マレーシアの公用語の一つが英語なので、彼らの方が有利であるにちがいない。日本では英語の文献がすぐに日本語訳されるので、最新の知見が得られ易いと考えられる。それ故に英語の学習を怠ってしまう。

7番目の外国語「中国語」
続いて伊語

　筆者の英語の原著論文のリストがニューヨーク科学アカデミー（The New York Academy of Sciences）に記録されたのであろうか、会員（Membership）に加えられた。そのとき提出した簡単な履歴書がMarquisのWho's Who in the World（1999,02,04）, Who's Who in Science and Engineering（2001）, Who's Who in Medicine and Healthcare（2004）に掲載され、ここで英文で発表することの重要性を体験することになった。

　著者の英語勉強を振り返ってみると、できるだけ多く読み、少し書くのに徹し、聞くと話すは省略したという片寄った学習法であった。

　その間に町内会の副会長を1年間、ひきつづき町内会長を1年間務めた。それまで関わらなかった近隣社会の状態や市の行政について学ぶことができた。さらには人づきあいの下手な人間が人づきあいの難しさを習うこともできた。

　ふとしたことから中国語の簡体字に接し、日本語漢字の略字との対比が気になり出した。中国語講座を1年間50回受講した。その時提出した作文に対し、先生の赤ペンで（朱に）染められた答案が残されている。これが第7番目の外国語である。

　72歳（2004）になって、白内障の治療や冠動脈狭窄の検査と治療で、前後6回の短期入院をくり返した。その時病床で聴いたカンツォーネに惹きつけられた。

　たまたま大阪でジパングクラブのオペラ講座（講師三井専志氏）が始まったので受講した。いわば第一期生である。講義の内容は1回2時間にしては豊富で、オペラ（主に伊他に独・仏）のビデオ鑑賞ばかりでなく、カンツォーネやアリアの歌詞や音楽用語を伊語で習うのである。筆者にとっては第8番目の外国語だが、英・独に次ぐ第3番目に重要なものとなった。

　カンツォーネや独語のリートなど色々と習っているうちに、半世紀もの昔に友人から教わったあの「ムシデン ムシデン……」と「ノノレタ ノノレタ……」に出逢ったのである。

　分かったことは、前者は独語の歌"Muß i denn, muß i denn ……"（日語題名：ムシデン、行かなくては）という南西ドイツの方言の歌であり、後者は伊語のポップスで"Non ho l'età non ho l'età ……"（まだそんな年頃じゃないの

……）（日語題名：夢見る想い）である。曲と歌詞の全内容を知ることができて喜んだが、昔のような感激に浸るようには至らなかった。

ハングルに取り組みやがてことわざ集へ

　80歳（2012年）になって韓国語（ハングル）のことわざを学ぶことにした。

　これは第9番目の外国語である。講座で与えられた自由課題の宿題では、自分好みのことわざを列挙して解釈を試みたが、先生によって添削された赤字の多さに苦闘の様子が偲ばれる。

　以上筆者が80有余年生きて、自分の仕事に直接間接かかわった諸言語と音楽とを振り返った。これがことわざ収集の背景である。こうして細やかながら自分史の概略ができあがった。以上のことを時系列的に図表にすると、図表（201頁）のようになる。

　諸言語を学ぶため辞書を読んでいるときに、目について気に入ったことわざを自分のことわざ手帳に書きとめた。またことわざの解説書も読んで、これに書き加えた。今回それらのうちの伊・独・英のことわざについて、場面・状況別に区分けして（章・節に分類）記載することにした。84歳の現在、体力の低下や記憶力の減退を感じているので、自分の感覚としても未完成ではあるが、一区切りをつけようと思う。今後健康寿命を延ばすことができれば、更にことわざの収集を続け、伊・独・英以外の言語のことわざも加えて、後日増訂版としてまとめることができれば幸いと願っている。

　ことわざ手帳の内容を開示するに先立って、筆者が諸言語のことわざを収集している最中に、どうしてもそのことわざを受容できないものがある。

　これは「**一石二鳥**」である。伊・独・英のことわざを中心にその諺を考察した結果を第一部第二章に示す。

第1部
石を投げるな

第1章 「ことわざ」は生きている

第1節 「ことわざ」は言の技か、言業か

　「ことわざ」を国語辞典や百科辞典で引くと「諺」という漢字があてられている。しかし、説明の内容をみると言葉の言い回しの意味で「言業」とか言語技術の意味で「言技」があてられることもあるとされるが、これは一般的には用いられない。「ことわざ」の辞典や解説書などの書名のタイトルには日・伊・独・英いずれの言語についても「ことわざ」が用いられている場合が多い。「ことわざ」は「諺」やその類語を含めて広い意味で使われているように思われる。一般的には「諺」に相当する伊語はproverbio、独語はSprichwort、英語はproverbとされる。英語の類語を調べると後述するように多くの類語をもつsayingが「ことわざ」または「言の技」に相当するのではないかとも思われる。

　一つのことわざでも解釈の仕方で異なる例もある。例えば、A rolling stone gathers no moss. は最初に習った英語（King's or Queen's English）では住所や職業を度々変えると、財産や地位を得にくいと考えられる。しかし、のちに米語（American English）では住所や職業を変えることにより悪い組織や習慣などに煩わされることなく仕事をうまくできると考えられる。また「イヌも歩けば棒に当たる」は棒を災難ととるか幸運ととるかで、全く逆の考え方になるが、英語では The dog that trots about finds a bone. と幸運の例と考えられる。

　ことわざには古くから伝えられるものでも、自然の理に反したり、真理性の疑われるもの、倫理性に欠けるものや、人種・性・年令などで差別的な表現もある。また近年動物愛護や環境保全の考え方が普及しているので、この観点から不適切と思われるものもある。これらは、ことわざの歴史的考察を除けば、21世紀には排除されるべきと考えられる。筆者のことわざ手帳には当然記載しないように努めている。

第2節 「ことわざ」の類語（類義語、同義語）はたくさんある

　日本語の「ことわざ」の類語は、類語大辞典（講談社）によると次の語がある。ことわざには諺、俗諺、俚諺がある。格言には金言、箴言、寸言、寸鉄、警句がある。名言には至言、名句、名文句、銘、座右の銘がある。

類語新辞典（角川）では諺の項に諺、俗諺、俚諺、格言、金言、寸言、寸鉄、警句、標語、キャッチフレーズ、スローガン、モットー、合言葉がある。
　広辞苑（第六版、岩波書店）で解説されているものには諺、俚諺俗諺（俚言）、格言（金言、箴言）、箴言（格言）、金言（格言）、言事（ことわざ）がある。
　そのほか類語新辞典（三省堂）にも類語がとりあげられている。ほかに故事・俗信ことわざ大辞典（小学館）には故事・俗信もとりあげられている。慣用句をあげているものもある。

　伊語のことわざの類語は伊和中辞典（小学館）から、筆者がひろいあげたものは8語ある。その日語訳は同書より、独語訳は独伊辞典より、英語訳は伊英辞典によって下に示す。
・aforisma：警句、箴言、格言、金言　〔独〕Aphorismus〔英〕aphorism
・detto：有名な言葉、格言、金言　〔独〕Aussprach, Aphorismus〔英〕aphorism
・gnome：格言、金言、警句　〔独〕Gnome〔英〕gnome, aphorism
・locuzione：箴言、慣用句、言いまわし　〔独〕Redewendung〔英〕idiom
・massima：格言、金言　〔独〕Maxime, Richtlinie〔英〕maxim
・motto：格言、箴言　〔独〕Motto, Wahlspruch〔英〕motto, saying
・proverbio：諺、格言、箴言、金言　〔独〕Sprichwort〔英〕proverb, saying
・sentenza：格言、金言、警句　〔独〕Sinnspruch, Dentkspruch〔英〕saying

　伊語の類語辞典、Dizionario dei Sinonimi della Lingua Italiana に記載されている類語は次の通り。
・aforisma：detto, massima, sentenza
・detto：motto, proverbio, sentenza
・locuzione：modo di dire, frase idiomatica
・massima：detto, motto, principio, regola
・motto：detto, massima, sentenza
・proverbio：detto, massima, motto
・sentenza：detto, giudizio, massima, motto

　独語の「ことわざ」の類語は辞典等諸文献から筆者が書き出したものは次の多数例がある。伊語訳は独伊辞典による。
・Aphorismus：金言、格言、警句、箴言　〔英〕aphorism〔伊〕aforisma

- Denkspruch：格言、座右の銘、箴言、警句（＝Wahlspruch）
- feste Wortverbindung：慣用句、箴言（＝Redewendung, Redensart）
- geflügeltes Wort：翼のある言葉、よく知られた名言
- Gnome：格言、金句、警句（＝Denkspruch, Sinnspruch）
- goldene Worte：金言
- Lehrspruch：金言、格言、箴言、名言
- Maxime：格言、金言、処世訓 〔伊〕massima
- Motto：モットー、座右の銘、金言、格言 〔伊〕massima, motto
- Redensart：熟語、慣用句 〔伊〕（フレーズ）parola
- Redewendung：言い回し、慣用句（＝Redeweise） 〔伊〕locuzione
- Satz：金句、格言、警句
- Sentenz：金言、格言、箴言、名句、名言（＝Lehrspruch）
- Sinnspruch：金言、格言、警句（＝Lebensregel） 〔伊〕sentenza
- Lebensweisheit：金言、格言、箴言、倫理上の原理
- Spichwort：諺、俚諺、格言

  有用句：wie es im Sprichwort heißt　諺に言うように
  　　　　zum Sprichwort werden　人口に膾炙する
- sprichwörtliche Redensarten：言いまわし、慣用句、ことわざ
- sprichwörtliche Wendungen：諺ふうの慣用句、言いまわし
- stehende Redensarten：きまり文句
- stehende Redewendung：慣用句、箴言
- Volksprichwort：民衆のことわざ
- Wahlspruch：標語、モットー、格言 〔伊〕motto
- Weisheit＝Weisheitsspruch＝Lebensweisheit：金言、格言
- Wendung：言いまわし、熟語
- Wort（＝Spruch＝Ausspruch）格言、金言、諺 〔伊〕detto, sentenza
- Zitat：引用句、格言、慣用句 〔伊〕detto, sentenza

　英和辞典で英語の類語をまとめているのは新英和大辞典第六版（研究社）である。それによると、saying（諺、格言）のsynonym（類語）として次の7語があげられている。類語に該当する例文が示されている。有用句は筆者の選定による。
- adage：金言、格言、ことわざ

  例文：In wine there is truth.（注：wineの項で諺と記載）

・aphorism：金言、格言、警句（pithy saying）
　例文：Art is long, life is short.
・epigram：エピグラム、警句　〔英〕apophthegm〔米〕apothegm
　例文：Brevity is the soul of wit.
・maxim：格言、金言、訓言、処世訓
　例文：Honesty is the best policy.（注：honesty の項で諺と記載）
　有用句：a golden maxim　金言
・motto：（1）座右の銘、標語、モットー、（2）金言、格言、訓言
　例文：Strike while the iron is hot.（注：iron の項で諺と記載）
・proverb：諺、金言、教訓
　例文：It is no use crying over spilt* milk.　*〔米〕spilled
　有用句：as the proverb says [runs/goes]　諺に言う通り
　　　　　pass into a proverb　諺になる→評判になる。笑い草になる。
　有用句：proverbial phrase [saying]　諺
　　　　　proverbial wisdom　金言
　　　　　proverbial brevity　諺式の簡潔さ
・saying：言い習わし、言説、諺（proverb）、格言（maxim）、警句、名言
　例文：More haste, less speed.（注 haste, speed の項で諺と記載）
　有用句：a common saying　世間の言い回し
　　　　　one's saying and doing　言行
　　　　　as the saying is [goes]　よく人が言う通り、諺に言う通り

　以上の他に諸文献から次の語があげられる。
・apophthegm（〔米〕apothegm）：警句、格言（maxim）
・by word：言い古された言葉、通り言葉、諺、決り文句
・catchphrase：奇抜な文句、警句、標語（slogan）
・catchword：キャッチワード、標語
　有用文：Man is a creature who lives not upon bread alone, but principally by catchword.
・dictum：格言、金言（saying）
・gnome：金言、格言（aphorism）
・precept：教訓（instruction）、格言（maxim）
・slogan：スローガン、標語、モットー（motto, watchword）

・watchword：金言、標語、スローガン
・wisdom：金言、格言、名言（wise sayings）
　有用句：Pour forth wisdom 名言を吐く
　有用文：Time brings wisdom

　英語の「ことわざ」の類語関係を類語辞典でみる。
　Chambers Dictionary of Synonyms and Antonyms（2000, Chambers）によると次の通りである。
・byword：adage, catchword, epithet, maxim, motto, proverb, saw, saying, slogan
・dictum：maxim, precept, proverb, saying
・maxim：adage, aphorism, byword, epigram, motto, precept, proverb, saying
・motto：adage, byword, catchword, dictum, maxim, precept, proverb, saying, slogan
・proverb：aphorism, byword, dictum, maxim, precept, saying
・saying：adage, aphorism, byword, dictum, maxim, motto, precept, proverb, slogan

　また、Dictionary of Synonyms and Antonyms（1999, Oxford）によると次のものがあげられている。
・motto：adage, aphorism, catch-phrase, maxim, precept, proverb, saw, saying, slogan
・proverb：adage, maxim, saw（old use），saying
・saying：adage, aphorism, apophthegm, catch-phrase, catch word, dictum, maxim, motto, precept, proverb, saw（old use）slogan, tag, truism, catchword

　以上、日・伊・独・英各言語について「ことわざ」の類語関係をみたがたくさんあって、「ことわざ」が広い意味をもち、複雑さがうかがわれる。日本語では「諺」よりは「ことわざ」が広い意味で使われているようである。英語では proverb より saying が広い意味をもつようであるが、我々の感覚では proverb が一般的なように思われる。

第3節　「ことわざ」の語が読み込まれたことわざ

　「ことわざ」が読まれている諺は、日・伊・独・英の各言語について、いくつかあげられる。日本語のことわざは故事・俗信ことわざ大辞典（小学館）によると次の例がある。
(1)「牛の鞦と諺とは外れそうでも外れない」ここで鞦とは昔の牛車などの絵にみられ

るもので、牛馬の尻に掛ける紐のことをいう。一見はずれそうにみえてもはずれないことの例えとされる。
(2)「三等の諺」これは馬は上等、牛は中等、人は下等を使うのが良い。即ち人や動物は最適のものを用いるのが良いとしている。(筆者はこれは差別的で好ましくないと思う)
(3)「昔から言う事に嘘はない」ここで言う事とはことわざや習わしのことをいう。
(4)「昔から諺にはずれたものはない」
(5)「昔から言う譬えに違うたことは一つもない」、

■伊語のことわざについては、Dizionario dei Proverbi Italiani e Dialettali などから次があげられる。
(1) I proverbi non sbagliano mai.(諺は決して間違えない。)
(2) Il proverbio non falla.(諺は誤ることはない。)
(3) I proverbi sono la sapienza dei secoli.(諺は永遠の知恵である。)
(4) I proverbi sono la sapienza del popolo.(諺は世人の知恵である。)
(5) I proverbi sono la saggezza dei popoli.(諺は人間の英知である。)
(6) I proverbi sono come i secchi del pozzo：un tira l'altro!
(諺は井戸桶のようなものである。一方を引けばもう一方が上がる。)

■独語のことわざは Dictionary of European Proverbs (1994) などから次の各文が得られる。
(1) Sprichwort, Proverb.(ことわざ)
(2) ein Sprichwort —— -ein Proverb.(ことわざ)
(3) Durch Lehren wir, das Sprichwort bleibt in Ehren, doch Wahr ist auch, das wir durchs Leben selbst uns lehren
(我々は多くを学ぶことによって諺のありがたみを知ることができる。しかし、やはり人生が一番多くのことを教えてくれる)
(4) Wir haben viele grobe Sprichwörter, aber gute Meinung.
(我々には多くのきつい諺があるが、それは良い意見なのだ。)

■英語のことわざは Dictionary of European Proverb (1994) などによる。
(1) Proverbs are the wisdom of the street.(諺は市井の知恵である。)
(2) Proverbs are the daughter of daily experience.(諺は日々の経験の賜物である。)
(3) Nimrod was a hunter, even to a proverb.

(ニムロドは諺にも伝えられるほどの狩人の英雄だった。)
(4) Wise men make proverbs but fools repeat them.(賢人は諺を作り、愚者はそれをまねる。)
(5) A good maxim is never out of season.(優れた格言はいつの世にも当を得たものである。)
(6) Time passes sayings endure.(時は過ぎ行くも諺は生き残る。)
(7) Time brings wisdom.(時は英知をもたらす。)

第4節　ことわざは翻訳されて世界に広がる

　今日、日本で話題にされることわざは日本古来のものの他に古い中国由来のものが多い。欧米でも各地に古くから伝えられるものの他、著名人の名言、そしてギリシャ語やラテン語由来のものがあり、それらが各言語間で翻訳され、今日に伝えられているものがある。更に日本語にも訳されているものがある。
　日本語のことわざが英訳されて、諺集に載せられている例もある。例えば、Oxford Dictionary of Proverbs (5th ed, 2008) に採用されて、Japanese proverb と明記されているものが6点ある。いずれも日本では広く知られて、日常的に利用されている。その英訳例は次の通り。
(1) A clever hawk hides its claws.(能ある鷹は爪を隠す。)
(2) Feed a dog for three days and he will remember your kindness for three years; feed a cat for three years and she will forget your kindness in three days.
　　(イヌを三日飼えばその恩を3年にわたり覚えているが、ネコを3年飼ってもその恩を三日で忘れる。)
(3) Fall down seven times, get up eight.(七転び八起き。)
(4) The frog in the well knows nothing of the sea.(井の中の蛙大海を知らず。)
(5) The nail that sticks up gets hammered down.(出る杭は打たれる。)
(6) The man who has once been bitten by the snake fears every piece of rope.
　　(一度ヘビに咬まれた者は縄をも恐れる。羹に懲りて膾を吹く。)
　ほかにも日本や中国由来とされるもの3点あるが日本語としてなじみが薄いと考えられるので省略する。
　各言語のことわざを併記している辞典(例文献E14)をみると、ことわざを言語間で借用・翻訳されているものも多いが、時には筆者のような初級者にとって理解に苦しむ例もあり、言語能力の不足を反省するのみである。そのような例は本手帳には採用していない。
　時には翻訳にふりまわされることがある。〔伊〕Traduttore è traditore(翻訳者は裏切り者である)〔独〕Ein übersetztes Buch—ein verletztes Buch(翻訳書は害のある書)がある。

これらは言い過ぎではあるが、即ち翻訳には誤訳がつきものの意ととれる。訳文を読むときには誤訳に注意が肝心と教えている。

■誤訳に悩まされた筆者のつぶやき

　筆者には少年の頃から覚えていた歌詞の違いに気付いてから、80歳を過ぎる今日でもその悩みは解消されることはなく、人生の終わりを迎えようとしている。主な4例をとりあげる。

（第1の例）

　少年時代に学んだ「サンタルチア」の歌詞である。日本語の歌詞は堀内敬三訳で「月は高く、海に照り、風も絶え、波もなし……」とずっと歌っていた。それから50年以上経って、canzone italiana としてイタリア語（以下、伊語）の歌詞を習った。その歌詞は "Sul mare luccica l'astro d'argento…" である。どこをさがしても月（la luna）は出てこない。l'astro は「星」であって「月」ではないのだ。この歌の舞台となるナポリは舟乗り達の街でもある。彼らにとっては夜空の星や月は航海の道案内として重要であるから、星や月への思いは人それぞれであると思われる。

　l'astro（星）を日語で月（la luna）に勝手に変えられ（誤訳され）たのでは歌の趣きを違えてしまうのだ。堀内敬三氏は昔NHKのラジオ番組「音楽の泉」の優れた解説者と思っていたので、たいへんがっかりしたものである。

　ところがカンツォーネの勉強が進むと、音楽家青木純（ペンネーム：友谷達則）氏の解説を知った。それによると、我々が通常歌っている伊語の歌詞（前述の "Sul mare luccica…"）は伊語の標準語（共通語）版とされるものであって、ナポリ語（方言）版では "Comme se fricceca la luna chiena…" であるという。そこには la luna（月）があるではないか！　他の canzone napoletana のCDでも、発音は「ラルナ　キェナ……」と歌われている。

　それでは伊語の標準語版はナポリ語の原版を誤訳したことになるのではないか。結局筆者は誤訳の更にその誤訳にふり回されたことになる。月を詠んだ歌は、ほかにも Luna Rossa（赤い月）などあり、これはシャンソンのジャンルで聞くこともあるので、要注意である。

（第2の例）

　筆者が英語の次の第二外国語としてドイツ語（独語）を習い始めたのは、当時は第二次大戦後の学制改革で変わった新制高校3年の時であった。生物や医学関係を学ぼうと思っていたので、先進のドイツに学ぶには独語は必修科目であった。文化や芸術を学ぼうとする者はフランス語（仏語）を選んだようだ。独語の勉強が進むと、ブラー

ムス(Brahms, J.)、モーツァルト(Mozart, W.A.)、シューベルト(Schubert, F)の子守歌(Wiegenlied)の独語歌詞が読めて、歌の内容が理解できるようになると嬉しく思った。ただ後になってモーツァルトの作品は実はフリース(Flies, B.)の作と判りがっかりしたのを覚えている。これはモーツァルトの作品を収集した者の誤りだったわけである。

　その後いくつかの独語の歌を習ったが一つの問題にぶつかった。日本語で習った「忘れな草」の歌詞は音羽たかし訳で「君の愛なくば、この世に生きるかいなし……」である。そのもとの歌詞とされる独語の歌の題名をみると Vergiss mein nicht（私を忘れないで）であり、出だしは"Du bist die schönste Frau für mich, du bist mein großes Glück, du bist mein Leben…"となっている。日語の歌詞は、忘れられない人のことを「忘れな草」に例えて歌っている。それにしてもメロディーの流れは心地よく感じられるのに、音譜に割当てられた独語や日語の歌詞は、音楽能力の低い筆者にとって発音しづらく、メロディーに乗りにくいように感じられ、ハミングでメロディーを追っていくのが精一杯だった。

　その後何十年か経って、70歳を過ぎてから、伊語のカンツォーネやオペラ・アリアの歌詞を学んでいると、少年時代に習ったあの「忘れな草」のメロディーに出会ったのである。この曲はイタリア人作曲家デ・クルティス(De Curtis, E.)の作曲した Non ti scordar di me（私を忘れないで）であることがわかった。これはメロディーと伊語の歌詞の音がぴったり合っていて、覚え易く、独語や日語の音とは異なるように聞こえるのであった。そこでこの歌のルーツを調べると、1959年のドイツ映画"Vergiss mein nicht"中でこのデ・クルテスの曲が歌われたところ、世界的に有名になったとのことである。〔伊〕Non ti scordar di me. から〔独〕Vergiss mein nicht.〔英〕Forget-me-not. そして〔日〕忘れな草 に替えられてしまったのである。もとの〔伊〕歌詞をみると、"Partirono le rondini dal mio paese freddo e senza sole…"（燕たちは寒くて太陽もみえない私の故郷から去って行く……）と去りゆく燕に思いを寄せる歌なのである。ここでは伊語から独語に訳されるときに誤訳？されたのである。というよりは全く書き替えられ、それが日語でもまねてしまった。もとの作詞者の燕たちへの思いは全く無視されてしまったのだ。残念と思うよりは憤りすら感じる。

　カンツォーネーで燕への気持を歌っているのはほかにも、デ・クレシェンツオ(De Crescenzo)作の"Rondine al nido"（古巣の燕）やポップス(Italian pops)でチンクエッティ(Cinquetti, G)の"Volano le rondini"（燕のように）などがある。

　燕のことを読んだ伊語のことわざに"Una rondine non fa primavera."（1羽の燕が来たからといって春にはならない）がある。日本では燕は初夏を連想するから日伊

間で季節のずれがあるのだろうが、しかし燕に対する想いの深い人は日伊共に多いのではないか。燕のことはしっかり歌って欲しいもので、これを「忘れな草」に替えてしまったのはたいへんな誤訳としか云いようがない。納得できない。

（第3の例）

　ヴェルディ（Verdi）のオペラ「椿姫」である。少年の頃に教わったオペラはこの椿姫と蝶々夫人だったと思う。このオペラの題名は伊語で"La traviata"である。その原形はtraviatoで、これはtraviareの過去分詞であり、意味は「道を踏みはずした」である。これを女性名詞化してtraviataになった。すなわち「堕落した女」の意味である。ほかに熟語としてgiovani traviati（非行少年達）がある。

　筆者は70歳を過ぎて、オペラ講座で、イタリアオペラを学んだところ、数ある作曲家の中でも、ヴェルディの芸術を学んでから、その人間模様について教えられ、ヴェルディファンになった。ラ・トラビアータで歌われるアリアも「乾杯の歌」「ああ、そはかの人か」「花から花へ」「プロバンスの海と陸」などの歌詞も習って覚えた。しかしいつまで経っても、少年の時に覚えた椿姫のイメージと70歳半ば過ぎて習ったLa traviataのイメージが結びつかないでいる。80歳を過ぎた現在ではこのオペラのタイトルは「ラ・トラビアータ」と呼ぶことにして、「椿姫」は昔の夢の世界に置くことにしている。

　ほかにもヴェルディの"La donna è mobile"（ラ・ドンナエモビレ）は日語訳では「女心の歌」となっており、解説では女心の気まぐれを歌っているとされるが、第2節の"È sempre misero…"（いつも哀れなものは……誰……）を読むと、この歌の中心はここにあるのではないかと考えさせられる。そして再び思う。〔伊〕Traduttore è traditore を。

（第4の例）

　宝塚歌劇は2014年に100年を迎えたという。少年の頃に姉達の歌う宝塚乙女や松竹のターキー（水の江滝子）の歌に耳を傾けたので、宝塚には70年近くおつきあいしたことになる。ラジオで聞いた「すみれの花咲く頃……」はフランス由来即ちシャンソンだと思っていた。しかし、75歳を過ぎて田辺秀樹氏の解説を読んで、そのもとの歌の歌詞が判ったのだ。

　この歌のオリジナルは1928年ドイツ人作詞家フリッツロッター（Fritz Rotter）の詞に作曲家フランツドエル（Franz Doelle）が作曲した所謂流行歌であったという。タイトルは"Wenn der weiße Flieder wieder blüht"で、三つのパートから成っている。第一のパートは"Frühling…"（春……）で始まり、第二パートは主題の"Wenn der weiße Flieder…"（白いリラの花……）そして第三パートは"Liebling…"（恋人

よ……）である。

　この歌がパリのレビュー劇場で、仏語の歌詞で"Quand refleuriront les lilas blancs…"（白いリラの花咲く頃……）と歌われると、大人気を博したという。それをパリの劇場で観た宝塚歌劇の白井鉄造氏が帰国してから日語の歌詞をつけて発表した。そのタイトルは「すみれの花咲く頃」であった。もとの〔独〕der weiße Flieder（白いリラ）が〔仏〕les lilas blancs（白いリラ）と変わらなかったのに、〔日〕すみれの花、に変わっている。リラの花はドイツやフランスでは春から初夏にかけてありふれた花であるが、日本では北海道を除いてはありふれた花でないとされるし、花の姿形や色も異なるので、相通じるものが感じられない。原作では der weiße Flieder が4回も歌い込まれて、作詞者の思い入れが伝わってくる。しかも原作の歌詞の内容をよく調べると、第一のパートでは女性が歌っているように思われるのに、第二のパートでは男性が"…Küss ich deine roten Lippen müd'…（私は君の赤い唇に口づけをする……）"と歌っている。以上のような原作者の思いは日本語歌詞からは読みとれない。

　しかし、筆者にはこの歌が独語のオリジナルはもとより、仏語訳も日語訳も言葉の音がメロディーにマッチして聞こえるので不思議に思えてならない。仏語訳や日語訳の訳者が音を上手にメロディーにのせたのであろうか。それとも選ばれて歌う歌手の歌唱力によって言葉（音）の壁をとり除いてくれたのか。或いはこの歌のメロディーがもともと三つの言語にマッチする何ものかがあったとも感じられる。以上は音楽素人の感想である。これは筆者の経験した第三の壁（言葉）の問題である。

　音楽と言葉に関する名言、それは金言であり、ことわざ手帳に記載された。筆者の少年期（1930—40年）は、世の中は戦中戦後の混乱期であり、生きるのが精一杯で音楽貧乏の時代であった。それから戦後には一斉に諸外国の音楽・歌劇・オペラが入ってきた。そのうちで筆者が興味をもったのは藤沢嵐子がスペイン（西）語で歌うラテン音楽、そしてダークダックスのロシア（露）語の歌であるが、西語・露語が解らないという言語の壁で、メロディーを追いかけて満足していたにすぎなかった。英語や米語の歌、伊語カンツォーネ、仏語のシャンソン、独語のリート、そして独語・伊語で演じられるオペラ・アリア等々さまざまな言語で歌われる歌の洪水に翻弄されていた。

　日常的にはラジオのFEN放送の音楽を聴きながら勉強することが多かった。所謂「ながら族（乍ら族）」の走りであった。FEN とは Far East Network の略で、アメリカ極東軍放送のことで、今は無く、AFN に変った。

　外国の言語の中で、旧制中学1年から習い始めた英語は所謂 Queen's (or King's)

Englishで、学校では必須科目であった。戦後アメリカ英語（米語）が入ってきて、アメリカ主義で英語は世界的規模で発展しつつあった。アメリカから発せられた科学・文化・経済などの情報にとびついた。音楽でもジャズやロックンロールなどのアメリカ音楽が押し寄せてきて、英語（米語）はほかの科学や経済の分野も含めて、全ての面で、世界の舞台で商売（活躍）するのに欠かせない言語となりつつあった。筆者の英語学習はこれまで70余年に及ぶが、得られた英語力ははずかしくて言葉にできない。自分の仕事関係の文献は読み、簡単な英文を書くが、英会話は全然だめである。これは同世代の日本人英語学習者の平均的傾向のようであった。

言語力≒読解力であったが、今日では言語力≒会話力となり、即ち英語の受容力から発信力に変ったようである。

独語の歌詞をみると、多くは歌詞が整然として判り易く、理屈が通っていて、詩的にも感じられる。しかしこれをメロディーにのせると、歌の初心者には歌いにくいように感じられものがある。一方、伊語の歌詞は愛を表現する内容のものが多く、情熱的であるが、文章が解りづらく、前後の関係なくくり返しも多くある。それにナポリ語などの方言の歌も多くあって、全体的に内容がつかみにくい感じがする。しかし、これとメロディーを組合わせると、発音とメロディーの流れが、マッチして心地よく感じられる。筆者は70歳（2002）を過ぎて心臓疾患・眼の疾患で度々入院したときに、病床で聴いたカンツォーネやオペラのアリアのとりこになってしまった。それが病気の治療を早めてくれたと勝手に思っている。これが音楽療法の一つなのかと感じられた。

筆者が独語と伊語の音の差を最も強く感じるのは前述の「忘れな草」の歌である。最初は独語の歌詞を習ったら、その音がメロディーとマッチできず困惑した。その後に、そのもととなる伊語の歌詞を習ったら、その音はメロディーとマッチした。前述の病床でこのメロディーと音を何回も聞き、そして大好きになった。音楽素人の経験として独語の歌詞（音）より伊語の歌詞（音）の方がメロディーに馴れ易い曲が多いと感じている。

音楽の貧困時代に生れ、社会の成長・進化そして繁栄へと、時代の流れに翻弄されて、その間小唄・長唄、フルート、カンツォーネと演奏を試みてきたが、その才能を見い出せないままに人生の終末を迎えようとしている。そんな筆者だから、メロディーと言葉（音）の関係は分かりにくく、迷いの霧の中にある状態がずっと続いていた。そんな時に目の覚める名言に出逢った。いやこれは金言である。これは座右の銘として自分のことわざ手帳に記入し、保存することにした。そのきっかけは次の通りだ。

浅利慶太著『時の光の中で――劇団四季主宰者の戦後史』（2004，文芸春秋社）を

読んでいると、目が吸いつけられるような文章があった。日本で公演中のドイツ人女性歌手エーリカ・ケイト（E. Köth）氏が浅利氏との対談で語ったという言葉が紹介されている。

　雑談にしては極めて勿体ない言葉である。これは筆者にとってはいくつもの宝石を掘り当てたような衝撃に打たれ、そして納得へと変った。
それは歌に関するヨーロッパ各言語の比較論である。その要点は「イタリア語は歌に向く言葉」「フランス語は愛を語る言葉」「ドイツ語は詩をつくる言葉」「スペイン語は祈りを捧げる言葉」「英語は商売をする言葉」そして「ロシア語は人を呪う言葉」であると言う。

　ただしロシア語について本人の個人的な状況が加味されたので少し加減して聞くとしても、何となくわかる気がする。最後に「日本語は人を敬う言葉」で結ばれている。筆者ら日本人は日常的な敬語の使い方に気配りしすぎることが多いので、ハットさせられる言葉である。これらの言葉は寸言にして名言；いや金言でもある。そしてことわざ手帳に記録した。

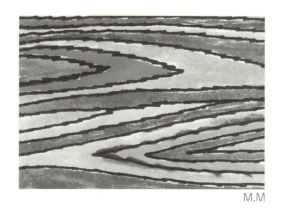

M.M

第2章　石を投げるな――一石二鳥の合理的な解釈

第1節　石を投げれば波紋が広がる

　石を投げればどうなる。静かな池の水面に石を投げると、落ちた所を中心にして、波紋が広がる。このことから、反響を呼ぶような意見や問題を投げかけることを「一石を投ずる」と言われる。イタリア語で物議をかもす意味のことわざに〔伊〕"Lanciare un sasso nello stagno"と云われる。

　空を飛ぶ鳥達にめがけて、1つの石を投げて同時に2羽の鳥を殺すことを「一石二鳥」と言うことわざで示される。これはもともと英語の"To kill two birds with one stone."に由来するとされる。このことわざは古い中国由来の「一挙両得」と同義とされる。どの辞書・どのことわざ解説書にもそう書かれている。文学書にも例えて引用されているものがいくつもある。「一挙両得」は日常的に経験されることがあるが、「一石二鳥」は我々でも本当にできるのだろうか。実際に経験した人はいない空想の世界でしかない。

　類義の古い中国由来のことわざで「一箭双鵰（イッセンソウチョウ）」も同義とされる。これは一箭とは敵を打つために研究されて作られた矢であり、これを使って鍛えられた武将なら2羽の鳥を射ることができるかもしれない。それは弓矢の名人にしかできないことで、我々平凡な人間にはできないことであり、日常的でない。それよりも対義語としての「一挙両失」ということわざをいう人は少ない。これは「虻蜂（アブハチ）捕らず」や「二兎を追う者は一兎をも得ず」と同義であることを知る人は少ないのだろうか。実際には起り得ない即ち真理に反するようなことでも、空想で起り得るかもしれないというのが「一石二鳥」である。後に示すように伊語、独語、英語のことわざにはそのようなものは少ないようにみうけられる。

　ことわざとは何か。ことわざの定義は辞典、百科事典、ことわざ解説書などで述べられているが、巾広い事がらを種々の角度から、時には深い内容も扱われていて、類義語も多く（第1章参照）簡単にまとめることは難しい。（文献 G4,G5,J17）

　ミダー（Mieder W.,1985）は英語のことわざについて、4つの条件がふくまれるとしている。すなわち(1) wisdom 知恵、(2) truth 真実、(3) morals 道徳、(4) traditional views 伝統的視点である。

　鄭芝淑（2008）はことわざに関して、日韓英の辞書等各16点、15点、18点について、

定義の特徴項目を18項あげ、出現度数を比較して、結果を示している。特徴項目で多い項目をみると、簡潔性をあげるものは、日：14（88％）、韓：7（47％）、英：18（100％）、大衆性は、日：16（100％）、韓：10（67％）、英：15（83％）でいずれも高率であった。伝統性は、日：16（100％）、韓：10（67％）、英：5（28％）であり、教訓は、日：14（86％）、韓：6（40％）、英：6（33％）で、日と韓・英間で差がみられた。日英間で顕著な差を示す2項があげられる。風刺が、日：12（75％）に対し英：0（0％）あるが、他方真理が日：1（6％）に対し英：12（67％）である。これは日語ことわざは風刺が特徴的なのに、英語ことわざは真理が重視されるという差がみられる。

　この鄭芝淑の論文は示唆に富むものである。実際日本語のことわざを調べると、風刺に富むものが多いのに、真理性に欠けたり、その疑のもたれるものがみられる。上にあげた「一石二鳥」は真実性に欠け空想の期待にすぎず、しかも後述するように道徳性・教育上も考慮されるべき「ことわざ」であると考える。以下に〔伊〕〔独〕〔英〕のことわざを多数の例をあげて、これを検証するための資料とする。

第2節　石で動物を殺したり傷めたりすることわざ

　石で動物を殺したりする傷めたりすることわざは英語で3例あげることができる。
　A Dictionary of the Proverb in England; In the Sixteenth and Seventeenth Centuries（Univ, Michigan Pr. 1950）には To kill two birds with one stone, and satisfy two arguments with one answer. が採用されている。Satisfy……は、一挙両得を表しているのだろうか。参考として To kill two flies with one flap. や One journey and two errands が同義語としてあげられているが stone は使われていない。
　Wilson, F.P. The Oxford Dictionary of English Proverbs（Oxford 1984）には To kill two birds with one stone〔or bolt or sling〕. に加えて 参考として Fell two dogs も加えられている。これは with one stone が書かれていない。
　Strauss, E, Dictionary of European Proberbs（1994, Routledge）に〔英〕To kill two birds with one stone. が採用されており、さらに反対の意味の〔英〕You can't kill two birds with one stone. もある。後者の方は広く引用されていないのは何故なのか？〔伊〕、〔独〕のことわざの例は無いのであろうか。記されているものがみあたらない。
　以上は石で動物を殺す例が採用されている辞典であるが、それが採用されないか否定的な辞書に注目したい。
　Ridout, R. and Witting, C, ed, English Proverbs Explained（1967）によると Who kills two birds with one stone is twice rewarded. は解説ではとりあげられているが、

この書に採用された800の諺のうちに含められていない。これは諺として不適切と判断されたためと考えられる。この辞書には Fell two dogs with one stone. も採用されていない。

　Oxford Dictionary of Proverbs（5th ed, 2008）でも、この辞典に採用された Over 1100 of the most widely used proverbs in English の中に、石で鳥などの動物を殺すような諺やそれに近い文句は採用されていない。

　日本の辞典でも、研究社新和英大辞典 第五・六版ともに kill, bird, stone の項目で kill two birds with one stone（「一石二鳥」）の例文をあげているが「諺」の記号は記されていない。これは一般的例文としては扱われるが諺としては認めていないものと考えられる。この辞典の第六版には saying の類語として6語をあげ、それぞれに例文を示しているが、どの語の例文にもとりあげられてはいない。

第3節　石を投げない方法で一挙両得を表すことわざ

〔伊〕Prendere due piccioni con [ad] una fava.（一つのソラマメで二羽のハトを捕る。）
〔伊〕Pigliare due piccioni con [ad] una fava.（同上）
〔伊〕Pigliare due colombi con [ad] una fava.（同上）
〔伊〕Salvare capra e cavoli.（ヤギとキャベツ両方を（オオカミから）護る。）
〔伊〕Fare due chiodi a una calda.（一度に2本の釘を鍛える。）
〔伊〕Fare due generi con una figliola.（一人の娘で二人の婿を取る。）
〔伊〕Fare un viaggio e due servizi.（一回の旅で二つの用事を済ませる。）
〔独〕Zwei Fliegen auf einen Schlag.（ひとたたきで2匹のハエを仕留める。）
〔独〕Zwei Fliegen mit einer Klappe schlagen.（同上）
〔独〕Mit einem Pflaster zwei Schäden heilen.（一度に二つの傷を治す。）
〔独〕Mit einer Tochter zwei Eidame machen.（一人の娘で二人の婿を取る。）
〔英〕To take [catch] two pigeon [doves] with one bean [pea].
　　（一つの豆〈エンドウ豆〉で二羽のハトを捕る。）
〔英〕To feed two doves with one bean.（一つの豆で二羽のハトを育てる。）
〔英〕To kill two flies with one flap.（ひとたたきで2匹のハエを仕留める。）
〔英〕One journey and two errands.（一度の旅行で二つの用事。）
〔英〕To make two friends with one gift.（一つのプレゼントで二人の友を作る。）
〔英〕To stop two mouths with one morsel.（一口分で二つの口をふさぐ。）
〔英〕Stop two gaps with one bush.（一本の木で二つの隙間をふさぐ。）

〔ラ〕uno saltu duos apros capere（一つの森で二頭のイノシシを捕える。）

〔ラ〕una mercede duas res adsequi（一つの報酬で二つの物を得る。）

第4節　二つ以上のことは同時にできない

〔伊〕Chi due lepri caccia l'una non piglia e l'altra lascia.
（二羽のウサギを獲ろうとする者は、一羽は捕まえられずもう一羽は逃してしまう。）

〔伊〕Chi troppo vuole, nulla stringe.（多くを欲する者は何も掴むことができない。）

〔伊〕Chi troppo abbraccia, nulla stringe.（すがりつきすぎる者は何もつかむことができない。）

〔伊〕Chi troppo abbraccia niente tiene.（同上）

〔伊〕Non si può canter e portare la croce.（歌いながら十字架を運ぶことはできない。）

〔伊〕Non fare né un aspo né un arcolaio.（桛にも紡車にもならない。）

〔独〕Wer zwei Hasen auf einmal jagt, fängt keinen.
（二羽のノウサギを狩ろうとする者はどちらも捕れない。）

〔独〕Man soll nicht zwei Hasen auf einmal jagen.（同上）

〔独〕Man kann nicht zwei Dinge auf einmal tun.（二つの物事を一度にできる者はいない。）

〔独〕Setze dich nie zwischen zwei Stühle.（二つの椅子の間に座れば尻もちをつく。）

〔独〕Niemand kann zwei [en] Herren dienen.（誰も二人の主人に同時に仕えることはできない。）

〔独〕Man kann nicht zwei [en] Herren dienen.（同上）

〔独〕Es kann eben niemand zweien Herren dienen.（同上）

〔英〕If you run after two hares you will catch neither.
（二羽のノウサギを追おうとするとどちらも捕れない。）

〔英〕He who runs after two hares will catch neither.（同上）

〔英〕He who pursues two hares catches neither.（同上）

〔英〕He who hunts two hares, leaves one and loses the other.
（二羽のノウサギを狩る者は一羽を逃がし、一羽を失う。）

〔英〕He that hunts two hares leaves both.（二羽のノウサギを狩る者は両方とも逃してしまう。）

〔英〕Between two stools one falls [you fall] to the ground.
（二つの腰掛の間に座れば尻もちをつく。）

〔英〕Between two stools the tail [ass] goes [comes] to ground.（同上）

〔英〕It is hard to both laugh and cry with a breath.（一息で笑って泣くのは難しい。）

〔英〕No man can both sup and blow at once.
（すすることと息をふくことを両方一度にできる者はいない。）

〔英〕No man can do two things at once.（二つのことを一度にできる者はいない。）
〔英〕No man can practice two trades.（二つの仕事ができる者はいない。）
〔英〕No man can serve two masters.（二君に仕えることができる者はいない。）
〔英〕One cannot be in two places at once.（誰も一度に二つの場所に居ることはできない。）
〔英〕You can not serve God and mammon.（汝ら神と財宝に兼ね仕えること能わず。）
　　　　　　　　　　　　　　　　富の神
〔英〕You can not burn the candle at both ends.（ろうそくの両端を灯すことはできない。）
　　　　　　　　　　　　　　　　　　　　灯火
〔英〕You can not have it both ways.（両天秤はかけられない。）
〔英〕When one door shuts, another opens.（一つの扉が閉まればもう一つが開く。）
〔英〕A door must be either shut or open.（扉は閉っているか開いているかのどちらかだ。）
〔英〕You cannot have your cake and eat it.
　　（ケーキを食べた後もケーキがあるということはない。）
〔英〕You cannot eat your cake and have it.（同上）
〔英〕You cannot sell the cow and drink the milk.（乳牛を売ってしまえばミルクは飲めない。）
〔英〕You cannot run with the hare and hunt with the hounds.
　　（野兎と一緒に逃げ、かつ猟犬と一緒に狩りをすることはできない。）
〔伊〕Quattordici mestieri, quindici infortuni.（14の腕前、15の災難。）
　　　14の　　職業　　　15の　　災害
〔独〕Vierzehn Handwerk, fünfzehn Unglücke.（14の職業、15の災難。）
　　　14の　　職業　　　15の　　不幸
〔独〕Neunerlei Handwerk, achtzehnerlei Unglück.（9の職業、18の災難。）
〔独〕Viel Handwerk verdirbt den Meister.（あらゆる職に手を出すものは、職人としては腐る。）
　　　　　　　　　　だめにする
〔独〕Wer zuviel verlangt, bekommt gar nichts.（すべて欲しがればすべて失う。）
〔英〕Jack of all trades and master of none.
〔英〕Jack of all trades is of no trade.
　　（あらゆる職業に手を出すものは、一芸に秀でることはできない。）
〔英〕Grasp all, lose all.（全部をつかもうとすれば、全部を失う。）
〔英〕All covet, all lose.（みんな欲しがればみんな失う。）
〔英〕Doing everything is doing nothing.（何でもするということは何もしないということ。）

第5節　天に向けて唾を吐いたり、石を投げたりすればどうなる

〔伊〕Chi sputa in cielo gli ricade addosso.（天に吐く唾は自分の身に降りかかる。）
　　　唾を吐く　　天　　ふりかかる　背中
〔伊〕Chi sputa in su lo sputo gli torna sul viso.（上を向いて唾を吐けば自分の顔に降りかかる。）
　　　　　　　　　　　　　　　　戻る　　顔
〔伊〕Parola detta e sasso tirato non fu più suo.　*dire の過去分詞
　　　言葉　述べられた*　石　　　　　　　　自分の
　　（言ってしまったことも投げた石も元に戻すことはできない。）

〔伊〕Tirare [Gettare] sassi in piccionaia [colombaia].
　（鳩小屋に石を投げる。―要らぬことをして騒ぎを起こす）

〔伊〕Tirare il sasso e nascondere la mano.
　（石を投げてその手を隠す。―自分の悪行に知らぬふりをする）

〔伊〕Lanciare un sasso nello stagno.（池に石を投げる。―物議を醸す）

〔伊〕Sasso tratto e parola detta non tornano indietro.
　（投げた石と口から出た言葉は元に戻らない。）

〔伊〕Chi ha tegoli di vetro, non tiri sassi al vicino.
　（ガラスの瓦を持つ者は隣人に石を投げたりするな。）

〔伊〕Chi ha la testa di vetro, non faccia a'sassi.（ガラスの頭を持つ者は石に用心せよ。）

〔独〕Ist der Stein aus der Hand, so ist er des Teufels.
　（汝の手から放たれた石は、すでに悪魔のものである）

〔独〕Wenn der Stein aus der Hand und das Wort aus dem Mund ist, können sie nicht wiedergebracht werden.（言葉と石は呼び戻せない。）

〔独〕Wer den Stein über sich [in die Höhe] wirft, dem fällt er（leicht）auf den Kopf.
　（空に向かって投げた石は再び自分の頭に落ちてくる。）

〔独〕Wer über sich haut, dem fallen [springen] die Späne ins Gesicht.
　（頭の上で木を切るものの顔には木屑が落ちてくる。）

〔独〕Wer im Glashaus sitzt, soll nicht mit Steinen werfen.
　（ガラスの家に住む者は石を投げてはいけない。）

〔独〕Wer im Glashaus sitzt, darf andere nicht mit Steinen bewerfen.（同上）

〔独〕Wer selbst in einem Glashause wohnt, darf andere nicht mit Steinen werfen.（同上）

〔独〕Wer unter einem gläsernen Dach wohnt, soll nicht mit Steinen werfen.（同上）

〔独〕Wer selbst im Glashaus sitzt, soll andere nicht mit Steinen bewerfen.（同上）

〔英〕Who spits against heaven, it falls in his face.
　（天に向かって吐く唾は自分の顔に降りかかる。）

〔英〕He who spits at heaven, it returns in his own face.（同上）

〔英〕Spit against heaven, it will fall back on thy（own）face.
　（天に向かって吐く唾は汝の顔に降りかかる。）

〔英〕A word from the mouth, a stone from the hand.
　（口から出た言葉と手から投げられた石―とりもどせないもの）

〔英〕Word and stone cannot be called back.（言葉と石は呼び戻せない。）

〔英〕A word and a stone let go cannot be recalled.（放たれた言葉と石は呼び戻せない。）

第2章　石を投げるな

〔英〕A word spoken is past recalling.（一度口からでた言葉は呼び戻せない。）

〔英〕The stone you throw will fall on your own head.（投げた石は自分の頭上に落ちる。）

〔英〕Who throws a stone against the sky it falls down again upon his head.
（空に向かって投げた石は再び自分の頭に落ちてくる。）

〔英〕He who has glass windows must take heed how he throws stones.
*take heed to（of）注意する
（ガラスの窓を持つ者は石の投げ方に注意を払わなければならない。）

〔英〕One living in a glass house should not throw stones.
（ガラスの家に住む者は石を投げてはいけない。）

〔英〕Those who live in glass houses should not throw stones.（同上）

〔英〕People who live in glass houses should not [never] throw stones.（同上）

〔英〕People who live in glass houses have no right to throw stones.
（ガラスの家に住む者に石を投げる権利はない。）

〔英〕If your head be glass, engage not in throwing stones.
（ガラスの頭を持つ者は石を投げないようにしないといけない。）

〔英〕Whose house is of glass must not throw stones at another.
（ガラスの家に住む者は他人に石を投げてはいけない。）

〔英〕He that has a house of glass must not throw stones at another.（同上）

〔英〕Don't throw stones at your neighbours if your own windows are glass.
（自分の窓がガラス張りなら隣人に石を投げてはいけない。）

〔英〕He who has a roof of glass should not throw stones at his neighbours.
（ガラスの屋根を持つ者は隣人に石を投げつけてはいけない。）

〔英〕Who hath a roof of glass of his own, let him not throw stones at his neighbours.（同上）

〔英〕Who hath glass windows of his own must take heed how he throws stones at his house.（ガラス張りの窓を持つ者は家に石を投げる時は用心しないといけない。）

〔英〕Who hath his brains of glass, let him not go into a battle of stone.
（ガラスの脳ミソを持つ者は石の投げ合いに巻き込まれるな。）

〔英〕Whether the pitcher strike the stone, or the stone the pitcher, it is bad for the pitcher.
（水差しが石に当たろうが石が水差しに当たろうが、ひどい目に遭うのは水差しの方だ。）

〔英〕Cast not the first stone.（最初に石を投げるな。）

〔英〕Throw not stones at thine own window.（汝の窓に石を投げるな。）

第6節 「一石二鳥」は「一挙両得」ならず「一挙四失」である

　「一石二鳥」ということわざは世間でよく聞かれるし、書かれている。2012年の衆議院議員選挙の際のテレビ放映で安倍首相が「一石二鳥」と叫んでいたことを何度か聞いた。NHKの「あさイチ」などの番組でアナウンサーが笑顔で「一石二鳥」と話していた。これはアナウンサーのアドリブなのかそれとも台本に書かれていたのか。科学雑誌である日経サイエンス2014年3月号にも書かれている。このことわざは前述のように英語由来で、古い中国由来の「一挙両得」と同義とされる。どの辞典（書）や解説書にもそう書いてある。実感として、後者は起り得ると考えられるが前者はとてもそうは考えられない。

　一石で二羽の鳥を殺すのは、起り得ないことが真理である。英語の辞典でもこの諺をProverbとして認めず採用していないものもあるし、伊語、独語の辞書にはみあたらないことは前述の通りである。「一石二鳥」は「一挙両得」ならず一挙に四つの失態を演ずることになる。

第1の失態

　空に鳥が飛んでいる。これに向って石を投げて同時に2羽の鳥を落とす（殺す）ことができると本当に考えている人が居るのだろうか。物理的に殆ど不可能であることは分り切っている。云うなれば真理に目をつぶって、空想の世界で、こうであればもうけものという思いにすぎない。さきに英語の辞書で You can't kill two birds with one stone. を紹介したが、この方が真理を述べていることになる。一挙両得についてはたまにそう感じられることがあるが、欲ばってねらうことをいましめることわざの方が多いことは上でみた通りである。まして、「一石三鳥」を「一挙三得」などと考えるようなおろかな人間もいるのだろうか。

第2、第3の失態

　自然に生きている鳥に石をぶつけて殺そうと云う考えは自然の理に反する。人間は動植物の命をいただいて生きているが、それらの動植物は家畜や農作物として、必要とされる数量を合理的な方法で、生産して利用している。自然に生きている動物に石をぶつけて殺すという行為は動物愛護の精神を養う上で、倫理的にも教育上も許されるものではない。これは第2の失態である。

　次に、自然に生棲する鳥を石で殺せば鳥の数は減り、その結果その鳥を中心にしてつくられて来た食物連鎖が乱され、動物相（ファウナ）が変る。動物相と関連する植物相（フローラ）も乱されて、結果として環境破壊へとつながる。これは人間の健康に直結的間接的な影響を及ぼすほか、農業や畜産業にも影響を及ぼすことになる。結

果として人間の生活環境を悪化させる第3の失態である。

第4の失態

　一気に2羽の鳥を殺そうとして石を投げる。これは3つの失態を演じることがわかった。このことわざはそれだけでは済まないのだ。投げられた石はどうなる。小学生でも知っている万有引力の法則に従って、地上に落ちてくるのだ。それは自分の頭か、周囲の人々の身体を直撃するのは明らかだ。周囲に家があれば窓ガラスや屋根に当ってそれを破損するだろう。近年は発電用の太陽光パネルを設置している家も多いのでパネルを破損すること必定だ。天に向かって唾を吐いたり、石を投げたりしてはいけないことを諭す〔伊〕〔独〕〔英〕のことわざは第5節でみたように多いのだ。自然の理を理解しないか、目をつぶって知らないふりをするなら、これは第4の失態である。

　以上の考察から一石二鳥は一石四失と云うべきで、従来の考え方による一挙両得と同義とされるものではなく、真理性、倫理性、環境問題から考えるとそして教育的にもことわざとしては不適切なものと云うべきである。21世紀のことわざ集からは削除されるべきものと考えられる。

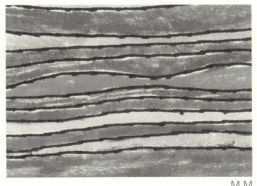

M.M

第 2 部
ことわざ伊独英併記手帳

第1章　人生を考える

第1節　我思う故に我在り

〔伊〕Penso, dunque sono.　*pensare 1 単現直　**essere 1 単現直（我思う、故に我あり。）
〔伊〕Conosci te stesso!　*conoscere 2 単命（汝自身を知れ。）
〔伊〕È la vita.（人生とはそんなもの。）
〔独〕Ich denke, also bin ich.　*denken 1 単現直　**sein 1 単現直（我思う、故に我あり。）
〔独〕Erkenne dich selbst.　*erkennen 2 単命（汝自身を知れ。）
〔英〕I think, therefore I am.（我思う、故に我あり。）
〔英〕Know thyself.　* = yourself（汝自身を知れ。）
〔英・参〕Such is [That is] life. = Life is like that.（人生とはそんなもの。）
〔英・参〕Life is real, life is earnest.（人生は見せかけではない、人生は厳粛だ。）

第2節　人間は考える動物

〔伊〕L'essere umano è un animale pensante.（人間は考える動物である。）
〔伊〕L'uomo è una canna pensante.（同上）
〔独〕Der Mensch ist ein denkendes Tier.（人間は考える動物である。）
〔独〕Der Mensch ist ein geselliges Tier [Wesen].（人間は社交性のある動物である。）
〔独〕Der Mensch denkt, Gott lenkt.（人間は考え、神が決定する。）
〔英〕Man is a thinking animal.（人間は考える動物である。）
〔英〕Man is a thinking reed.（人間は考える葦である。）
〔英・参〕Thought has wings. Thought is free.（思考は羽根を持ち、思考は自由だ。）
〔英・参〕Man is a creature of circumstances.（人間は境遇に左右される生き物である。）
〔英・参〕Man is a creature of the age in which he lives.
　　（人間はその時代に生きる生き物である。）

第3節　生きるか死ぬかの問題

〔伊〕Essere o non essere, questo è il problema.（生きるべきか、死ぬべきか、それが問題だ。）
〔伊〕La morte è parte della vita.（死は生の一部である。）
〔伊〕Morte tua vita mia.（他人の死は自分にとっての生となる。）
〔伊〕Essere tra la vita e la morte.（生死の境にある。）
〔伊〕Questione di vita o di morte.（生死に関わる問題。）
〔独〕Es geht um Sein oder Nichtsein.（存在すべきか、存在せざるべきか、それが問題だ。）
〔独〕Sein oder Nichtsein.（同上）
〔独〕Es geht um Leben und Tod.（生死の境にある。）
〔独〕Man muß das Leben eben nehmen, wie es eben ist.
　　（人生をありのまま受け入れるべきだ。）
〔独〕Die Lebenden und die Toten.（生きているものか、死んだものか。）
〔英〕To be or not to be : that's the question.（生きるべきか、死ぬべきか、それが問題だ。）
〔英〕Whether shall we live or die.（生きるべきか、死ぬべきか。）
〔英〕A matter [case] of life and [or] death　（生死に関わる問題。）
〔英〕A life-and-death struggle（食うか食われるかの闘い。）

第4節　人生は夢である

〔伊〕La vita è un sogno.（人生とは夢である。）
〔独〕Das Leben ist ein Traum.（人生とは夢である。）
〔独〕Leben heisst Träumen（同上）
〔独〕Menschheitstraum, Wunschtraum.（人類の夢、願うための夢。）
〔独〕Das Leben fliegt weg wie ein Traum.　　*wegfliegen
　　（人生はただ空しく夢のように飛び去って行く。）
〔独〕Träume sind Schäume.（夢は泡。）
〔独〕Das Leben entrinnt ── Die Zeit entrinnt.（人生は流れて行く。―時間は流れて行く）
〔英〕Life is but an empty dream.（人生はただ空しい夢に過ぎない。）
〔英〕Life is sweet.（人生は甘美なもの。）
〔英〕The sweet [s] and the bitter [s] of life.（人生の甘味と苦み。―人生の苦楽）
〔英〕Dreams go by contraries.（夢は逆夢。）
〔英〕Man is a bubble.（人生とは一抹の泡のようなもの。）

第5節　命ある限り希望がある

〔伊〕Finché c'è vita, c'è speranza.（命ある限り希望はある。）

〔伊〕Gambe mie, non è vergogna di fuggir quando bisogna.
（我が脚よ、逃げないといけない時に逃げるのは何の恥でもないぞ。）

〔独〕Es hofft der Mensch, solange er lebt.（命ある限り希望はある。）

〔独〕Der Mensch hofft solange er lebt.（同上）

〔独〕Streben ist Leben.（努力とは人生だ。）

〔独〕Es irrt der Mensch, solange er strebt.　*irren 3単現直　**streben 3単現直
（人間が努力しようとする限り、過ちは免れない。）

〔独〕Man muß leben und leben lassen.（生きろ、そして生かせろ。）

〔独・参〕Jeder hat sein Bündel [Päckchen] zu tragen.
（皆それぞれの重荷を抱えて生きなくてはならない。）

〔英〕While there is life, there is hope.（命ある限り希望はある。）

〔英〕There is aye life for a living man.（生きゆく限り命あり。）

〔英〕He that fights and runs away may live to fight another day.
（戦って逃げるものは、生きてまた戦うこともある。―負けるが勝ち）

〔英〕Who flees may come back again to fight.
（逃げる者はまた戦うこともできる。―負けるが勝ち）

〔英〕Never say die.（死ぬなんて言うな。―弱音を吐くな）

第6節　生まれながらの名人はいない

〔伊〕Nessuno nasce imparato.（すべてわかって生まれて来る者など誰もいない。）

〔伊〕Nessuno nasce maestro.（同上）

〔伊〕L'esercizio è buon maestro.（実践は最良の教師である。）

〔独〕Es wird kein Meister geboren.（名人として生まれて来る者など誰もいない。）

〔独〕Es ist noch kein Meister [Gelehrter] vom Himmel gefallen.
（生まれた時から職人にはなれない。）

〔独〕Es fällt kein Meister vom Himmel.（同上）

〔独〕Übung macht den Meister.（練習は最良の教師である。）

〔英〕None is born a master.（生まれながらの名人はいない。）

〔英〕No man is born wise [learned].（すべてわかって生まれて来る者など誰もいない。）

第7節　人生は闘い

〔伊〕La vita è una battaglia.（人生は闘いだ。）

〔伊〕La vita è una continua battaglia.（人生は終わることのない戦いだ。）

〔伊〕La vita è piena di fastidi.（人生は厄介なことだらけ。）

〔伊〕La vita dell'uomo su questa terra, altro non è che una continua guerra.
（この地上の人類の営み、それはただ絶えることのない戦争以外の何物でもない。）

〔伊〕lotta per la vita = lotta per l'esistenza（生存競争）

〔伊・参〕Chi fa da sé fa per tre.（うまくやりたいなら自分でやれ。）

〔独〕Das Leben ein Kampf.（人生は闘いだ。）

〔独〕Leben heißt kämpfen.（生きることは闘いだ。）

〔独〕Das Leben ist ein Kriegsdienst.（人生は終わることのない戦いだ。）

〔独〕Der Kampf ums Dasein（生存競争）

〔独〕Durch Schaden wird man klug.（過ちは人を賢くする。）

〔独〕Um sein Leben kämpfen.（人生のために戦え。）

〔独〕Streben ist Leben.（努力とは人生だ。）

〔独・参〕Man muß das Leben eben nehmen, wie es eben ist.（人生をありのまま受け入れよ。）

〔英〕Life is a battle.（人生は闘いだ。）

〔英〕To live is to fight. = Living is fighting.（生きることは闘いだ。）

〔英〕the battle of life = the struggle for life（生存競争）

第8節　七転び八起き

〔伊〕La vita umana è susseguirsi di alti e bassi.（人生は山あり谷あり。）

〔伊〕avere sette spiriti come i gatti（ネコは7回の逆境から立ち上がる。）

〔独〕Leben ist ein Auf und Ab.（人生は山あり谷あり。）

〔独〕Immer wieder auf die Beine fallen.
（転んでも自分の足で着地しろ。―どんな困難もいつも切りぬける）

〔独・参〕Alles ist vergänglich.（諸行無常）

〔独・参〕Fallen ist keine Schande, aber liegenbleiben.
（転ぶ事が恥ずかしいのではない、横たわったままでいることが恥ずかしいのだ。）

〔英〕Life is full of ups and downs.（人生は山あり谷あり。）

〔英〕A man's walking is succession of falls.（人の歩みは転ぶことの連続である。）

〔英〕The wheel of fortune turns round.（運は巡りもの。）
〔英〕Fall down seven times, get up eight.（七転び八起き。）
〔英・参〕He that falls today may rise tomorrow.（今日転んで明日起きる。）

第9節　誰にでも長所や短所がある──完璧ではない

〔伊〕Ciascuno ha i propri difetti.（ひとそれぞれ欠点はあるものだ。）
〔伊〕Nessuno è perfetto.（完璧な人間などいない。）
〔伊〕Non c'è santo che sia senza peccato.（聖人も過ちを犯す。）
〔伊〕Non c'è sole senza ombra.（日陰もあれば日向もある。）
〔独〕Jeder Mensch hat seine Tugenden und seine Fehler.
　　（ひとそれぞれ長所もあれば短所もある。）
〔独〕Jeder Mensch hat seine Fehler.（人それぞれ欠点はあるものだ。）
〔独〕Jeder Mensch hat seine schwache Seite.（同上）
〔独〕Jeder hat seine Fehler [Schwächen].（同上）
〔独〕Kein Mensch ist ohne Fehler.（欠点のない人間などいない。）
〔独〕Kein Mensch ist frei von Fehlern.（同上）
〔独〕Kein Korn ohne Spreu.（もみがらのない穀物などない。）
〔独〕Kein Fisch ohne Gräte, kein Mensch ohne Mängel.
　　（骨のない魚などいないように、間違いのない人間などいない。）
〔独〕Auf Erden ist nichts ohne Mängel.（地球上に完璧なものなどない。）
〔独〕Ohne Tadel ist keiner.（欠点のない人間などいない。）
〔独〕Wo viel Licht ist, ist auch viel Schatten.（光ある場所には影がある。）
〔独〕Wo Licht ist, [da] ist auch Schatten.（同上）
〔英〕There is none without faults.（欠点のない人間などいない。）
〔英〕None found without fault.（同上）
〔英〕No man is without his fault.（同上）
〔英〕Every man has his faults.（ひとそれぞれ欠点はあるものだ。）
〔英〕Every man has his weak point [weak side].（ひとそれぞれ弱点はあるものだ。）
〔英〕Every man has his forte.（人はそれぞれ強みを持っている。）
〔英〕Every man has the defects of his own virtues.（人は誰もが長所という欠点を持っている。）
〔英〕Everyone excels in something in which another fails.
　　（人にはそれぞれ得手不得手がある。）

〔英〕Everyone has a fool in his sleeve.
（誰でも自分の袖の中にばかがいる。―弱点のない人はいない）

〔英〕Every bean has its black.（すべての豆には黒い目がある。―人は皆欠点を持っている）

〔英〕Each man has his merits.（人各々長所がある。）

〔英〕One has the defects of one's qualities.（人は誰もが長所という欠点を持っている。）

〔英〕A person with [of] both good and bad qualities.（長所と短所をあわせ持つ人。）

〔英〕He is lifeless that is faultless.（欠点のない人は生きた人ではない。―誰もが欠点を持っている）

第10節　誤ちや失敗は人の常、改めるのを憚るな

〔伊〕Umana cosa è errare.（人は間違いを犯すものだ。）

〔伊〕Errare è cosa umana.（同上）

〔伊〕Errare è umano, persistere è diabolico.
（人は間違いを犯すものだが、間違い続けることは悪魔の所業だ。）

〔伊〕Non c'è cavallo che non intoppi.（つまずかない馬はいない。）

〔伊・参〕Il torto non sta mai da una parte sola.　*stare 3単現直
（過ちは一方の側だけにあるわけではない。）

〔独〕Irren ist menschlich.（過ちは人の常。）

〔独〕Es irrt der Mensch, solange er strebt.　*irren 3単現　**streben 3単現
（人間が努力しようとする限り過ちは免れない。）

〔独〕Fallen ist keine Schande, aber liegenbleiben.
（転ぶ事が恥ずかしいのではない。横たわったままでいることが恥ずかしいのだ。）

〔独〕Aufgeschoben ist nicht aufgehoben.（延期するほうが、何もしないよりまし。）

〔独〕Besser aufgeschoben als aufgehoben.（取り消すより、延期の方がまし。）

〔独〕Besser spät als nie.（遅れてやるほうが何もしないよりまし。）

〔英〕Every man is subject to error.（人とは間違いを犯すものだ。）

〔英〕No man is infallible.（誤りを犯さない人間はいない。）

〔英〕No one is infallible on the earth.（この世に誤りを犯さない人間はいない。）

〔英〕To err is human.（過つは人の常。）

〔英〕To err is human, to forgive divine.（過つは人の常、許すは神の心。）

〔英〕No man but errs.（過つは人の常。）

〔英〕Failure is the rule, success the exception.（失敗は常のこと、成功は常にはないこと。）

〔英〕A fault confessed is half redressed.（過ちを認めれば、償いは半ばすんでいる。）

〔英〕He that errs and mends to God himself commends.
（過ちを犯しそれを正す者は神に導かれる。）
〔英〕Who errs and amends to God himself commends.（同上）
〔英〕It is never too late to mend [repent].（改めるに遅すぎることはない。）
〔英〕Never too late to mend.（同上）
〔英〕Repentance never comes too late.（同上）
〔英〕Repentance is never too late.（同上）
〔英・参〕Even Homer sometimes nods.（ホーマーでさえときには居眠りをする。―弘法も筆の誤り）
〔英〕He that never did one thing ill can never do it well.
（一度も失敗を経験したことのない者は成功できない。）

第11節　知恵は力に勝る

〔伊〕Meglio vale sapienza che forza.　*valere 3 単現直（知恵は力に優る。）
〔伊〕Meglio vale sapere che avere.（知識は財産に優る。）
〔伊〕Non c'è avere che voglia sapere.　*volere 1〜3 単現接
（知りたいと思う心に優る財産はない。）
〔伊〕Intendere è potere.（知は力なり。）
〔伊〕La scienza non occupa luogo.　*occupare 3 単現直
（知識は場所を取らない。―その気があればどこでも身に着けられる）
〔独〕Wissen ist Macht.（知識は力なり。）
〔独〕Weisheit ist besser als Stärke.（知識は力に優る。）
〔独〕Weisheit ist besser weder Geld.（知識は金に勝る。）
〔独〕List geht über Gewalt.（策略は力に勝る。）
〔独〕Kommt Zeit, kommt Rat. = Zeit bringt Rat.　*kommen 3 単現（時は助言をもたらす。）
〔独〕Guter Rat kommt über Nacht.（良い助言は一晩寝てからやってくる。）
〔独〕Rat nach Tat kommt zu spät.（済んでから助言をもらっても遅い。）
〔独〕Guten Rat soll man nicht auf alle Märkte tragen.
（良い助言を公に持ち出してはならない。）
〔独・参〕Gewalt geht vor Recht.（無理が通れば道理が引っ込む。）
〔英〕Knowledge is power.（知は力なり。）
〔英〕A little knowledge is a dangerous thing.
（わずかばかりの学問はかえって危険である。―生兵法は怪我のもと）

〔英〕It is easy to be wise after the event.
（ことが終わった後で賢くなるのはだれにでも簡単だ。―下衆の後知恵）

〔英・参〕Might is right.（力は正義なり。―勝てば官軍）

〔英・参〕Knowledge without practice is nothing.（実践を伴わない知識に価値はない。）

第12節　人生は短く芸術は長い

〔伊〕La vita è breve e l'arte è lunga.（人の命は短いが芸術は永遠である。）

〔伊〕Breve è la vita e lunga è l'arte.（同上）

〔伊・参〕L'arte è un'attività dello spirito.（芸術は一つの精神活動である。）

〔独〕Das Leben ist kurz, die Kunst ist lang.（人の命は短いが芸術は永遠である。）

〔独〕Die Kunst ist lang, das Leben (ist) kurz.（芸術は永遠だが人生は短い。）

〔独〕Lang ist die Kunst, kurz ist das Leben.（同上）

〔独〕Ach Gott! Die Kunst ist lang, und kurz ist unser Leben.
（おお神よ、芸術は永遠だが人生は短い。）

〔英〕Life is short and art is long.（人の命は短いが芸術は永遠である。）

〔英〕Life is short and time is swift.（人の命は短く時の過ぎるのは早い。）

〔英〕Art is long and life is short.（芸術は永遠だが人生は短い。）

〔英〕Art is long and time is fleeting.（芸術は永遠だが時の過ぎゆくのは早い。）

〔英〕Art holds fast when all else is lost.（すべてが失われても芸術はゆるがない。）

〔英・参〕Life is a span.（人生ははかなきもの。）

〔英・参〕We have only a short span to live.（人生ははかなく短い。）

〔英・参〕How brief is the span of human life.（同上）

第13節　芸術は身を助け、盗まれることはない

〔伊〕Chi ha arte ha parte.（経験や能力を持つ者は容易に仕事を得る。―芸は身を助ける）

〔伊〕Tutti i mestieri danno il pane.（あらゆる仕事は生きる糧となる。）*dare 3複現直

〔伊〕Impara l'arte e mettila da parte.　*imparere 3単現直　**mettere + la
（手に職をつけて明日に備えろ。―芸は身を助ける）

〔伊〕Ognuno è l'artefice della propria fortuna.（人は誰も自分にふさわしい運命を形づくる。）

〔独〕Kunst macht [bringt] Gunst.（芸術は恩恵をもたらす。）

〔独〕Wie die Kunst so die Gunst.（同上）

〔独〕Die Kunst gedeiht nur in des Lebens Gunst（同上）

〔独〕Die Kunst geht nicht betteln.（芸術は乞わない。）

〔独〕Kunst und Lehre gibt Gunst und Ehre.（芸術と教育は優美と誉を及ぼす。）

〔独〕Kunst ohne Übung ist verloren.（磨かれていない芸術など、無いに等しい。）

〔独〕Kunst kann man nicht kaufen.（芸術は買えない。）

〔独〕Das Geschäft nährt seinen Mann. *nähren 3単現（仕事は人を養う。）

〔独〕Das Handwerk nährt seinen Mann.（技術は人を養う。）

〔独〕Das Werk lobt den Meister. *loben 3単現（作品が職人を褒める。）

〔独〕Jeder lobt sein Handwerk.（皆自らの作品を褒める。）

〔独〕Handwerk hat einen goldenen Boden.（職人技は金の基盤を持っている。）

〔独〕Jedes Handwerk nährt seinen Meister.（技術は職人を養う。）

〔独・参〕Die Kunst geht nach Brot.（芸術も食ってゆかねばならない。）

〔独・参〕Die Kunst geht betteln. *betteln gehen（乞食をして歩く。―芸術は金に縁がない）

〔独・参〕Die Kunst ist zwar nicht das Brot, aber der Wein des Lebens.
（芸術は人生のパンではないが、ワインではある。）

〔英〕Art and knowledge bring bread and honour.（技と知識はパンと名誉をもたらす。）

〔英〕Personal skills rescue.（個人のスキルは身の助けとなる。―芸は身を助ける）

〔英〕Learn a trade, for the time will come when you shall need it.
（技を身につけておけ、それが必要となる時のために。）

〔英〕He that has a trade has an office of profit and honour.
（技を身につけている者は儲けと名誉を手にする。）

〔英〕Learning is never wasted.（学習は決して無駄にならない。）

〔英〕Learning is most excellent.（学ぶことはとても素晴らしいことだ。）

〔英〕A man cannot be rubbed of his learning.
（人は学んで擦り切れることはない。―学び過ぎるということはない）

〔英〕A learned man carries his treasure about with him.
（教養を備えた人は宝物を持っている。―教養は宝）

〔英〕An occupation is as good as land.
（仕事を持つということは土地を持つのと同じくらい良いことだ。）

〔英〕Business is the salt of life.（ビジネスは人生の塩〈糧〉である。）

第14節　各自の特技特徴を活かし、適材を適所に

〔伊〕L'uomo giusto al posto giusto.（適切な人が適切な場所に。—適材適所）

〔伊〕A ciascuno il suo mestiere.（人それぞれに適業あり。）

〔伊〕A ognuno il suo mestiere.（同上）

〔伊〕Ognuno è fatto alla sua maniera.　*essere 3単現直
　　（人はそれぞれの方法で生まれついている。—各人各様）

〔伊〕Ognuno di voi pensa a se stesso. *pensare 3単現直（人は皆自分自身のことを考える。）

〔伊〕Ogni cosa al suo posto.（あらゆる物事には居場所がある。—適材適所）

〔伊〕La chiave gioca bene nella serratura.（鍵は錠前があってこそ役に立つ。）

〔独〕Jeder ist Meister in seinem Handwerk.（職人の腕は仕事でわかる。）

〔独〕Jeder Sache hat ihren Fachmann.（誰にも自分に合った職業がある。—餅は餅屋）

〔独〕Gelernt ist [bleibt] gelernt.（学んだものは学んだ。）

〔独〕Der rechte Mann am rechten Platz.（適正な時に適正な人材。）

〔独〕Der richtige Mann am richtigen Platz.（同上）

〔独〕Das richtige Holz am richtigen Ort.（適正な木材が適正な場所に必要。）

〔独〕Das Werk lobt den Meister.　*loben 3単現（技が職人を褒める。）

〔独〕Gute Ware lobt sich selbst.（良い商品は自らを称賛する。）

〔独〕Gute Ware hält sich.　*sich halten（良品質なものは長持ちする。）

〔独〕Jeder Krämer lobt seine Ware.（どの商人も自分の商品を称賛する。）

〔英〕Every man for his own trade.（誰にも自分に合った職業がある。—餅は餅屋）

〔英〕Every man (one) to his trade.（人それぞれに適業あり。）

〔英〕Every man as his business lies.（同上）

〔英〕Every man understands his own trade best.
　　（自分の仕事のことは自分が一番よくわかっているものだ。）

〔英〕Every man is most skillful in his own business.
　　（自分の仕事が一番巧みにこなせるものだ。）

〔英〕A workman is known by his work.（仕事の腕は仕事でわかる。）

〔英〕There is a mystery in the meanest trade.（ありふれた仕事には秘訣がある。）

〔英〕There are tricks in every trade.（すべての商売にはコツがある。）

〔英〕A place for everything and everything in its place.
　　（あらゆる物事には居場所がある。—適材適所）

〔英〕The right lumber is in the right place.（同上）

〔英〕to be preeminent in one's field.（自分の分野で傑出している。）
〔英〕The right man in the right place for his job.（適切な人が適切な場所に。─適材適所）

第15節　必要があれば何かを生み出す

〔伊〕Necessità è madre dell'invenzione.（必要は発明の母である。）
〔伊〕La necessità aguzza l'ingegno.（必要は才能を磨く。）
〔伊〕Il bisogno aguzza l'ingegno.（同上）
〔伊〕Necessità non conosce legge.（必要にルールは要らない。─背に腹はかえられぬ）
〔伊〕Necessità non ha legge.　　*avere 3 単現直　（同上）
〔独〕Not macht erfinderisch.（必要は発明の母である。）
〔独〕Not lehrt künste.　*lehren 3 単現　（苦難は芸術を教えてくれる。）
〔独〕Not lehrt beten.（苦しいときの神頼み。）
〔独〕Not bricht Eisen.（苦難は鉄をも壊す。）
〔独〕Not bessert den Menschen.（苦難は人を良くする。）
〔独〕Freunde in der Not gehen tausend (hundert) auf ein Lot.
　　（苦難な時ほど多くの友人が去って行く。）
〔独〕Spare in der Zeit, so hast du in der Not.
　　（今節約すれば、困難がやってきた時に立ち向える。─備えあれば憂いなし）
〔独〕Wenn die Not am größten ist, ist Gottes Hilfe am nächsten.
　　（苦難が大きい時こそ神はそばにいる。）
〔独〕Je größer die Not, je näher Gott.（同上）
〔独・参〕Durch Schaden wird man klug.（過ちから学べ。）
〔独・参〕Durch Fehler wird man klug.（過ちによって賢くなる。）
〔独・参〕Durch Fragen wird man klug.（質問をすることによって賢くなる。）
〔独・参〕Verlieren ist oft großer Gewinn.（損失はよく一番の儲けとなる。）
〔独・参〕Not kennt kein Gebot.　*kennen 3 単現
　　（必要にルールは要らない。─背に腹はかえられぬ）
〔英〕Necessity is the mother of invention.（必要は発明の母である。）
〔英〕Necessity is the best school mistress.（必要は最も優れた女教師である。）
〔英〕Necessity is a hard weapon.（必要は強力な武器となる。）
〔英〕Need will have its course.（必要には進路がある。─窮すれば通ず）
〔英〕When things are at the worst they will mend.（物事は最悪の時に好転し始める。）

〔英〕Things at the worst will mend.（同上）
〔英〕Want is the mother of industry.（困窮は勤勉の母である。）
　　　　貧困　　　　　　　勤勉

第16節　努力する者は救われる

〔伊〕Aiutati che Dio t'aiuta.　*aiutare 2単現直　（神は自ら助くる者を助く。）
　　　君を助ける*　　神
〔伊〕Aiutati che il ciel t'aiuta.（天は自ら助くる者を助く。）
　　　　　　　　天
〔伊〕La fortuna aiuta gli audaci.（運は勇者に手を差しのべる。）
　　　運　　　　　　大胆な者
〔伊〕Chi non vuol esser consigliato, non può esser aiutato.
　　　　　欲する*　　助言する　　　　　　できる**
　　　*volere 3単現直　**potere 3単現直（助言を拒む者は救われない。）
〔独〕Hilf dir selbst, so hilft dir Gott.　*helfen 3単現（神は自ら助くる者を助く。）
　　　助ける*
〔独〕Hilf dir selbst, dann wird dir der Himmel helfen.（天は自ら助くる者を助く。）
　　　　　　　　　　　　　　　　　天
〔独〕Bittet, so wird euch gegeben.　*bitten 2単命（問えば与えられる。）
　　　求める*
〔英〕God helps those who help themselves.（神は自ら助くる者を助く。）
〔英〕God helps them that help themselves.（同上）
〔英〕God helps them who help themselves.（同上）
〔英〕Help thyself and God will help thee.　*yourself　**you の目的格　（同上）
〔英〕Heaven helps those who help themselves.（天は自ら助くる者を助く。）
〔英〕Aid yourself and heaven will aid you.（同上）
〔英〕Help yourself, and your friends will help you.（友は自ら助くる者を助く。）
〔英〕Fortune helps him that's willing to help himself.（運は自ら助くる者を助く。）
〔英〕Fortune favours the brave [bold].（運は勇者に手を差しのべる。）
　　　　　　　　　　　　勇者
〔英〕Fortune waits on honest toil and earnest endeavour.
　　　（幸運は正直な勤労とまじめな努力にかしずく。）
〔英〕Heaven defends the right.（天は正義を守る。）
　　　　　　　守る　　正義

第17節　運命には逆らえない

〔伊〕Nessuno può sfuggire al suo destino.　*a + il
　　　誰も…ない　　逃げる　　　　運命
　　　（誰も自分の運命から逃れることはできない。）
〔伊〕Quel che ha da essere, sarà.　*essere 3単未直
　　　　　　　　ある*
　　　（起こることは起こるものだ。─なるようにしかならない）
〔伊〕A chi tocca, tocca.　*toccare 3単現直（運命には逆らえない。）
　　　　　手に入れる*

〔伊〕Finch'uno ha denti in bocca, non sa quel che gli tocca.
（歯のあるうちは口に触れるものはわからない。―先のことは何が起こるかわからない）

〔独〕Wer das Glück hat, führt die Braut heim.（幸運な者は花嫁を迎えられる。）

〔独〕Wo das Glück hinkommt, kommts' im Haufen.（幸運はある場所にはたくさんある。）

〔独〕Dem Glück ist nicht zu trauen.（幸運をあてにするな。）

〔独〕Das Unglück schreitet schnell.（不幸は早足である。）

〔独〕Das Rad der Zeit hält niemand auf. *aufhalten（誰も時間を止めることはできない。）

〔独〕Man muß das Leben eben nehmen, wie es eben ist.（人生をありのまま受け入れよ。）

〔独・参〕Alles wandelt sich.（すべて変化する。）

〔独〕Niemand kann seinem Schicksal entgehen.（誰も自分の運命から逃れることはできない。）

〔独〕Seinem Schicksal kann niemand entgehen.（同上）

〔英〕All must be as God will.（すべては神の思召しである。）

〔英〕What must be must be.（起こることは起こるものだ。―なるようにしかならない）

〔英〕What shall be shall be.（同上）

〔英〕What will be will be.（同上）

〔英〕It is impossible to avoid fate.（誰も自分の運命から逃れることはできない。）

〔英〕It is impossible to undo destiny.（同上）

〔英〕No man can make his own hap.（自分の運は自分ではわからない。―運は天にあり）

〔英〕God stays long but strikes at last.
（神は長いことじっとしているが、最後には一撃を加える。―天網恢恢疎にして漏らさず）

第18節　楽あれば苦あり、苦あれば楽あり

〔伊〕Dopo il dolce viene l'amaro. *venire 3単現直（甘味の後に苦味あり。）

〔伊〕Dopo la pioggia, il bel tempo.（雨のち晴れ。）

〔伊〕Dopo la tempesta viene il sereno.（嵐の後には晴れ間あり。）

〔伊〕Dopo il contento vien il tormento.（喜びの後には苦しみがやってくる。）

〔伊〕Non c'è amore senza dolore.（苦しみのない愛はない。）

〔伊〕Non c'è pane senza pena.（労せずしてパンは手に入らない。）

〔伊〕Non c'è piacere senza pena.（苦労のない喜びはない。）

〔伊〕Non c'è gioia senza noia.（厄介事を伴わない喜びはない。）

〔伊〕Non c'è male senza bene.（何事にも一長一短がある。）

〔伊〕La fine del riso è il pianto.（笑顔の末に涙あり。）

〔伊〕Spesso chi ride la mattina, piange la sera.（往々にして朝に笑う者は夕べに泣くものだ。）

〔伊〕Chi ride in sabato, piange la domenica.（土曜に笑う者は日曜に泣く。）

〔伊〕Le radici della virtù sono amare, ma i frutti dolci.（美徳の根は苦いが果実は甘い。）

〔伊〕Tutto il male non vien per nuocere.
（すべての不幸が害になるとは限らない。—不幸も何かの役に立つ）

〔独〕Auf Freud' folgt Leid. *folgen 3単現（楽あれば苦あり。）

〔独〕Nach Freud kommt Leid.（同上）

〔独〕Auf Leiden folgen Freuden.（苦から生まれる楽がある。）

〔独〕Auf Liebe folgt Leid.（愛の後には痛みがある。）

〔独〕Auf Lachen folgt Weinen.（涙の後には笑いが、笑いの後には涙があるものだ。）

〔独〕Auf Weh und Ach folgt Freude nach. *nach folgen（悲しみの後に喜びあり。）

〔独〕Was nicht sauert, süßt nicht.（酸っぱくならないものは甘くもならない。—どうにもならない）

〔独〕Auf Regen folgt Sonnenschein.（雨のち晴れ。）

〔独〕Keine Rose ohne Dornen.（バラに棘あり。）

〔独〕Keine Freud' ohne Leid.（悲しみなくして喜びなし。）

〔独〕Der Weg zum Himmel führt durch Leid. *führen 3単現
（天への道は精神的な痛みを伴う。）

〔独〕In jeder Freude ist ein Tropfen Wehmut.
（すべての喜びは点滴のようにやってくる憂鬱を伴う。）

〔独〕Wo Annehmlichkeiten sind, gibt es Schmerz. *geben 3単直（楽あれば苦あり。）

〔独〕Kurz ist der Schmerz, und ewig ist die Freude.（苦しみは短く、喜びは永遠。）

〔独〕Geteilte Freude ist doppelte Freunde, geteilter Schmerz ist halber Schmerz.
（幸せは分かち合えば倍になり、苦しみは分かち合えば半減する。）

〔独〕Lust gebiert Unlust. *gebären 3単現（好意は嫌気を生む。）

〔独〕Der Freude ist Wehmut beigemengt.（すべての喜びは憂鬱を伴う。）

〔独〕In Lust und Leid zusammen halten.（苦楽を共にする。）

〔独・参〕Freude und Leid miteinander teilen.（喜びと悲しみを分かち合う。）

〔独・参〕Jedes Ding hat seine zwei Seiten.（すべてには表と裏がある。）

〔英〕If there is pleasure, there is pain.（楽あれば苦あり。）

〔英〕There is no pleasure without pain.（苦労のない喜びはない。）

〔英〕There is a pleasure that is born of pain.（苦から生まれる楽がある。）

〔英〕All pleasure must be bought at the price of pain.
（すべての喜びは苦労の対価として手に入れるものだ。）

〔英〕Pain past is pleasure.（過ぎた苦労は喜びである。）
〔英〕Past labour is pleasant.（同上）
〔英〕Sweet is pleasure after pain.（苦労の後の喜びは甘い。）
〔英〕No gains without pain.（苦労なくして利益なし。）
〔英〕No weal without woe.（苦労のない喜びはない。）
〔英〕When you taste honey, remember gall.（蜜の味を楽しむ時には胆汁の苦さを思い出せ。）
〔英〕No honey without gall.（楽〈蜜の味〉あれば苦〈胆汁の苦さ〉もあり。）
〔英〕If you steal the honey, take care of the sting.（蜜を盗む時には蜂の針に気をつけろ。）
〔英〕Pleasure has a sting in its tail.（楽しみのしっぽにはとげがある。）
〔英〕There is no rose without a thorn.（棘を持たないバラはない。）
〔英〕No rose without a thorn.（同上）
〔英〕Every rose has its thorn.（バラに棘あり。）
〔英〕Roses have thorns.（同上）
〔英〕Sweet meat will [must] have sour sauce.
　　（うまい肉には酸っぱいソースが付き物である。―楽あれば苦あり）
〔英〕Sadness and gladness succeed each other.
　　（悲しみの後には喜びが、喜びの後には悲しみが来るものだ。）
〔英〕After sorrow comes joy.（悲しみの後に喜びあり。）
〔英〕After rain comes fair weather.（雨のち晴れ。）
〔英〕After a storm comes a calm.（嵐の後には静けさがやってくる。）
〔英〕They that sow in tears shall reap in joy.（涙して種を蒔く者は喜びと共に収穫する。）
〔英〕What one loses on the swings one gains [wins] on the roundabouts.
　　（ブランコでの損は回転木馬で取り返す。）
〔英〕What you lose on the swings you make up on the roundabouts.（同上）
〔英〕In prosperity caution, in adversity patience.
　　（繁栄の時は気を引き締め、逆境の時は耐え忍べ。）
〔英〕In prosperity think of adversity.（繁栄の時こそ逆境を思え。）

第19節　逆境・災難・心配を克服して成功へ

〔伊〕Danno fa far senno.　*fare 3単現直　（災いが人を思慮深くする。）
〔伊〕Sbagliando s'impara.　*sbagliare ジェルンディオ　**imparare 3単現直
　　（物事は間違いながら学ぶものだ。）

〔伊〕L'insuccesso è il primo passo verso il successo.（失敗は成功への第一歩だ。）
　　　不成功　　　　　　　　　の方に　　成功
〔伊〕Da un male nasce un bene.　*nascere 3単現直　（善は悪から生まれる。）
　　　　悪　生む　善
〔伊〕Chi inciampa e non cade, avanza cammino.（つまづいても倒れない者は歩みを進める。）
　　　つまづく　　　倒れる　前へ　道を行く
〔伊〕Chi rompe paga e porta via i ciottoli.　*rompere 3単現直　**portare 3単現直
　　　こわす　支払い　　運ぶ　瀬戸物
　　（食器を割った者は弁償しそのかけらは手に入れる。―過失は自らが償うもの）
〔伊〕Chi rompe paga i cocci sono suoi.（同上）
〔伊〕Non tutto il male viene per nuocere.
　　　　　　　　　　　　　になる　　害
　　（不幸が必ずしも害になるとは限らない。―不幸も何かの役に立つ）
〔伊〕Non tutti i mali vengono per nuocere.　*venire 3複現直　（同上）
　　　　　　　　　　　になる
〔独〕Aus der Not muß man eine Tugend machen.（困難を美徳にせよ。）
　　　　　　困難　　　　　　有用
〔独〕Aus der Not eine Tugend machen.（美徳を困難の中に見つけよ。）
〔独〕Bei jedem Unglück ist auch noch ein Glück.（不運と共に幸運はやってくる。）
　　　　　　　不幸　　　　　　　　　　幸
〔独〕Der Mißerfolg ist der Ursprung des Erfolgs.（失敗は成功のもと。）
　　　　　不成功　　　　　原因　　　　　成功
〔独〕Sich selbst besiegen ist der schönste Sieg.（自分に打ち勝つことが一番の勝利。）
　　　　　　　克つ　　　　　　　　　勝
〔独〕Ohne Kampf kein Sieg.（戦いなくして勝利なし。）
〔独〕Meister muß sich immer plagen.（職人は常に苦しまなくてはならない。）
　　　　　　　　　　　　苦しめる
〔独〕Durch Fehler lernt man.（逆境は人間を利口にする。）
　　　　　　欠点
〔独〕Durch Fehler wird man klug.（同上）
　　　　　　　　　　　　賢い
〔独〕Durch Schaden wird man klug.（同上）
　　　　　　損害
〔独〕Durch Schaden wird der Narr klug.（同上）
　　　　　　　　　　　　愚か者
〔独〕Durch Schaden, nach der Tat weiß jederman guten Rat.（同上）
　　　　　　　　　　　　　行い　　　　　　　　　　助言
〔独〕Kein Schaden ohne Nutzen.（逆境がなくては良いことは訪れない。）
　　　　　　　　　　　利益
〔独〕Not bessert den Menschen.（苦難は善人を作る。）
〔英〕Failure teaches success.（失敗は成功のもと。）
〔英〕Failure is the source of success.（同上）
〔英〕We learn by our mistakes.（私たちは過ちから学ぶ。）
〔英〕By ignorance we mistake, and mistakes we learn.
　　　　無知
　　（我々が無知によって過ちを犯し、過ちによって学ぶ。）
〔英〕Adversity makes men wise.（逆境は人間を利口にする。）
〔英〕In adversity men find eyes.（逆境の時に人はものを見る目を養う。）
〔英〕Adversity makes a man, luck makes a monster.（逆境は人を作り、運は化け物を作る。）
〔英〕The wind in ones face makes one wise.（顔に吹き付ける風は人を賢者にする。）
〔英〕Wind in the visage makes one sage.（同上）
　　　　　　　　顔つき　　　　　　顔

〔英〕He that will have the pleasure must endure the pain.
（喜びを得たいのなら苦しみも辛抱しないといけない。）

〔英〕He that stumbles and falls not, mends his pace.
（つまづいても倒れない者は歩みを進める。）

〔英〕He that does a miss may do well.（失敗する者は成功する。）

〔英〕He that never did one thing ill can never do it well.
（失敗したことのない者は決して成功しない。）

〔英〕He who makes no mistake makes nothing.（過ちを犯さない者は何をも作り出せない。）

〔英〕Turn misfortune to good account [advantage].
（不幸を善用する。―災いを転じて福となす）

〔英〕Make the best of a bad bargain [game/market].
（不利な買い物〈ゲーム・マーケット〉にも善処せよ。―損して得とれ）

〔英〕Every man must suffer his affliction.（誰にも悩みの種はある。）

〔英〕Afflictions are sent to us by God for our good.
（試練は、人のために神が下さるものである。）

〔英〕The straighter grows the palm the heavier the weight it bears.
（ヤシの木は真っ直ぐに伸びれば伸びるほど大きな重さに耐えられる。）

第20節　不幸は重なる──あと先に注意せよ

〔伊〕Una cosa tira l'altra.　*tirare 3単現直　（一つのことが別のことのきっかけとなる。）

〔伊〕Una male tira l'altro.（一つの災いが別の災いを引き起こす。）

〔伊〕Le disgrazie arrivano mai sole.　*arrivare 3複現直（災いは一人でやってくることはない。）

〔伊〕Le disgrazie non vengono mai sole.　*venire 3複現直　（同上）

〔伊〕Un malanno non viene mai solo.（同上）

〔伊〕Il male viene a carrate e va via a oncie.　*venire 3単現直 **andare 3単現直
（災いは一度に押し寄せ少しずつ去ってゆく。）

〔独〕Es kommt kein Unglück allein.（災いは単独でやってくることはない。）

〔独〕Ein Übel kommt selten allein.（同上）

〔独〕Ein Unglück kommt selten allein.（災いは一人でやってくることはない。）

〔独〕Ein Unglück zieht ein anderes nach.　*nachziehen（災いは続けて起こる。）

〔独〕Ein Unglück bringt das andere auf dem Rücken.　*bringen 3単現直
（災難は別の災難の背につかまって来る。）

〔独〕Ein Unglück tritt dem auderen auf die Fersen.（災難は別の災難の踵につかまって来る。）
〔独〕Ein Unglück bietet dem anderen die Hand. *bieten 3単現直 （同上）
〔独・参〕Kein Unglück ist so groß, es trägt ein Glück im Schloß. *tragen 3単現直
（不運は必ず幸運をもたらす。）
〔独・参〕Bei jedem Unglück ist auch noch ein Glück.（不運は必ず幸運とともにやってくる。）
〔英〕Misfortunes seldom come singly [single, alone].（災いは一人でやってくることはない。）
〔英〕Misfortunes never come alone [singly].（同上）
〔英〕Misfortune follows another.（災いは続けて起こる。）
〔英〕One misfortune rides upon another's back.（災難は別の災難の背中に乗って来る。）
〔英〕One misfortune comes on the neck of another.（災難は別の災難の首につかまって来る。）
〔英〕One mischief comes on the neck of another.（同上）
〔英〕An unhappy man's cart is easy to tumble.（不幸な男の荷車はひっくり返りやすい。）
〔英〕Men use him ill that has ill luck.（世人は不運の人を虐待する。）
〔英・参〕History repeats itself.（歴史は繰り返す。）
〔英・参〕It never rains but it pours.（降ればどしゃ降り。―不幸は重なる）
〔英・参〕Nothing succeeds like success.
（成功ほど続いて起こるものはない。―― 一事成れば万事成る）
〔英〕Misery loves company.（不幸は交友を好む。―同病相憐れむ）

第21節　怠けは悪のもと

〔伊〕Un uomo ozioso è il capezzale del diavolo.（怠け者は悪魔の長枕。）
〔伊〕L'ozio conduce al vizio. *condurre 3単現直 （怠惰は悪習につながる。）
〔伊〕L'ozio è il padre di tutti i vizi.（怠惰は悪習の父である。）
〔伊・参〕Niente faccendo s'impara a far male.
*fare ジェルンディオ ** imparare 3単現直 ***fare （何もしないでいると悪事を覚える。）
〔独〕Müßiggang ist aller Laster Anfang.（怠惰は諸悪〈罪業〉の母〈根〉である。）
〔独〕Müßiggang gebiert das Laster. *gebären 3単現直 （同上）
〔独〕Müßiggang ist Teufels Ruhebank.（休息用ベンチには悪魔が潜んでいる。）
〔独〕Müßiggang ist der Tugend Untergang.
（無意味なことばかりしていたら人間お終いである。）
〔独〕Durch Nichtstun lernt man Böses tun. *lernen 3単現直
（何もしないでいると悪事を覚える。）

〔独〕Fleiß bringt Brot, Faulheit Not.（怠け癖は乞食への鍵。）
〔独〕Lässige Hand macht arm.（怠け癖は乞食への鍵。）
〔英〕By doing nothing we learn to do ill [evil].（何もしないでいると悪事を覚える。）
〔英〕Doing nothing is doing ill.（何もしないことは悪事をしていることと同じ。）
〔英〕Those who do nothing are doing ill.（同上）
〔英〕An idle [empty] brain is the devil's shop.（怠けた〈空っぽの〉頭は悪魔の店。）
〔英〕Idleness always envies industry.（怠惰はいつも勤勉を羨む。）
〔英〕Idleness is the key of beggary.（怠け癖は乞食への鍵。）
〔英〕Idleness makes the wit rust.（怠惰は知力を錆びつかせる。）
〔英〕Idleness turns the edge of wit.（怠惰は知力の刃先を鈍らせる。）
〔英〕Idleness begets lust.（怠惰は煩悩を生む。）
〔英〕Idleness tends to vice.（怠惰は悪習につながる。）
〔英〕Idleness is the parent of all vice.（怠惰はあらゆる悪習の親である。）
〔英〕Idleness is the mother [root] of all evil [sin].（怠惰は諸悪〈罪業〉の母〈根〉である。）
〔英〕Idle men are dead all their life.（怠け者は一生死んだも同然だ。）
〔英〕Idle men are the devil's playfellows.（怠け者は悪魔の遊び友達だ。）
〔英〕Idle people take the most pains.（怠け者が最も苦労する。）
〔英〕The idler's mind is the devil's workshop.（怠け者の心は悪魔の仕事場。）
〔英〕If the devil find a man idle, he'll set him to work.（悪魔は暇人に仕事を見つける。）
〔英〕The devil find work for idle hands to do.（同上）
〔英〕The devil tempts all, but the idle man tempts the devil.
　　（悪魔はあらゆる人々を誘惑するが、怠け者は悪魔を誘惑する。）
〔英〕Who sits too well thinks ill too oft.（暇人は物事を悪く考える。）
〔英〕He that sits well thinks ill.（同上）
〔英〕Without business debauchery.（仕事をしなければ、放蕩するだけ。）
〔英・参〕It is good always to be doing something.
　　（いつも何かしているということはよいことだ。）
〔英・参〕Constant occupation prevents temptation.（不断の仕事は誘惑を防いでくれる。）

第22節　笑う門には福が来る

〔伊〕Gente allegra il ciel l'aiuta.　　*allegrare 3単現直　**aiutare 3単現直
　　（天は陽気な人々を助ける。—笑う門には福来る）

〔伊〕Uomo allegra il ciel l'aiuta.（同上）

〔伊〕Il riso fa buon sangue. *fare 3 単現直 （笑顔はよい血を作る。―笑う門には福来たる）

〔独〕Das Glück tritt gern in ein Haus ein, wo Frohsinn herrscht.
　　*eintreten 3 単現直 **herschen 3 単現直 （笑う門には福来たる。）

〔英〕Good fortune enters a gate of laughter.（同上）

〔英〕Fortune comes in by a merry gate.（同上）

〔英〕Laugh and grow [be] fat.（笑って太れ。―心配は身の毒）

〔英〕Laughter will make one fat.（笑えば太る。）

〔英〕He who is of merry heart has a continual feast.
　　（陽気な心をもった人間はいつもお祭り気分である。）

〔英〕Your merry heart goes all the day.（明るい心は一日中ずっと続く。）

〔英〕Let them laugh that win.（彼らに勝利の笑みを。）

〔英・参〕Laughter is the best medicine.（笑いは最良の薬である。）

第23節　真実は何か

〔伊〕La verità è una sola.（真実はひとつだけ。）

〔伊〕La verità è senza varietà.（真実にバリエーションはない。）

〔伊〕La verità non esiste.（真実は存在せず。）

〔伊〕La verità genera odio.（真実は憎しみを生む。）

〔伊〕La verità è figlioula del tempo.（真実は時代の娘である。）

〔伊〕La verità viene sempre a galla. *venire a galla 明るみに出る
　　（真実は常に明るみに出るものだ。）

〔伊〕L'olio e la verità tornano alla sommità. *tornare 3 複現直
　　（油と真実は一番上に出てくる。）

〔伊〕Non c'è niente che offenda come la verità. *offendere 3 単現直
　　（真実ほど気分を害するものは他にない。）

〔伊〕Dagli ubriachi e dai bambini si sa la verità. *sapere 3 単現直
　　（真実は酔っ払いと子供に聞けばわかる。）

〔独〕Die Wahrheit liegt in der Mitte.（真実は中心にある。）

〔独〕Wahrheit hat nur eine Farbe.（真実は一色である。）

〔独〕Die Wahrheit ist die Tochter der Zeit.（真実は時代の娘である。）

〔独〕Mit der Wahrheit kommt man am weitesten.（真実が人を一番突き進めさせてくれる。）

〔独〕Kinder und Narren sagen [reden] die Wahrheit.（子供と愚か者が真実を口にする。）

〔独〕Zweiter Zeugen Mund tut die Wahrheit kund. *kundtun 知らせる
（証言人が真実をもたらす。）

〔独〕Was Recht ist muß Recht bleiben.（真実は真実のままでなくてはならない。）

〔独〕Was dem einen Recht ist, ist dem andern billig.
（ある人にとって重要な道理が、他人にとっては不要な道理であるかもしれない。）

〔独・参〕Allen Leuten recht getan, ist eine Kunst, die Niemand kann.
（すべての人に合わせることは不可能である。）

〔英〕Truth is stranger than fiction.（真実は小説より奇なり。）

〔英〕Truth fears no colours. *fear no colours = have no fear（真実は何者をも恐れない。）

〔英〕Truth lies at the bottom of the well.（真実は井戸の底に眠る。）

〔英〕Truth is truth to the end of reckoning.（真実は最後の最後まで真実である。）

〔英〕Truth will out.（真実はいずれ明るみに出る。）

〔英〕Truth finds foes where it makes none.（真実は自ら敵を作らないのに敵ができてしまう。）

〔英〕Truth is God's daughter.（真実は神の娘である。）

〔英〕Truth is the daughter of time.（真実は時代の娘である。）

〔英〕Truth does not always seem true.（真実はいつも真実であると見えるわけではない。）

〔英〕Truth may be blamed, but cannot be shamed.
（真実は非難されることはあっても辱められることはない。）

〔英〕Truth may sometimes come out of the devil's mouth.
（真実は時に悪魔の口から出てくることがある。）

〔英〕Truth needs not many words.（真実には多くの言葉は要らない。）

〔英〕Truth never grows old.（真実は決して古びてしまうことはない。）

〔英〕Truth seeks no corners.（真実は隅っこを探さない。―真実は物事の中心にある）

〔英・参〕the great ocean of truth (Newton).（真理の大海〈ニュートン〉。）

〔英・参〕Beauty is truth, truth beauty.（美は真理であり、真理は美である。）

第24節　正直者はどうなる

〔伊〕Onestà è la miglior moneta.（正直は最良の貨幣である。）

〔伊〕Onestà e gentilezza vincono ogni. *vincere 3複現直
（正直と優しさはいかなる美にも優る。）

〔伊〕Il cuor non sbaglia.（心は間違えない。―気持ちは正直）

〔独〕 Ehrlich währt am längsten. *wahren 3 単現 （長い目で見れば正直は最良の方策である。）
　　　　正直　　　続く

〔独〕 Ehrlich macht reich, aber langsam geht's her. *hergehen （同上）
　　　　　　　　金持ち　　　　　　こちらへ来る

〔独〕 Ehrliche Hand geht durchs ganze Land. （同上）
　　　　　　　　　　　　　　　　　　国　地

〔独〕 Der gerade Weg ist der beste. （まっすぐの道が最良である。）
　　　　　正直な

〔独〕 Der Gerechte muß viel leiden. （正直な人ほど不運である。―正直者がバカを見る）
　　　　　正しい者　　　　　災い

〔独〕 Allzu gut ist dumm. （良すぎるものは全て愚かである。）

〔独〕 Treue Hand geht durchs ganze Land. （忠実な手は全ての地をめぐる。）
　　　　忠実な

〔英〕 An honest man is as good as his word. （正直者は自分の言葉に背かない。）

〔英〕 An honest man's word is as good as his bond. （正直な人間の約束は証文と同じである。）
　　　　　　　　　　　　　　　　　　　　　　　保証

〔英〕 An honest man's word is his master. （正直者の約束は彼の主人である。―約束は破らない）

〔英〕 An honest heart cannot dissemble. （正直な心は偽らない。）
　　　　　　　　　　　　　　　　　偽る

〔英〕 No one can be wise and safe, but he that is honest.
　　　（正直でなければ誰も賢明で安全ではいられない。）

〔英〕 He is wise that is honest. （正直者は賢い。―正直は最良の方策）

〔英〕 Honesty is best at long run. （長い目で見れば正直は最良の方策である。）

〔英〕 Honesty is no pride. （正直とは自惚れを捨てること。）

〔英〕 Honesty is the best policy. （正直は最良の方策である。）

〔英〕 Honesty is ill for thriving.
　　　（正直は繁栄にとっては不都合である。―正直だけでは豊かになれない）

〔英〕 Honesty is ill to thrive by. （同上）

〔英〕 Fair gaining makes fair spending. （公正な儲けは公正な使途につながる。）

〔英〕 It is clear gain that remains by honest gettings.
　　　（公正な方法で得た利益は明朗な儲けである。）

〔英〕 A little with honesty is better than a great deal with knavery.
　　　　　　　　　　　　　　　　　　　　　　　　　　　　　　ごまかし
　　　（ごまかしで得た大きな商売より誠実に手に入れた小さな商売の方が良い。）

〔英〕 Fortune waits on honest toil and earnest endeavour.
　　　　　　　　　　　　　　こつこつ働く　　　　　　努力する
　　　（幸運は正直な勤労と真面目な努力にかしずく。）

〔英〕 A good heart cannot lie. （正直な心は嘘をつくことができない。）

〔英〕 An honest look covers many faults. （正直そうに見える外見は多くの欠点を隠す。）

〔英〕 The honester man the worse his luck. （正直な人ほど不運である。―正直者がバカを見る）

〔英〕 Plain dealing is a jewel. （公明正大な行いは宝石のように尊い。）

〔英〕 Plain dealing is dead and died without issue.
　　　（公明正大なやり方が何の不都合もなく滅び廃れてしまった。）

〔英〕Plain dealing is praised more than practiced.
（正直な行いを称賛するのはたやすいがそれを実践するのは難しい。）

第25節　その日暮らしの人生

〔伊〕Vivere [Campare] alla giornata.（その日暮らしをする。）
〔伊〕Tirare a campare. = Campare alla giornata.（同上）
〔独〕Von [aus] der Hand in den Mund leben.（同上）
〔英〕To live from hand to mouth.（同上）
〔英〕From hand to mouth will never make a worthy man.
（その日暮らしでは立派な人間にはなれない。―恒産なくして恒心なし）
〔英〕Lead a hand- to- mouth existence（その日暮らしをする。）

第26節　死人に口なし

〔伊〕I morti non parlano.　*parlare 3複現直　（死人はしゃべらない。）
〔伊〕Uomo morto non fa più guerra.（死者はもはや諍いを起こさない。）
〔伊〕Cane morto non morde.（死んだ犬は咬まない。）
〔独〕Die Toten reden nicht.（死人はしゃべらない。）
〔独〕Die Toten sind stille Leute.（同上）
〔独〕Die Toten verraten nichts.（同上）
〔独〕Die Toten schweigen.（同上）
〔独〕Die Toten sind stumm.（同上）
〔独〕Toter Mann macht keinen krieg.（死者は戦争を起こさない。）
〔独〕Was tot ist, beißt nicht mehr.　*beißen 3単現直　（埋葬された死人は噛まない。）
〔独〕Ein toter Hund beißt nicht.（死んだ犬は咬まない。）
〔独〕Tote Hunde beißen nicht.（同上）
〔独〕Vom Toten soll man nur Gutes [gut] reden.（死者の良かった所だけを話せ。）
〔独〕Vom Toten soll man nichts Übels reden.（死者の悪口を言うな。）
〔英〕A dead man does not speak.（死人はしゃべらない。）
〔英〕Dead men tell no tales.（死者は語らない。）
〔英〕The dead do tell no tales.（同上）
〔英〕Dead men have no friend.（死者に友なし。）

〔英〕Buried men bite not.（埋葬された死人は噛まない。）

〔英〕A dead dog bites [barks] not.（死んだ犬は咬まない〈吠えない〉。）

〔英・参〕death in life = living death（死んだも同然の生活）

〔英・参〕to the death [to death]（命ある限り）

第27節　人の死と生に関するあれこれ

〔伊〕Ogni uomo è mortale.（人はいつかは死ぬものだ。）
　　　　各その　　人間　　　死の

〔伊〕Uomo è mortale.（同上）

〔伊〕Morto io, morti tutti.（私が死に、皆が死んでしまった。）
　　　　　　　　　　　　全て

〔伊〕La morte è parte della vita.（死は人生の一部である。）
　　　　　死　　　　　　　　生命

〔伊〕La morte pareggia tutti.　*pareggiare 3単現直　（死ねば人は皆同じ。）
　　　　　　　　平等にする*

〔伊〕Non ho paura della morte.（私は死を恐れない。）

〔伊〕La morte non riceve alcuna scusa.　*recevere 3単現直
　　　　　　　　　　受ける*　　　　　謝罪
　　　（死はどのような言い訳も受け付けない。―否定しようのない現実だ）

〔伊〕Contro la morte non v'è cosa forte.　*vedi = vedere 2単現直
　　　　向かって　　　　　　見る*　　　　強い
　　　（死より強いものはない。―死には治療法がない）

〔伊〕Chi va forte va alla morte.　*andare 3単現直　（急ぎ過ぎる者は死に向かう危険を冒す。）
　　　　行く*

〔伊〕Di sicuro non c'è che la morte.（間違いなく死しかない。）
　　　　確実

〔伊〕Uomo senza quattrini è un morto che cammina.（一文無しは歩く死人である。）
　　　　　　　　お金　　　　　　　　　　歩く

〔伊〕Morte tua, vita mia.（君の死は我が生。―人の不幸は我が幸）

〔伊〕Come si vive, così si muore.（このように生き、こうして死ぬ。）
　　　　　　生きる　　　　　死ぬ

〔伊〕Non si sa di che morte si muore.　*sapere 3単現直
　　　　　　知る*
　　　（どのような死を迎えるのかは誰にもわからない。）

〔伊〕Al morto non si deve fare torto.　*dover 3単現直　（死人の悪口を言ってはいけない。）
　　　　　　　　　　すべき*

〔伊〕Dopo la morte non val medicina.　*valere 3単現直（死んでしまえば薬は役に立たない。）
　　　　　　　　　　価値がある*

〔伊〕A ogni cosa c'è remedio fuorchè alla morte.（死を除けばすべてに治療法がある。）
　　　　どんな　場合でも　　治療法　　以外に

〔伊〕A tutto c'è rimedio fuorchè alla morte.（同上）

〔伊〕essere tra la vita e la morte（生死の境にある。）

〔伊〕questione di vita o di morte（死活問題。）

〔伊〕La speranza è l'ultima a morire.（希望は最後まで死なない。）
　　　　希望

〔伊〕Chi muore giace e chi vive si dà pace.　*giacere 3単現直 **dare pace あきらめる
　　　　　　　眠る*
　　　（死者は眠り、生きる者はあきらめる。―いつもの生活が続く）

〔伊〕A pagare e a morire c'è sempre tempo.
（借金を支払うのと死ぬのに時間はいつでもある。―慌てる必要はない）

〔伊〕Si sa dove si nasce ma non dove si muore.　*nascere 3単現直
（どこで生まれたかはわかってもどこで死ぬかはわからない。）

〔伊〕Morte desiderata, lunga vita.（死にたがる者ほど長生きする。）

〔伊〕cadere [cascare] morto（頓死する。）

〔伊〕essere morto di fame = morire di fame（腹が減って死にそうだ。）

〔独〕Alle Menschen müssen sterben.（人はいつかは死ぬものだ。）

〔独〕Wie man lebt, so wird man sterben.（生きている限り死はいずれ訪れる。）

〔独〕Man stirbt, solange man lebt.　*sterben 3単現直
（人は生まれたその時から死に向かい始める。）

〔独〕Jetzt geht es um Leben und Sterben.（今、生と死の界にいるのだ。）

〔独〕Es geht um Leben und Sterben.（生命が危ない。）

〔独〕Den Weg aller Dinge gehen.（生きとし生けるものの道。）

〔独〕Alles, was geworden ist, muß wieder gehen.
（死ぬということは、生まれるということと同様に自然なことである。）

〔独〕Einen Tod kann der Mensch nur Sterben.（人は一度しか死ねない。）

〔独〕Der Tod will seine Ursache haben.（死は意味を選ばない。）

〔独〕Der Tod hat keinen Kalender.（死は時を選ばない。）

〔独〕Der Tod ist das Ende aller Not.（死はすべての負債を払う。―死んでしまえば全て帳消し）

〔独〕Der Tod ist der Sünde Sold.（死は全ての罪を報う。）

〔独〕Der Tod macht alles gleich, er frißt arm und reich.　*fressen 2, 3単直
（死はすべての人に同様に食らいつく。）

〔独〕Der Tod ist ein gleicher Richter.（死は偉大な平等主義者である。―冥土の道は王もなし）

〔独〕Der Tod verschont niemand.（死は免れない。）

〔独〕Dem Tod ist niemand zu stark.（死より強い人間はいない。）

〔独〕Im Tod sind alle gleich.（死はすべての人に同様にやってくる。）

〔独〕Des einen Tod, des andern Brot.（ある者の死はある者の糧。）

〔独〕Arm ist, wer den Tod wünschet, aber ärmer, der ihn fürchtet.
　　*wünschen 3単現直　**3単2複現直　（愚か者が一番死を望み、また恐れている。）

〔独〕Man soll niemand vor seinem Tode glücklich preisen.
（死に際の人間を幸福だと褒めるべきではない。）

〔独〕Umsonst ist（nur）der Tod.（死のみがタダである。）

〔独〕 Heute rot, morgen Tod.（今日は赤い顔、明日は死。）
　　　　　　紅顔
〔独〕 Was nicht ist, kann noch werden.（先のことは分からない。）
〔独〕 Die jungen können sterben, die Alten müssen sterben.
　　　（若者は死んでもよいが、老人は死ななくてはならない。）
〔独〕 Einen natürlichen Tod sterben.（天寿を全うする。）
〔独〕 Eines natürlichen Todes sterben.（同上）
〔独〕 Es geht um Leben und Sterben.（生きるか死ぬか。）
〔独〕 Gegen Letzte ist kein kraut gewachsen.（死に効く薬草などない。）
〔独〕 Für [Gegen] den Tod ist kein Kraut gewachsen.（死を除けばすべてに治療法がある。）
〔独〕 Wieder des Todes Kraft hilft kein Pflanzensaft.　*helfen 3 単現　（同上）
　　　　　　　　　　助ける*　　植物の樹液
〔独〕 Nach dem Tode eine Weinsuppe.（死後にワイン入りのスープを。）
　　　　　　　　　　ブドウ酒入りスープ
〔独〕 Nach dem Tode braucht man kein Rezept mehr.　*brauche 3 単現
　　　　　　　　　　必要である*　　　処方箋
　　　（死後に治療法は不要。）
〔独〕 Alle Lebewesen sind sterblich, nun ist der Mensch auch ein Lebewesen; folglich
　　　　　生あるもの　　　　　　　　　　　　　　　　　　　　　　　　　　　　　　それ故に
　　　ist der Mensch sterblich.
　　　（人間は生き物であり、生き物に死はつきものなため、人間も死ななくてはならない。）
〔独〕 Was geboren ist, ist vom Tod geworben.（一度生まれたものは死に誘き寄せられる。）
　　　　　生まれる　　　　　　　　　得ようとする
〔独〕 Der Tod klopft bei allen, an beim Kaiser und beim Bettelman.
　　　　　　　　訪れる　　　　　　　　　　　　　　　　　　　　　乞食
　　　（死は教皇であろうが乞食であろうが気を使わない。）
〔英〕 Man is mortal.（人はいつかは死ぬものだ。）
〔英〕 All men are mortal.（同上）
〔英〕 All men must die.（同上）
〔英〕 The law of mortality.（死ぬべき運命。――生者必滅の掟）
　　　　　　　　死ぬべき運命
〔英〕 None can escape mortality.（誰もいずれ死ぬという運命から逃れることはできない。）
〔英〕 Is there life after death?（死後に生ありや？）
〔英〕 It is as natural to die as to be born.
　　　（死ぬということは、生まれるということと同様に自然なことである。）
〔英〕 As soon as man is born he begins to die.（人は生まれたその時から死に向かい始める。）
〔英〕 A man can only die once.（人は一度しか死ねない。）
〔英〕 A man can die but [only, just] once.（同上）
〔英〕 A man cannot die more than once.（同上）
〔英〕 He that is once born, once must die.（一度生まれたら一度死ぬ。）
〔英〕 They die well that live well.（生き様の立派な人は死に様も立派である。）

〔英〕Dying is as natural as living.（死ぬことは生きることと同様自然なことである。）
〔英〕Nothing is certain but death and taxes.（死と税金以上に確かなものはない。）
〔英〕Nothing is so sure as death.（死ほど確かなものはない。）
〔英〕There is nothing so sure as death.（同上）
〔英〕Death happens to all men alike.（死はすべての人に同様にやってくる。）
〔英〕Death is the end of all (things).（死はすべての終わりである。）
〔英〕Death pays all debts.（死はすべての負債を払う。―死んでしまえば全て帳消し）
〔英〕Death takes no bribe.（死は賄賂が効かない。―死は避けられない）
〔英〕Death is no chooser.（死は選択者ではない。―情け容赦なく襲いかかる）
〔英〕Death awaits us all.（すべての人に死は待っている。―人は皆いずれは死ぬ）
〔英〕Death is the grand leveller.（死は偉大な平等主義者である。―冥土の道は王もなし）
〔英〕Death is the great leveller.（同上）
〔英〕Death is common to all.（死は万人に共通である。）
〔英〕Death spares neither Pope nor beggar.
　　（死は教皇であろうが乞食であろうが気を使わない。）
〔英〕Death makes equal the high and low.（死は身分の高い者も低い者も平等にする。）
〔英〕The end makes all equal.（最後は皆平等になる。）
〔英〕Death keeps no calendar.（死は時を選ばない。）
〔英〕Death will have his day.（同上）
〔英〕Death is a plaster for all ills.（死は万病に効く膏薬。）
〔英〕There is a remedy for everything except death.（死を除けばすべてに治療法がある。）
〔英〕There is a remedy for all thing but death.（同上）
〔英〕There is no medicine against death.（死に効く薬はない。）
〔英〕Nothing is more certain than death and nothing more uncertain than the time of its coming.
　　（死ほど確かなものはないが、それがやって来る時ほど不確かなことはない。）
〔英〕As a man lives, so shall he die.（生きている限り死はいずれ訪れる。）
〔英〕As men live, so they die.（同上）
〔英〕the dead and the living（死者と生者。）
〔英〕go to the better world（＝die）（あの世に行く。＝死ぬ）
〔英〕go out of [depart, leave] this world（この世を去る。）
〔英〕be not long for this world（死期が近い。）
〔英〕Speak well of the dead.（死者のことは褒めてやれ。）

第2章　時間と人生

第1節　時間は飛ぶ

〔伊〕Il tempo vola.　*volare 3単現直　（時は飛ぶ。）

〔伊〕Il tempo fugge.　*fuggire 3単現直　（時は逃げ去る。）

〔伊〕Il tempo perso non si ritrova più.　*perdere 過分　**ritrovare 3単現直
（失った時間はもう見つからない。）

〔伊〕Il tempo divora tutto.　*divorare 3単現直　（時間はすべてをむさぼり食う。）

〔伊〕Il tempo passa in fretta.　*passare 3単現直　（時の過ぎるのは早い。）

〔伊〕Il tempo passa veloce.（同上）

〔伊〕Il veloce trascorrere del tempo.（時の流れの速さ。）

〔独〕Die Zeit vergeht schnell.　*vergehen 3単現直　（時は飛ぶ。）

〔独〕Die Zeit vergeht wie im Fluge.（同上）

〔独〕Die Zeit fliegt wie ein Pfeil.　*fliegen 3単現直　（時は矢のように飛ぶ。―光陰矢のごとし）

〔独〕Die Zeit hat Flügel.（時には翼がついている。）

〔独〕Die Zeit flieht.　fliehen 3単現直　（時は早く過ぎる。）

〔独〕Die Zeit geht schnell dahin.　*dahingehen（時が過ぎゆく。）

〔独〕Die Zeit eilt dahin.　*eilen 3単現直　（時が急いで過ぎ去った。）

〔独〕Die Zeit entrinnt. → Das Leben entrinnt.　*entrinnen 3単現直
（時間には制限があり、人生にも制限がある。）

〔独〕Die Zeit rast.（時は疾走する。）

〔独〕Zeit und Stunde warten nicht.（人生は短く時の経つのは早い。）

〔独〕Die Tage gehen schnell dahin.（年月が早く流れてゆく。）

〔独〕Die Jahre fliehen pfeilgeschwind.（年月が矢のように早く過ぎてゆく。）

〔独〕Wie rasch das Leben vergeht. → Das Leben entrinnt.
（なんと人生は儚く、時は失われてゆくのか。）

〔独・参〕Die Zeit kehrt nicht zurück.　*zurückkehren もどる
（失った時間は再び取り戻すことはできない。）

〔独〕Die Zeit ist an keinen Pfahl gebunden.　*binden 過分　（時間には軸がない。）

〔英〕Time flies.（時は飛ぶ。）

〔英〕Time flies away without delay.（時は遅れることなく飛び去ってゆく。）

〔英〕Time flies like an arrow.（時は矢のように飛ぶ。―光陰矢のごとし）

〔英〕Time just flew by.（時があっという間に過ぎ去った。）

〔英〕Time rolls away.（時が過ぎゆく。）

〔英〕Time has wings.（時には羽根がついている。）

〔英〕Times change and we with them.（時が移ろい人もそれと共に変わりゆく。）

〔英〕Pleasant hours fly fast.（楽しい時間は飛ぶように早く過ぎる。）

〔英〕The years glide swiftly along.（年月が早く流れてゆく。）

〔英〕Life is short and time is swift.（人生は短く時の経つのは早い。）

〔英〕Time destroys all things.（時が全てを壊してしまう。）
　　　　　　破壊する

〔英〕You cannot put back the clock.（時計を針は後ろに戻せない。）

〔英〕Time lost cannot be won again.（失った時間は再び取り戻すことはできない。）

第2節　時間を大切に

〔伊〕Il tempo è denaro.（時は金なり。）
　　　　時　　　　お金

〔伊〕Il tempo è gran medico.　* = grande　　（時は偉大な医者である。）
　　　　　　　　大きい*　医師

〔伊〕Il tempo guarisce ogni male.　*guarire 3単現直　（時はあらゆる病を治す。）
　　　　　　　治す*　　　病気

〔伊〕Il tempo è il miglior medico.（時は最良の医者である。）

〔伊〕Il tempo è un grande maestro.（時は偉大な師である。）
　　　　　　　　　　　　　師

〔伊〕Il tempo sana ogni cosa.（時はあらゆるものを癒す。）
　　　　　　改善する

〔伊〕Il tempo consuma ogni cosa.　*consumare 3単現直　（時はあらゆるものをすり減らす。）
　　　　　　　消費する*

〔伊〕Ogni cosa ha il suo tempo.（あらゆるものごとにはその時というものがある。）

〔伊〕Chi tempo ha e tempo aspetta, tempo perde.
　　　　　　　　持つ*　　　　待つ**　　　　　失う***
　　*avere 3単現直　**aspettare 3単現直　***perdere 3単現直
　（時間があって時間の経つのを待つ者は時間を失う。）

〔独〕Zeit ist Geld.（時は金なり。）
　　　時　　お金

〔独〕Das Rad der Zeit hält niemand auf.　*aufhalten（誰も時の流れを止めることはできない。）
　　　　　歯車　　　　止める*

〔独〕Die Zeit arbeitet für uns.　*arbeiten 3単現直　（時間は我々のために働いている。）
　　　　　　　働く*

〔独〕Alles hat seine Zeit.（全てに時は与えられている。）

〔独〕Die Zeit heilt alle Wunden.　*heilen 3単現直　（時は傷を治す。）
　　　　　　治す*　　　傷

〔独〕Die Zeit ist kostbar.（時ほど貴重なものはない。―時は金なり）
　　　　　　　費用がかかる

〔独〕Zeit gewonnen viel [alles] gewonnen.（時が勝てば全て勝ち。）
　　　　稼ぐ　　　　　　　　得られるだけ

〔独〕Der Uhr schlägt keinem Glücklichen.　*schlagen 3 単現直
　　（幸福はときには時の過ぎるのを忘れさせる。）
〔独〕Dem Glücklichen schlägt keine Stunde.（同上）
〔独・参〕Gut Ding will Weile haben.（良い仕事には時間がかかる。）
〔英〕Time is money.（時は金なり。）
〔英〕Time tries all things.（時はすべてのものを試す。）
〔英〕Time works wonders.（時は奇跡をもたらす。）
〔英〕Time works great changes.（時は大きな変化をもたらす。）
〔英〕Time tries the truth.（時は真実を試す。）
〔英〕Time is the best counsellor.（時は最良のカウンセラーである。）
〔英〕Take time when time comes, lest time steal away.
　　（時間を無駄にしないように、機を逃すな。）
〔英〕Time will soften.（時が問題を改善する。）
〔英〕Punctuality is the soul of business.（時間厳守は仕事の極意。）
〔英〕Punctuality is the politeness of kings.（時間厳守は君主の礼節。）
〔英〕Punctuality is the politeness of princes.（同上）
〔英〕Nothing is more precious than time.（時ほど貴重なものはない。）

第3節　時間は人を待たない

〔伊〕Il tempo scorre incessantemente come l'acqua.　*scorrere 3 単現直
　　（時は水のように絶え間なく流れる。）

〔伊〕Il tempo perso non si ritrova più.　*perdere 過分　**ritrovare 3 単現直
　　（失った時間はもう見つからない。）

〔伊〕Il tempo viene per chi lo sa aspettare.　*venire 3 単現直
　　（時間はそれを待つことができる者にやってくる。）

〔伊〕Tempo perduto mai non si riacquista. *perdere 過分 = perso **riacquistare 3 単現直
　　（失われた時間は決して取り戻すことはできない。）

〔伊〕Tempo e marea non aspettano nessuno.　*aspettare 3 複現直
　　（時間と潮の満ち干は誰をも待たない。）

〔伊〕Chi ha tempo non aspetti tempo.　*aspettare 3 単現命
　　（時間のある者は時間の経つのを待ってはいけない。）

〔伊〕Le cattive nuove volano.　*volare 3 複現直　（悪い知らせが伝わるのは飛ぶように早い。）

〔独〕 Die Zeit wartet nicht. *warten 3単現直　（時は人を待たず。）
〔独〕 Die Zeit kehrt nicht zurück. *zurüchkehren（過ぎた時間は取り戻せない。）
〔独〕 Die Zeit läßt sich nicht aufhalten. （時間は誰も止められない。）
〔独〕 Die Zeit ist an keinen Pfahl gebunden. （時には軸がない。）
〔独〕 Zeit und Stunde warten nicht. （時は人を待たず。）
〔独・参〕 Andere Zeiten, andere Sitten.
　　（時が移ろい人もそれと共に変わりゆく。―時代が変われば風習も変わる）
〔英〕 Time and tide wait for no man. （時間と潮の満ち干は誰も待たない。）
〔英〕 Time stays for no man. （時は人を待たず。）
〔英〕 Time past cannot be recalled. （過ぎた時間は取り戻せない。）
〔英〕 Time lost cannot be won again [recalled]. *win 過、過分
　　（失った時間は再び取り戻すことはできない。）
〔英〕 Times change and we with them. （時が移ろい人もそれと共に変わりゆく。）
〔英〕 Times change and we change with them. （同上）
〔英〕 Lost time is never found again. （失った時間は二度と見つからない。）
〔英〕 Time is, time was, and time is past. （時あり、ありき、過ぎ去れり。）
〔英〕 Time reveals [discloses] all things. （時が全てを明らかにする。）
〔英・参〕 Never put off till tomorrow what you can do today.
　　（今日できることは明日に延ばすな。）
〔英・参〕 Opportunity seldom knocks twice. （チャンスはめったに2度は訪れない。）
〔英・参〕 Old age comes soon enough. （年を取るのは早い。）

第4節　長生きすることの良さ

〔伊〕 Chi vivrà vedrà.　*vivere 3 3単現未　**vedere 3単現未
　　（生きている者は見るだろう。―時が経てばわかる）
〔伊〕 Finché c'è vita c'è speranza.　*ci + è　（生ある限り希望はある。）
〔伊〕 Gli anni danno senno.　*dare 3複現直　（年齢は思慮分別をもたらす。―亀の甲より年の甲）
〔伊〕 Chi vuol vivere e star bene prenda il mondo come viene.
　　*prendere 3単命 **venire 3単現直　（長生きしたければ世の流れにしたがって過ごしなさい。）
〔伊〕 I vecchi sono due volte fanciulli. （老人は少年時代を2度過ごす。）
〔伊〕 Nuova rete non piglia uccello vecchio.　*vigliare 3単現直
　　（新しい網では老鳥は捕れない。）

〔伊〕Il diavolo è cattivo perché è vecchio.
(悪魔は年を取っているので意地が悪い。―亀の甲より年の功)

〔独〕Mit der Zeit wird man klug.（人は年をとればとるほど利口になる。）

〔独〕Wer lange lebt, erfährt viel. *leben 3単2複現直 **erfahren 3単現直
(長く生きれば生きるほど物知りになる。)

〔独〕So lange man lebt, so lange man lernt. *lernen 3単現直 （同上）

〔独〕Je älter, desto weiser.（人生経験を積んで、知恵をつける。）

〔独〕Wer weiß wird, wird auch weise.（同上）

〔独〕Der Verstand wächst mit den Jahren. *wachsen 2, 3単現直
(人は年齢と共に思慮分別を身につける。)

〔独〕Der Verstand kommt mit den Jahren.（同上）

〔独〕Verstand kommt nicht vor den Jahren. （同上）

〔独〕Verstand läßt sich nicht einprügeln.（同上）

〔英〕Age and experience teach wisdom.（年齢と経験は知恵を授ける。）

〔英〕Time and experience make men wise.（時と経験は人を賢者にする。）

〔英〕Older and wiser.（人生経験を積んで知恵がついて。）

〔英〕Old age is honourable. *〔米〕honorable （年を取るのは名誉なことである。）

〔英〕The older that we get, the wiser we become.（人は年をとればとるほど利口になる。）

〔英〕The longer that one lives the more he knows.（長く生きれば生きるほど物知りになる。）

〔英〕The longer we live the more fairies we see.
(長く生きれば生きるほどたくさんの妖精〈夢〉を見る。)

〔英〕Let the longer liver take all.
(長生きする者にみんなあげよう。―生きてる間は人生を楽しめ)

〔英〕He lives long who lives well.（正しい生活をする者は長生きする。）

〔英〕One must live long to see how short life is.
(多くのことを見る［学ぶ］ためには長生きしなければならない。)

〔英〕One must live a long time to see [learn] much.（同上）

〔英〕They who live longest will see most.（長生きする者は多くのことを経験する。）

〔英〕They that live longest, see most.（同上）

〔英〕Live and learn.（長生きしていろいろ学べ。）

〔英〕Live and let live.（自分も生き、他人も生かせよ。）

〔英〕Years know more than books.（年齢は書物より多くを知る。―亀の甲より年の甲）

〔英〕Years bring wisdom.（人は年齢と共に思慮分別を身につける。）

〔英〕 Sense comes with age.（同上）

〔英・参〕 There is aye life for a living man.（生きる者にはいつもそれぞれの人生がある。）

〔英・参〕 He that fights and runs away may live to fight another day.
（戦って逃げるものは、生きてまた戦うこともある。―負けるが勝ち）

〔英・参〕 Long life has long misery.（長生きすると苦労も増える。）

第5節　若者と高齢者

〔伊〕 Chi ride in gioventù piange in vecchia.　*ridere 3単現直　**piangere 3単現直
（若い時に笑って過ごす者は年を取って泣く。）

〔伊〕 Chi gode in gioventù spesso piange in vecchia.
（若い時にだらしなく過ごす者は年を取って泣く。）

〔伊〕 Gioventù disordinata fa vecchia tribolata.　*fare 3単現直
（若い時にだらしなく過ごす者は年を取って不幸になる。）

〔伊〕 Giovane ozioso, vecchio bisognoso.（若い時を無為に過ごし、年を取って金に困る。）

〔伊〕 I giovani vogliono essere più accorti dei vecchi.
　　*volere 3複現直　**accorgersi　*** di + i
（若者は年寄りより利口であろうとする。―所詮無理な話だ）

〔伊〕 Chi da giovane ha un vizio, in vecchiaia fa sempre quell'uffizio.　*avere 3単現直
（若い時に悪習を持つ者は年をとってもそれを続ける。―長年の習慣はなかなか改まらない）

〔伊〕 Quando il corpo pende, l'anima si arrende.　*arrendere 3単現直
（体が傾くと心も参ってしまう。）

〔伊〕 La vecchiaia è una grave soma.（加齢は負担である。）

〔伊〕 Bisogna pensare alla vecchiaia.（老後のことを考えないといけない。）

〔伊〕 Gioventù vuol fare il suo corso.（若い時には自分の思うようにやりたいものだ。）

〔伊〕 Gioventù non ha virtù.（若さは器量に欠ける。―若気の至り）

〔伊〕 La gioventù è una bellezza da sè.　*dare 3単現直　（若さはそれだけで美である。）

〔伊〕 Il vizio di natura, fino alla morte [fossa] dura.
（生まれつきの癖は死ぬまで〈墓に入るまで〉治らない。―三つ子の魂百まで）

〔独〕 Jung gelehrt, alt geehrt.　*lehren 過分　**ehren 過分
（若い時に学べば、老人として称えられる。）

〔独〕 Jung gewohnt, alt getan.（習い性となる）　*gewöhnen 過分　**tun 過分
（若い時に慣れ、歳をとってやる。）

〔独〕Gewohnheit ist eine zweite [andere] Natur.（習慣は第二の天性。）
〔独〕Gewohnheit wird zur zweiten [anderen] Natur.（同上）
〔独〕Die Gewohnheit ist die zweite Natur.（同上）
〔独〕Was man in der Jugend wünscht, hat man im Alter die Fülle.
　　*wunschen 3単現直　（若い時に望んだものは、年老いた時には十分与えられる。）
〔独〕Schwere Arbeit in der Jugend ist sanfte Ruhe in Alter.
　　（若い間に一生懸命働く者は安らかな老後を迎える。）
〔独〕Am längsten behält man das, was man in der Jugend gelehrt hat.
　　（若い時に学んだことは年をとっても忘れない。―三つ子の魂百まで）
〔独〕Wer sich in der Jugend einen Stab schneidet, kann sich im Alter darauf stützen.
　　*schneiden 3単現直　（若いうちに杖を作るものは年老いてから使う。）
〔独〕Schneide in der Jugend einen Stecken, daran du im Alter gehen kannst.
　　（若いうちに松葉杖を作れば、年老いてから使える。）
〔独〕Junges Blut spar dein Gut, Armut im Alter wehe tut.　*sparen　**wehen
　　（若い血よ、今のうちに貯めなければ老人になった時に貧困が待っている。）
〔独〕Junges Blut spar dein Gut, im Alter schmeckt's noch einmal so gut.
　　（若いうちに貯めておけば、老後はおいしい思いができる。）
〔独〕Junges Blut, friß dein Gut, im Alter nichts mehr schmecken tut.
　　（若いうちに貯めておかなければ、老後はまずいだけである。）
〔独〕Jugend wild, Alter mild.（若いとはワイルド、老いとはマイルド。）
〔独〕Junger Schlimmer, alter Bettler.（若い時はご機嫌取り、年をとっては物乞い。）
〔独〕Junger Spieler, alter Bettler.（同上）
〔独〕Wer sich im Alter wärmen will, muß sich in der Jugend, einen Ofen bauen.
　　（年老いて暖まりたいものは、若いうちに暖炉を作らなくてはならぬ。）
〔独〕Die Alten zum Rat, die Jungen zur Tat.（老人に教えてもらい、若者が作る。）
〔独〕Der Alten Rat, der Jungen Tat macht krummes grad.
　　（老人の助言者達と若者の肉体があれば多くを成し得る。）
〔独〕Die Jungen wollen den Alten raten.（若者は老人に教えたがる。）
〔独〕Die Jungen können sterben, die Alten müssen Sterben.
　　（若者は死んでも良いが、老人は死ななくてはならない。）
〔独〕Niemand füllt jungen Wein in alte Schläuche.（誰も若いワインを古い皮袋には注がない。）
〔独〕Junger Most sprengt alte Schläuche.　*sprengen 3単現直
　　（若い果実酒は古い皮袋を壊す。）

〔独〕 Faule Jugend, lausig Alter.（若い時を怠惰に過ごすと惨めな老後が待っている。）

〔独〕 Junger Wüstling, Alter Betbruder.（若い時は道楽者、年をとっては信心深い人。）

〔英〕 Old men are twice children.（年を取ると子供に返る。）

〔英〕 Old head and young hand.（若いのに分別がある。）

〔英〕 What youth learns age does not forget.
（若い時に学んだことは年をとっても忘れない。―三つ子の魂百まで）

〔英〕 An idle youth makes a needy old age.
（若い時にだらしなく過ごす者は年を取って金に困る。）

〔英〕 Heavy work in youth is quiet rest in old age.
（若い間に一生懸命働く者は安らかな老後を迎える。）

〔英〕 A lazy youth, a lousy age.（若い時を怠惰に過ごすと惨めな老後が待っている。）

〔英〕 Reckless youth makes rueful age.（向こう見ずな青年期は悔いの多い老年期となる。）

〔英〕 A young man negligent, an old man necessitous.
（若い時にだらしなく過ごす者は年を取って金に困る。）

〔英〕 A young courtier, an old beggar.（若い時はご機嫌取り、年をとっては物乞い。）

〔英〕 Young men may die, old men must die.（若者は死ぬかもしれないが、必ず死ぬのは老人だ。）

〔英〕 Old men go to death; death comes to young men.
（老人は死に向かうが、若者には死の方がやってくる。）

〔英〕 Old and tough young and tender.（老人は固く、若者は柔かい。）

〔英〕 The old forget, the young don't know.（老人は忘れるが、若者は知らないだけだ。）

〔英〕 The twig is bent, the tree's inclined.（小枝を曲げれば、そのように木は傾く。）

〔英〕 You must not expect old hands on young shoulders. ＝ Boys will be boys.
（子供に大人の分別を求めてはいけない。―子供は所詮子供）

〔英〕 Youth lives on hope, old age on remembrance.
（若い時は希望に燃えて生き、老後は思い出に生きる。）

〔英〕 Youth's a stuff（that）will not endure.（若さは長続きしない。―少年老い易し）

〔英〕 Youth must be served.（若い時はもてるもの。）

〔英〕 Youth will be served.（同上）

〔英〕 Youth will have its course.（若者は思うがままに行動したがるもの。）

〔英〕 You are only young once.（若い時は一度だけ。）

〔英〕 Youth must [will] have its swing.（若者は思うがままに行動したがるもの。）

〔英〕 If youth knew, if age could.
（若者が知りさえすれば、老人ができさえすれば。―若者には知識がなく、老人には実行力がない）

〔英〕You cannot teach an old dog new tricks.（老犬に新しい芸を仕込むことはできない。）

〔英〕Early ripe, early rotten.（早く熟せば、早く腐る。―大器晩成）

〔英〕Years bring wisdom.（人は年齢と共に思慮分別を身につける。）

〔英〕Years know more than books.（年齢は書物より多くを知る。―亀の甲より年の甲）

〔英〕An old dog will learn no tricks.（老犬は芸を覚えない。）

〔英〕An old dog does not bark for nothing.（老犬は無駄に吠えない。）

〔英〕An old fox is hardly caught in a snare.（年をとったキツネはめったに罠にかからない。）

M.M

第3章　学習訓練

第1節　学問に近道はない

〔伊〕La via del sapere non ammette scorciatoie.（知の道は近回りを許さない。）

〔伊〕Ogni agio porta seco il suo disagio.　*portare 3 単現直
　　（どんな便利にも何か不都合があるものだ。）

〔独〕Es gibt keinen kurzen Weg(e) beim Studium.　*geben 3 単現直（学びに近道はない。）

〔独・参〕Schnell gelernt ist bald vergessen.　*lernen 過分　（早く学んだものは早く忘れる。）

〔英〕There is no shortcut to learning.（学びに近道はない。）

〔英〕There is no royal road to learning.（学問に王道なし。）

〔英〕The day is short and the work is long.（一日は短く、仕事は長い。）

〔英〕Truth lies at the bottom of a well.（真実は井戸の底に眠る。）

〔英・参〕Work while you work, play while you play.（よく勉強してよく遊べ。）

〔英・参〕All work and no play makes Jack a dull boy.
　　（勉強ばかりで遊ばないと子供はだめになる。）

第2節　知識・知恵の力

〔伊〕Non c'è avere che voglia sapere.（知りたいという欲求ほど大事なことはない。）

〔伊〕Meglio vale sapere che habere.　*valere 3 単現直　** = avere
　　（持っていることより知っていることの方に価値がある。）

〔伊〕La scienza non occupa luogo.　*occupare 3 単現直
　　（知識は場所をとらない。—その気があればどこでも身に着けられる）

〔伊〕Intendere è potere.（知は力なり。）

〔独〕Wissen ist Macht.（知は力なり。）

〔独・参〕Viel Wissen macht Kopfweh.　*machen 3 単現直　（多くを知れば頭痛がする。）

〔独・参〕Macht geht vor Recht.（権力は正義に勝る。）

〔英〕Knowledge is power.（知は力なり。）

〔英〕Knowledge [Wisdom] is better than riches.（知識〈知恵〉は富に勝る。）

〔英〕Knowledge is more than equivalent to force.（知識は力に勝る。）

〔英〕Knowledge without practice is nothing.（実践の伴わない知識は無意味だ。）

〔英〕Knowledge without practice makes but half an artist.
　　（実践を伴わない知識は半人前の芸術家しか生まない。―畳の上の水練）

〔英〕The pen is mightier than sword.（ペンは剣よりも強し。）

〔英〕Better wit than wealth.（機知は富に勝る。）

〔英〕Confidence is born of knowledge.（自信は知識より生まれる。）
　　　　自信　　から生まれる

〔英〕Learning is better than house and land.（学問は家や土地に勝る。）

〔英〕Learning without thought is labour lost.
　　（思考を伴わない学問は徒労である。―学びて思わざれば即ち暗し）

〔英〕The more you learn, the wiser you become.（勉強はすればするほど賢くなる。）

〔英〕The more one learns, the more one wants to know.
　　（勉強はすればするほどもっと知りたくなる。）

第3節　習うより慣れろ

〔伊〕Val più la pratica della grammatica.　*di + la　（実践は文法より価値がある。）
　　　　経験　　　　　　　文法

〔伊〕Altro è la pratica, altro è la grammatica.（実践と文法は別物である。）
　　　別のもの

〔伊〕Conta più la pratica che la grammatica.　*contare 3単現直
　　　価値がある
　　（実践は文法より大切である。）

〔伊〕Conta più gli esempi che le parole.
　　　　　　　　模範　　　言葉
　　（言葉より模範の方が大切だ。―口で言うより手本を示すことの方が大切だ）

〔伊〕L'esercizio è buon maestro.（練習は優れた教師である。―習うより慣れろ）
　　　経験　　　　先生

〔伊〕Nessuno nasce maestro.　*nascere 3単現直　（生まれながらの名人はいない。）
　　　　　生まれる

〔伊〕Nessuno nasce imparato.　*imparare 過分　（学識を備えて生まれてくる者はいない。）
　　　　　　　　　学んだ人

〔伊〕L'esperienza insegna.　*insegnare 3単現直　（経験は教える。―経験から学べることは多い）
　　　　　　　　教える

〔独〕Probieren geht über Studieren.（練習が完全をもたらす。―習うより慣れろ）
　　　訓練　　　　　　　勉強

〔独〕Erfahrung geht über Studieren.（同上）
　　　訓練

〔独〕Früh übt sich, was ein Meister werden will.　*üben 3単現直
　　　　練習する　　　　　　　　名人
　　（実践は最良の教師である。）

〔独〕Es ist noch kein Meister vom Himmel gefallen.（生まれ落ちた時からの職人はいない。）
　　　　　　　　　　　　　　　天　　降ってくる

〔独〕Besser als zu lernen ist es, sich zu üben.
　　　　　　　習う　　　　　　　練習する
　　（学識を備えることに優るのは経験を積んだ人間になることである。）

〔独〕Übung macht den Meister.（練習は熟達に通じる。）

〔独〕Gelernt ist gelernt.（経験がものを言う。）

〔独〕Alles will gelernt sein.（経験がものを言う。）

〔独〕Singe, so lernst du singen. *singen 2単命 **lernen 2単現直
（歌えば歌えるようになる。）

〔独〕Spinnen lernt man bei Spinnen. *lernen 3単現直　（糸の紡方は糸を紡ぎながら学ぶもの。）

〔独〕Das Werk lobt den Meister. *loben 3単現直　（作品が職人を褒める。）

〔独〕Gute Ware lobt sich selbst.（良い作品は自らを褒める。）

〔独〕Lehre *tut viel, das Leben mehr. *tun 3単現直
（勉強は多くのことを教えてくれるが、生活の方が多くを教えてくれる。）

〔英〕Practice makes perfect.（練習が完全をもたらす。―習うより慣れろ）

〔英〕Practice can do all things.（練習でなんでもできるようになる。）

〔英〕Practice is the best master.（実践は最良の教師である。）

〔英〕Practice makes the workman.（実践が腕の良い職人を作る。）

〔英〕Practice makes mastery.（練習は熟達に通じる。）

〔英〕Practice what you preach.（人に説くことは自らも実行せよ。）

〔英〕Practice is better than precept [theory].（実践は教訓〈理論〉に優る。）

〔英〕Example is better than precept.（実例は教訓に優る。）

〔英〕An ounce of practice is worth a pound of precept [theory].
　　（1オンスの実践は1ポンドの教訓〈理論〉の価値がある。）

〔英〕Knowledge without practice is nothing.（実践を伴わない知識には価値がない。）

〔英〕Knowledge without practice makes but half an artist.
　　（知識だけで実践が伴わなければ半人前の芸術家にしかなれない。）

〔英〕Experience tells.（経験がものを言う。）

〔英〕Better than to learn is to become experienced.
　　（学識を備えることに優るのは経験を積んだ人間になることである。）

〔英〕Custom makes all things easy.（慣れればどんなことも簡単にできるようになる。）

〔英〕Custom is another nature.（習慣は第二の天性なり。）

〔英〕Use [Habit] is a second nature.（同上）

〔英〕Once a use, forever a custom.（一度慣れれば一生の習慣となる。―習い性となる）

〔英〕Use makes mastery.（習慣は熟達に通じる。）

〔英〕Use makes perfect.（習慣が完全をもたらす。）

〔英・参〕In doing we learn.（学びは行動を通じて得られる。）

第4節　努力は報われる

〔伊〕Ogni fatica merita ricompensa.　*meritare 3単現直　（あらゆる苦労は報われるものだ。）

〔伊〕Chi cerca trova.　*cercare 3単現直　**trovare 3単現直　（求める者は与えられる。）

〔独〕Jeder Arbeit ist seines Lohnes wert.（働く者が報酬を受けるのは当然である。）

〔独〕Wo ein Will ist da ist [auch] ein Weg.（意志のあるところには道は開ける。）

〔独〕Müh und Fleiß bricht alles Eis.　*brechen 3単現直　（労力は氷を壊す。）

〔独〕Fleiß bricht Eis.（同上）

〔独〕Ohne Fleiß kein Preis.（よく働かなくては得るものはない。）

〔独〕Viele Streiche fällen die Eiche.（何度も叩けば、オークは倒れる。）

〔独〕Es fällt keine Eiche von einem Streiche.　*fallen 3単現直
　　（一度叩いただけで倒れる柏などない。）

〔独〕Keine Eiche fällt auf einem Streiche.（同上）

〔独〕Sich regen bringt Segen [Glück].　*bringen 3単現直
　　（行動を起こすことは幸運をもたらす。）

〔独〕Lerne was so kannst du was.　*können 2単現直　（何かを学べば何かが出来る。）

〔英〕The labourer is worthy of his hire.　*be worthy of（価値がある。）
　　（働く者が報酬を受けるのは当然である。）

〔英〕Where there is a will, there's a way.（意志のあるところには道は開ける。）

第5節　経験・勤勉は成功のもと

〔伊〕Esperienza è madre della .（経験は科学の母である。）

〔伊〕Esperienza è una maestra muta.（経験は話さぬ師である。）

〔伊〕L'esperienza è ottima maestra.（経験は最良の師である。）

〔伊〕L'esperienza insegna.（経験は教える。―経験から学べることは多い）

〔伊〕L'attività è la madre della prosperità.（活動は繁栄の母である。）

〔独〕Erfahrung ist die Mutter der Wissenschaft.（経験は科学の母である。）

〔独〕Erfahrung ist die beste Lehrmeisterin.（経験は話さぬ師である。）

〔独〕Die Erfahrung lehrt.　*lehren 3単現直　（経験は教える。―経験から学べることは多い）

〔独〕Fleiß ist des Glückes Vater.（一生懸命働くことが幸運の父である。）

〔独〕Fleiß geht über Künst.（一生懸命働くことは芸術を超える。）

〔独〕Fleiß bringt Brot, Faulheit (bringt) Not.（一生懸命働けばパンが、怠慢であれば貧困が来る。）

〔独〕Fleiß stützt vor Armut. *stützen 3単現直 （一生懸命働けば貧困は免れる。）
〔独〕Fleiß erhält den Preis. *erhalten 3単現直 （一生懸命働くことの価値は落ちない。）
〔英〕Experience is the mother of science.（経験は科学の母である。）
〔英〕Experience is the mother of wisdom.（経験は知恵の母である。）
〔英〕Experience is the father of wisdom and memory of mother.
（経験は知恵の父、記憶はその母。）
〔英〕Experience is the best teacher.（経験は最良の師である。）
〔英〕Experience without learning is better than learning without experience.
（学問なき経験は経験なき学問に優る。）
〔英〕Experience tells.（経験がものを言う。）
〔英〕Diligence is the mother of good fortune [luck].（勤勉は幸運の母である。）
〔英〕Industry is the parent of success.（勤勉は成功の親である。）
〔英〕Our experiences are parts of ourselves.（経験は自分自身の一部である。）
〔英〕Genius is nothing but labour and diligence.（天才とは努力と勤勉に他ならない。）

第6節　必要・困窮は発明・創造のもと

〔伊〕Necessità è madre dell'invenzione.（必要は発明の母である。）
〔伊〕Necessità non ha legge.（必要に掟なし。―背に腹はかえられぬ）
〔伊〕La necessità aguzza l'ingegno. *aguzzare 3単現直 （必要は才能を研ぎ澄ます。）
〔伊〕Il bisogno aguzza l'ingegno.（同上）
〔独〕Not ist die Mutter der Künste.（必要は技術の母である。）
〔独〕Not macht erfinderisch.（必要は発明の母である。）
〔独〕Not lehrt Künste.（必要は技術を教えてくれる。）
〔独〕Not lehrt beten.（苦しい時の神頼み。）
〔独〕Not bricht Eisen. *brechen 3単現直 （貧困は鉄をも壊す。）
〔独〕Not kennt kein Gebot. *kennen 3単現直 （必要に掟なし。―背に腹はかえられぬ）
〔独〕Je größer die Not, je näher Gott.（問題が大きいほど、神はそばにいる。）
〔独〕Wenn die Not am größten ist, ist Gottes Hilfe am nächsten.
（苦難が大きいほど、神はそばにいる。）
〔英〕Necessity is the mother of invention.（必要は発明の母である。）
〔英〕Necessity knows [has] no law.（必要に掟なし。―背に腹はかえられぬ）
〔英〕Want makes wit.（窮すれば知恵が出る。）

〔英〕Want is the mother of industry.（困窮は勤勉の母である。）

第7節　教えることは学ぶこと

〔伊〕Chi altri insegna, se stesso ammaestra. *insegnare 3 単現直 **ammaestrare 3 単現直
（人に教えることは自分も学ぶということ。―教うるは学ぶの半ばなり）

〔伊〕Insegnando si impara. *insegnare ジェ **imparare 3 単現直
（教えることを通じて学ぶ。）

〔独〕Durch Lehren lernt man. *lernen 3 単現直　（教えることを通じて学ぶ。）

〔英〕Teaching of others teaches the teacher.（人に教えることを通じて教師は学ぶ。）

〔英〕Teaching others teaches yourself.
（人に教えることは自分も学ぶということ。―教えるは学ぶの半ばなり）

〔英〕We learn by teaching.（教えることを通じて学ぶ。）

〔英〕To know is one thing, to teach is another.
（知っていることと人に教えることとは全く別物である。）

〔英・参〕Fools learn nothing from wise men, but wise men learn from fools.
（愚者は賢者から何も学ばないが、賢者は愚者から学ぶ。）

第8節　聞くこと訊ねることが大切

〔伊〕Chi lingua ha, a Roma va. *avere 3 単現直 **andare 3 単現直
（訊ねる人はローマへ行ける。）

〔独〕Durch Fragen wird man klug. *werden 3 単現直　（訊ねよ。そして多くを知れ）

〔独〕Besser zweimal Fragen als einmal irregehen.（道に迷うより道を訊ねる方がよい。）

〔英〕A man becomes learned by asking questions.（人は訊ねることによって学ぶ。）

〔英〕Ask much, know much.（訊ねよ。そして多くを知れ）

〔英〕Better to ask the way than go astray.（道に迷うより道を訊ねる方がよい。）

〔英〕He will not lose for asking.（訊ねて損するものは何もない。―聞くのはただ）

〔英〕There's nothing lost by asking.（同上）

〔英〕He who inquires much learns much.（多くを訊ねる者は多くを学ぶ。）

〔英〕He who is afraid of asking is ashamed by learning.
（訊ねることを恐れる者は学ぶことを恥じているのと同じ。）

〔英〕Nothing is lost for want of asking.（聞く必要に損することは何もない。）

第9節　学習・研鑽に年齢は関係ない

〔伊〕Chi vivrà vedrà.　*vivere 3単未直　**vedere 3単未直
　　　生きる*　知るだろう**
　　（生きている者は見るだろう。—時が経てばわかる）

〔伊〕Non si è mai vecchio per imparare.（いくつになっても学ぶことはできる。）
　　　　　　　　老人　　　学ぶ

〔伊〕Gli anni danno senno.（年齢が知恵を授ける。—亀の甲より年の甲）
　　　年齢

〔伊〕Dal frutto si conosce l'albero.　*conoscere 3単現直　（果実を見ればその木がわかる。）
　　　果実　　知る　　木

〔伊〕Giovane ozioso, vecchio bisognoso. = passare ozioso la propria vita
　　　若者　無為に過ごす　老人　貧困になる
　　（若い時を無為に過ごすと貧しい老後を過ごさなければならない。）

〔独〕Zum Lernen ist niemand zu　alt．（いくつになっても学ぶことはできる。）
　　　　　学ぶ　　　　　　　　　年とっている

〔独〕Niemand ist zu alt zu lernen.（同上）

〔独〕Keiner ist alt zu lernen.（同上）

〔独〕Man wird alt wie ein Haus und lernt nie aus.　*auslernen 修業を終える
　　（汝は家のように歳をとるが、修行を終えることはない。）

〔独〕Man lernt nie aus.（どんなに年をとっても学ぶことはできる。）

〔独・参〕Was Hänschen nicht lernt, lernt Hans nimmermehr.
　　　　　　ハンスの子　　　　　　　　　　ハンス
　　（若いハンスが学ばなかったことは、年寄りハンスも学ばない。—学問するのは若いうち）

〔独〕Der Verstand kommt mit den Jahren.（年齢が知恵を授ける。）

〔独〕Gut Ding will Weile haben.（良いことには時間がかかる。）

〔独〕Ding braucht Weile.（なんでも時間はかかる。）
　　　物事　必要である　余暇

〔独〕Es lernt niemand aus, bis das Grab ist unser Haus.　*auslernen 学び尽す
　　　　　　　　　　　　　　　　墓,死
　　（死ぬまで修業せよ。）

〔独〕Was lange währt, wird（endlich）gut.（長くかかったものはよく出来ている。）

〔英〕Never too old to learn.（いくつになっても学ぶことはできる。）

〔英〕One is never too old to learn.（同上）

〔英〕Its never too late to learn.（学ぶのに遅すぎるということは決してない。）

〔英〕It is never too late to mend.（改めるに遅すぎることは決してない。）

〔英〕No man is old but that he may learn.（どんなに年をとっても学ぶことはできる。）

〔英〕It is no shame for a man to learn what he does not know, whatever his age is.
　　（いくつになっても知らないことを学ぶのに恥じることはない。）

〔英〕Age and experience teach wisdom.（年齢と経験が知恵を授ける。）

〔英〕Years bring wisdom.（年齢が知恵を授ける。）

〔英〕Years know more than books.（年齢は書物より多くを知る。—亀の甲より年の甲）

〔英〕Live and learn.（生きていると勉強になる。―長生きはするものだ）

〔英〕What youth learns age does not forget.（若い時に学んだことは年をとっても忘れない。）

〔英〕Early training means more than late learning.
（若い時の訓練は年をとってからの勉強よりよい。）

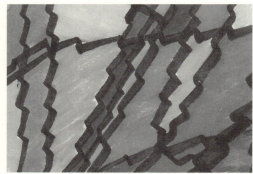

M.M

第4章　人間関係とくに友人

第1節　良い友は宝、親戚以上にも

〔伊〕Chi trova un amico trova un tesoro.　*trovare 3単現直　（友を持つ者は宝持ち。）

〔伊〕Val più un amico che cento parenti.（一人の友は百人の親族に勝る。）

〔伊〕Ognuno ha le sue manie.　*mania 複　（人それぞれに癖がある。）

〔独〕Ein guter Freund ist mehr wert als hundert Verwandte.
（一人の友は百人の親族に勝る。）

〔独〕Freunde tun mehr not denn Feuer, Wasser und Brot.
（友人は火、水、パンより必要である。）

〔独〕Es ist ein köstliches Ding um einen Freund.（友情とは美味しいものだ。）

〔独〕Alte Freunde und alter Wein sind am besten.（旧友と古いワインは最高である。）

〔独〕Freundschaft geht über Verwandtschaft.（良友とは肉親と同じである。）

〔英〕Better one true friend than a hundred relations.（一人の友は百人の親族に勝る。）

〔英〕A true friend, a great treasure.（真の友は偉大な宝。）

〔英〕A friend in need is a friend indeed.（必要な時の友は真の友。）

〔英〕A friend is never known till a man have need.
（友というものは必要な時になって初めてわかる。）

〔英〕A good friend is hard to find.（良友は得難いもの。）

〔英〕A good friend is as the sun in winter.（良友とは冬の太陽のようなもの。）

〔英〕A good friend is my nearest relation.（良友とは肉親と同じである。）

〔英〕A friend is best found in adversity.（逆境の時に得る友は最良の友。）

〔英〕A friend is easier lost than found.（友は得難く失い易し。）

〔英〕A friend is not as soon gotten as lost.（同上）

〔英〕Old friends and old wine are best.（旧友と古いワインは最高である。）

〔英〕A false friend is worse than an open enemy.（偽りの友よりあからさまな敵の方がまし。）

〔英〕Better a good friend than silver and gold.（持つべきは金銀より親友。）

第2節　真の友人とは──頼りになるかならないか

〔伊〕Un vero amico si conosce nelle disgrazie.　*conoscere 3単現直　** in + le
　　　　真の　　友人　　知る・　　　　　　不幸
　　（真の友は逆境の時にわかる。）

〔伊〕Il vero amico si conosce nel momento del bisogno.　* in + il　** di + il
　　　　　　　　　　　　　　　　　　　　　　　　必要
　　（必要な時の友は真の友。）

〔伊〕A bisogni si conoscono gli amici.　*conoscere 3複現直　（同上）
　　　　　　　　　　　知る・

〔伊〕Gli amici si riconoscono nel momento del bisogno.
　　　　　　　　　　認める・　　　　　　　　　　　必要
　　　　*riconoscere 3複現直　** in + il　*** di + il　（同上）

〔伊〕Amico certo si conosce nell' incerto.　* in + l'　（確かな友は疑わしい時にわかる。）
　　　　　　確かな　　　　　　　不確かな

〔伊〕Meglio un aiuto che cento consigli.（百の助言より一つの助け。）
　　　　　　　　　　　　　　　　助言

〔伊〕Uomo avvisato e mezzo salvato.
　　　　　　知らされた　　　救われた
　　（危険を予告された者は半分救われたようなもの。─助言には耳を傾けよ）

〔伊〕Piccoli regali mantengono l'amicizia.　*mantenere 3複現直
　　　　　　贈物　　保つ・
　　（小さな贈り物が交友を温める。）

〔伊〕I falsi amici sono peggiori dei nemici manifestati.　* di + i
　　　　偽りの　　　　　より悪い　　　　　　表明する（敵であることを）
　　（偽りの友よりあからさまな敵の方がまし。）

〔伊〕Conti chiari [spessi], amicizia lunga.（貸借がはっきりしていると交友は長続きする。）
　　　　貸借　　　　　　　　　交友

〔独〕In der Not, erkennt man seine Freunde.　*erkennen 3単現直
　　　　　困難
　　（確かな友は疑わしい時にわかる。）

〔独〕Den Freunde erkennt man in der Not.（同上）

〔独〕Freunde in der Not sind selten.（必要な時にいる友人はまれである。）

〔独〕Freunde in der Not gehen hundert (tausend) auf ein Lot.
　　　　　　　　　　　　　　　　　　　　　　　　　　　　　わずかの重さのこと
　　（必要な時にきまって友人は雲隠れする。）

〔独〕Ein Freund in der Not ist ein Freund in der Tat.
　　　　　　　　　　　　　　　　　　　　　　　　行動
　　（助けを必要としている友人は、助けを必要としているのだ。）

〔独〕Wer als Freund nicht nützt, kann als Feind schaden.　*nützen 3単現直
　　　　　　　　　　役立つ　　　　　　　　　害のある
　　（友人に至らないやつに、敵としてやられるかもしれない。）

〔独〕Wer zwischen zwei Freundin Richter ist, verliert den einen.　*verlieren 3単現直
　　　　　　　　　　　　　　　裁判官　　　　失う
　　（二人の友人の肩を持とうとする者は、どちらかの友人を失う。）

〔独〕Was man dem Freunde leiht muß man vom Feinde wiederfordern.
　　　　　　　　　　　　貸す　　　　　　　　　　　　　　返却を求める
　　*leihen 3単現直　（友人に貸したものは敵から取り返さなくてはならない。）

〔独〕Borgen schadet der Freundschaft.　*schaden 3単現直　（貸し借りは友情を壊す。）
　　　　借りること　害する・　　　友情

〔独〕 In Geldsachen hört die Freundschaft auf. *aufhören 3単現直
　　　（友情は金銭問題で終わる。）
〔独〕 Kleine Geschenke erhalten die Freundschaft.（小さな贈り物は友情を長持ちさせる。）
〔独〕 Kleine Geschenke halten die Freundschaft warm.
　　　（小さな贈り物はあたたかい友情を長持ちさせる。）
〔独・参〕 Die Ratten verlassen das sinkende Schiff.（ネズミは沈没船から逃げる。）
〔英〕 A friend will help at a dead lift.（苦難の時に友は助けてくれる。）
〔英〕 A friend's favour is better than a fool's smile.（友の好意は愚人の微笑より有難い。）
〔英〕 A friend from the teeth outward [forward].（見せかけだけの友。）
〔英〕 The friend that faints is a foe.（意気地のない友は敵である。）
〔英〕 A sure friend is known in a doubtful matter.（確かな友は疑わしい時にわかる。）
〔英〕 Better be alone than in bad company.（悪い仲間といるよりは一人でいる方がまし。）
〔英〕 Better foes than hollow friends.（うわべだけの友より敵の方がまし。）
〔英〕 Friends are thieves of time.（友は時間泥棒。―つきあいのために貴重な時間を費やす）
〔英〕 Friends [The best of friends] must part.（どんなに仲のよい友達でも別れるもの。）
〔英〕 A good friend is my nearest relation.（良友とは肉親と同じである。）
〔英〕 A good friend never offends.（良友は人の気に障るようなことは決してしない。）
〔英〕 A full purse never lacks friends.（財布が満杯のものは友達に不足せず。）
〔英〕 Presents keep friendship warm.（贈り物は交友を温める。）
〔英〕 Prosperity has many friends.（成功すれば友人が増える。）
〔英〕 Rich folk have many friends.（金持ちには友人が増える。）
〔英〕 The rich knows not who is his friend.（金持ちには誰が友人であるかわからない。）
〔英〕 Poverty parteth friends.（貧すれば友は去る。）
〔英〕 Good counsel never comes amiss.
　　　（良い助言は決して間違っては来ない。―助言には耳を貸すものだ）
〔英〕 Evil communications corrupt good manners.
　　　（悪い交際がよいマナーを堕落させる。―朱に交われば赤くなる）
〔英〕 Even reckoning makes long friends.（貸借関係がなければ交友は長続きする。）
〔英〕 Short reckoning makes long friends.（短期の貸し借りは長期の交友関係を作る。）
〔英〕 Short accounts make long friends.（同上）
〔英〕 Prosperity makes friends, adversity tries them.（繁栄が友をつくり、逆境が友を試す。）

第3節　友人の多いのは──八方美人を考える

〔伊〕Amico di tutti e di nessuno è tutt' uno.
　　（皆と友達だということは誰の友達でもないのと同じことだ。）

〔伊〕Amico d'ognuno, amico di nessuno.（同上）

〔伊〕Chi è amico di tutti e amico di nessuno.（同上）

〔伊〕Chi serve al comune, non serve a nessuno.　＊a + il
　　（皆に仕えようとする者は誰にも仕えることができない。）

〔伊〕Meglio soli che male accompagnati.（悪い仲間といるよりは一人でいる方がまし。）

〔伊〕Poca brigata, vita beata.（仲間は少人数の方が楽しい。）

〔独〕Jedermanns Freund ist niemandes Freund.
　　（皆と友達だということは誰の友達でもないのと同じことだ。）

〔独〕Jedermanns Freund jedermanns Narr [Geck].（同上）

〔英〕A friend to everybody is a friend to nobody.
　　（皆と友達だということは誰の友達でもないのと同じことだ。）

〔英〕A friend to all is a friend to none.（同上）

〔英〕Everybody's friend is nobody's friend.（同上）

〔英〕All men's friend no man's friend.（同上）

〔英〕He who has many friends has no friend.（友多くして友なし。）

〔英〕He who has no enemy has no friend.（敵のいない者には友もいない。）

〔英〕He that serves everybody is paid by nobody.
　　（皆に仕えようとする者は誰からも評価されない。）

〔英〕Success has many friends.（成功すれば友人が増える。）

〔英〕Have but (a) few friends, though many [much] acquaintances.
　　（知人は多いが友人は少ししかいない。）

〔英〕Friendship stands not on [in] one side.（友情はどちらか一方だけでは成り立たない。）

〔英・参〕What is every man's business is no man's business.
　　（みんなの仕事はだれの仕事でもない。）

〔英・参〕A full purse never lacks friends.（財布が満杯のものは友達に不足せず。）

第4節　人は見かけによらない

〔伊〕L'apparenza inganna.（外見は人を欺く。）

〔伊〕L'uomo si giudica male alla cera. *giudicare 3 単現直 ** a + la
（人は顔つきではわからないものだ。）

〔伊〕Contadino, scarpe grosse e cervello fino.
（農夫はどた靴を履いていても頭はきれる。―人は見かけによらぬもの）

〔伊〕Non è tutto oro quel che luce [luccica]. *lucere 3 単現直 （光るもの、すべて金ならず。）

〔伊〕Non è tutto oro quello che riluce. *rilucere 3 単現直 （同上）

〔独〕Der Schein trügt. *trügen 3 単現直 （外見で人を判断するな。）

〔独〕Es ist nicht alles Gold, was glänzt. （光るものすべて金ならず。）

〔独〕Es sind nicht alle Diebe, die der Hund anbellt. *anbellen 3 単現直
（犬が吠えた相手すべてが泥棒ではない。）

〔独〕Es sind nicht alle Jäger, die das Horn blasen.
（角笛を吹くものすべてが修道士ではない。）

〔独〕Es sind nicht alle Mönche, die schwarze Kutten tragen.
（黒い礼服を着たものすべてが修道士ではない。）

〔独〕Es sind nicht alle Doktoren, die rote Hüte tragen.
（赤い帽子を被ったものすべてが医者ではない。）

〔独〕Es sind nicht alle Jungfern, die Kränze tragen.
（花冠を持っている女すべてが処女ではない。）

〔独〕Es sind nicht alle Köche, die lange Messer tragen.
（長い包丁を持っているものすべてが料理人ではない。）

〔独〕Außen hui, innen pfui! （外は凄い、内は悪い。）

〔独〕Außen blank, innen Stank. （外にはぴかぴか、内は臭い。）

〔独〕Außen fix, innen nix. * = nichts （表向きは素晴らしくとも、後ろには何もない。）

〔独〕Außen Putz, innen Schmutz. （外は綺麗にして、内は不潔。）

〔独〕Außen schimmert innen wimmert. （表面は磨かれていても、内側は情けない。）

〔独〕Außen Hönig, innen Galle. （表面は蜂蜜で、内側は苦い。）

〔独〕Oben hui unter pfui. （ = Außen hui innen pfui.） （上は凄い、下は悪い。）

〔独〕Vorne hui unten pfui. （前は凄い、後ろは悪い。）

〔英〕Never judge by appearances. （外見で人を判断するな。）

〔英〕Do not always judge by appearance. （同上）

〔英〕Judge not of men or things at first sight. （一目見ただけで人やものを判断してはいけない。）

〔英〕Judge not a book by its cover. （表紙で本を判断してはいけない。）

〔英〕Appearances are deceitful [deceptive]. （外見は人を欺く。）

〔英〕Appearances oft deceive.（往々にして外見は人を誤らせる。）

〔英〕There is no trusting to appearances.（見映えを信用してはいけない。）

〔英〕Things are not as they seem.（物事は見かけどおりではない。）

〔英〕Things prove not as they seem.（同上）

〔英〕Things are not always what they seem.（物事はいつも外見どおりとは限らない。）

〔英〕Things are seldom what they seem.（物事が見かけどおりのことはめったにない。）

〔英〕All is not gold that glitters [glisters].（光るもの、すべて金ならず。）

〔英〕All that glitters is not gold.（同上）

〔英〕You cannot know wine by the barrel.（樽でワインの良し悪しはわからない。）

〔英〕None can guess the jewel by the cabinet.（飾り棚で宝石の値打ちはわからない。）

〔英〕The jewel is not to be valued for the cabinet.（同上）

〔英〕If the beard were all, the goat might preach.（もしひげがすべてなら、ヤギでも説教する。）

〔英〕The clothes don't make the gentleman.（身なりは人〈紳士〉を作らず。）

〔英〕Clothes do not make the man.（同上）

第5節　見た目より中身に──氏より育ち

〔伊〕Il gioco non vale la candela.　*valere 3単現直
（賭けの儲けはろうそく代にもならない。──割に合わない苦労をする）

〔伊〕Ogni bel gioco dura poco.（楽しみは長くは続かない。）

〔独〕Schönheit von Gehalt ist mehr wert als Schönheit von Gestalt.
（美しくとも、内容が無ければ価値はない。）

〔独〕Tugend ist allweil der beste Adel.（良い行いが一番である。）

〔独〕Der Adel sitzt [steht] im Gemüte nicht im Geblüte.　*sitzen 3単現直
（気高さは血統ではなく、精神からくるもの。）

〔独〕An den Früchten erkennt man den Baum.（何の木かはその果物で判る。）

〔英〕Beauty without goodness is worth nothing.（顔がきれいでも、心が醜ければ価値はない。）

〔英〕Chose a wife rather by your ear than your eye.（妻は眼でなく、耳で選べ。）

〔英〕A wife is not to be chosen by the eye only.（妻は眼だけで選ぶものではない。）

〔英〕Do not look upon the vessel but upon that which it contains.
（器でなく、器の中身を見よ。）

第6節　見た目も大切

〔伊〕Anche l'occhio vuole la sua parte.　*volere 3 単現直
　　（目にも役どころあり。―外見もまた大切）

〔伊〕Bellezza è mezza dote.（美貌は持参金〈幸運〉の半分。）

〔伊〕Chi nasce bella non nasce povera.　*nascere 3 単現直
　　（美貌に恵まれて生まれる者は貧乏にならない。）

〔伊〕Vesti un ciocco pare un fiocco.　*vestire 3 単現直　**parere 3 単現直
　　（丸太も飾ればきれいに見える。―馬子にも衣装）

〔伊〕Vedere per credere.（信じるためには自分の目で見よ。―百聞は一見に如かず）

〔独〕Kleider machen Leute.（身なりが人を作る）

〔独〕Ein schönes Gesicht ist die beste Empfehlung.（美しい顔は一番の推薦状。）

〔独〕Ein schönes Gesicht ist halbe Mitgift.（美貌は持参金の半分。）

〔独〕Ein schönes Mädchen trägt sein Heiratsgut im Gesicht.　*tragen 3 単現直
　　（美しい少女の嫁入り道具は顔である。）

〔独〕Eine schöne Jungfer hat den Brautschatz im Angesicht.
　　（美しい処女の嫁入り道具は顔である。）

〔独〕An den Federn erkennt man den Vogel.　*erkennen 3 単現直
　　（美しい羽根が美しい鳥を作る。）

〔独〕Den Vogel erkennt man an den Federn.（同上）

〔独〕Man erkennt den Vogel an den Federn.（同上）

〔英〕Beauty is a natural blessing.（美は天からの恵みである。）

〔英〕Where beauty is there needs no other plea.（美貌が備わっていれば他に望むものはない。）

〔英〕A fair face is half a portion [fortune].（美貌は持参金〈幸運〉の半分。）

〔英〕Fine clothes make the man.（立派な衣服が人を作る。―馬子にも衣装）

〔英〕Clothes make the man.（身なりが人を作る。）

〔英〕The coat makes the man.（コートが人を作る。）

〔英〕The tailor makes the gentleman [man].（仕立て屋が紳士〈人〉を作る。）

〔英〕Good clothes open all doors.（立派な身なりはすべての扉を開く。）

〔英〕Fine feathers make fine birds.（美しい羽根が美しい鳥を作る。）

〔英〕Handsome is that handsome does.（行ないの立派な人が立派な人。―みめより心）

第7節　朱に交われば赤くなる→環境選びに留意

〔伊〕Dimmi con chi vai, e ti dirò chi sei [che fai].
　　　*andare 2単現直　**dire 1単未直　***君はどんな人であるか
　　　（誰とつきあっているか言ってみろ、そうすれば君がどんな人間かがわかるから。）

〔伊〕Accodati ai buoi e sarai uno di essi.　*accodare + ti　**essere 2単未直
　　　（牛たちの後ろに並べば自分もその中の一頭になってしまう。）

〔伊〕Chi va a letto co' cani, si leva colle pulei.
　　　*andare 3単現直　** con + i　***levere 3単現直　**** con + le
　　　（犬と寝れば蚤に起こされる。）

〔伊〕Chi pratica col lupo impara a urlare.
　　　*praticare 3単現直　** con + il　***imparare 3単現直
　　　（オオカミと付き合えば遠吠えを覚える。）

〔伊〕Chi va al mulino s'infarina.（粉ひき場に行く者は粉まみれになる。）

〔伊〕Chi tocca la pece s'imbratta.　*toccare 3単現直　**imbrattare 3単現直
　　　（松やにに触れる者はべっとり汚れる。）

〔伊〕La cattiva compagnia conduce l'uomo sulla cattiva via.
　　　（悪友との交際は悪への道につながる。）

〔独〕An der Rede erkennt man den Mann.　*erkennen 3単現直
　　　（口の聞き方でその人のすべてが分かる。）

〔独〕Böse Beispiele verderben gute Sitten.　*verderben 3単現直
　　　（悪い交際〈口のきき方〉がよいマナーを堕落させる。）

〔独〕Schlechte Beispiele verderben gute Sitten.（同上）

〔独〕Schlechte Gesellschaft verdirbt gute Sitten.　*verderben 3単現直
　　　（悪い社会は良い道をダメにする。）

〔独〕Böse Gesellschaft verdirbt gute Sitten.（同上）

〔独〕Schlechter Umgang verdirbt den besten Menschen.（悪い社会は良い人をダメにする。）

〔独〕Ein faules Ei verdirbt den ganzen Brei.（悪い卵はかゆをダメにする。）

〔独〕Ein fauler Apfel steckt hundert gesunden an.　*anstecken 3単現直
　　　（悪いりんごはその他百個のりんごをもダメにする。）

〔独〕Ein räudiges Schaf steckt die ganze Herde an.
　　　（一頭病気になれば羊の群れは皆病気になる。）

〔独〕Ein räudiges Schaf macht die ganze Herde räudig.（同上）

〔独〕Wer mit Hunden schlafen [ins Bett] geht, Steht mit Flöhen auf.
　　*schlafen gehen　**aufstehen（犬と寝れば蚤に起こされる。）

〔独〕Wer Pech angreift [anfaßt], besudelt sich.
　　*angreifen 3単現直　**anfaßen 3単現直　***sich besudeln（松やにに触れる者はべっとり汚れる。）

〔独〕Wer Kot angreift, besudelt sich.（同上）

〔英〕Evil communications [words] corrupt good manners.
　　（悪い交際〈口のきき方〉がよいマナーを堕落させる。）

〔英〕You may know him by the company he keeps.（付き合う者でその人がわかる。）

〔英〕A man is known by the company he keeps.（同上）

〔英〕Keep good company, and you shall be of the number.
　　（善人とつき合えば善人の仲間になれる。）

〔英〕With the good we become good.（同上）

〔英〕He that [who] touches pitch shall be defiled.（松やにに触れる者はべっとり汚れる。）

〔英〕You can't touch pitch without being defiled.（同上）

〔英〕Who keeps company with the wolf will learn to howl.
　　（オオカミと付き合えば遠吠えを覚える。）

〔英〕He who haunts with wolves doth learn to howl.（同上）

〔英〕He that lies down with dogs, must rise with fleas.（犬と寝れば蚤に起こされる。）

第8節　似た者、気の合った者は自然に集る

〔伊〕Dio li fa e poi li accoppia.　*fare 3単現直　**accoppiare 3単現直
　　（神は人を創り、人を番わせる。—類は友を呼ぶ）

〔伊〕Ogni simile ama il suo simile.　*amare 3単現直
　　（似た者は似た者を愛する。—類は友を呼ぶ）

〔伊〕La cattiva compagna conduce l'uomo sulla cattiva via.
　　*condurre 3単現直　** su + la　（悪友との交際は悪への道につながる。）

〔独〕Gleich und gleich gesellt sich gern.　*gesellen 3単現
　　（似た者同士が集まる。—類は友を呼ぶ）

〔独〕Gleiche Brüder, gleiche Kappen.（同じ兄弟、同じ帽子。—似た者同士）

〔独〕Vögel von einerlei Federn fliegen gern beisammen.（同じ羽の鳥は群をなす。）

〔独〕Wo Tauben sind, fliegen Tauben hin.　*hinfliegen（鳩がいる場所には鳩が集まる。）

〔独〕Wo Geld ist, kommt Geld hin.　*hinkommen（金が金を生む。）

〔独〕Wie der Wirt, so die Gäste.（この主人にこの客人あり。）
　　　　　主人　　　　　客
〔英〕A man may be known by the company he keeps.（付き合う者でその人がわかる。）
〔英〕A man is known by the company he keeps.（同上）
〔英〕Birds of a feather flock together.（同じ羽の鳥は群をなす。）
〔英〕Like attracts like.（似た者同士が引き付けあう。一類は友を呼ぶ）
　　　　　　引きつける
〔英〕Like begets like.（同上）
　　　　　　生む
〔英〕Like draws to like.（同上）
　　　　　　引きつける
〔英〕Like for like.（似た者同士。）
〔英〕Like loves like.（似た者同士が愛し合う。）
〔英〕Like will to like.（同上）
〔英〕Like to like.（似た者同士。）
〔英〕The like, I say, sits with the jay.（カケスはいつもカケスと並んでとまる。）
　　　　　　　　　　　　　　　　カケス
〔英〕Money begets money.（金が金を生む。）
〔英〕Likeness causeth liking.　* = causes　（似た者同士が集まる。）

第9節　各自思うままに生き、他人にも口出ししない

〔伊〕Bisogna vivere e lasciar vivere.　*bisognare 3単現直　**lasciare 2単現命
　　　必要がある*　生きる　　させる**
　　　（自分も生き、他も生かせよ。）
〔伊〕Vivi e lascia vivere.　*vivere 2単現命　（同上）
　　　生きなさい
〔伊〕Non giudicare se non vuoi essere giudicato.　*volere 2単現直
　　　　とやかく言う　　　　欲する*　とやかく言われる
　　　（人にとやかく言われたくなければ人のことも言うな。）
〔独〕Man muss leben und leben lassen.　（自分も生き、他も生かせよ。）
　　　　　　　生きる
〔英〕Live and let (others) live.（自分も生き、他も生かせよ。）

第10節　他人の行動から学ぶこと

〔伊〕Impara dagli errori degli altri che ci servono da lezione.
　　　（他人の誤りから学べ、教訓として役立つから。）
〔伊〕Ognuno è figlio delle sue azioni.　* di + le　（人は行動によって判断される。）
　　　　　　　息子　　　　行動
〔独〕Andere Fehler sind unsere (guten) Lehrer.（他人の欠点は我々の〈良い〉教師。）
　　　　　　欠点　　　　　　　　　教師
〔独〕Man sieht den Splitter im fremden Auge, aber nicht den Balken im eigenen.
　　　　　　　　　　破片　　　　　　　　　　　　　　　　　角材
　　　（他人の目に入った削片は見えても、自分の目に入ったものは見えない。）

〔独〕Willst du strafen mich und Meine, sieh zuvor auch dich und Deine.
　　*wollen 2単現直　**sehen 2単命　（他人を裁きたければ、己の行いをみつめなおせ。）
〔英〕One man's fault is another man's lesson.（人の誤りは自分の教訓となる。）
〔英〕Wise men learn by other men's mistakes.（賢者は他人の誤りから学ぶ。）
〔英〕Learn from the faults of others.（他人の誤りから学べ。）
〔英〕Learn wisdom by the follies of others.（他人の愚考から知恵を学べ。）
〔英〕He is wise who can beware by other men's harm.
　　（他人の悪意に用心できる者は賢者である。）
〔英〕It is good to beware by other men's harm.（他人の悪意に用心するのはよいことだ。）
〔英〕Happy is he whom other men's harms make beware.
　　（他人の悪意〈危害〉に用心する者は幸福である。）
〔英〕He is happy that can be warned by other men's harms.（同上）
〔英〕He is happy whom other men's perils make wary.（同上）

第11節　犬猿の仲（欧米：犬猫の仲）とは

〔伊〕Si prendono come cane e gatto.　*prendere 3複現直（犬と猫のように喧嘩をする。）
〔伊〕Quei due sono come cane e gatto.　*essere 3複現直
　　（あの二人は犬と猫のように仲が悪い。）
〔伊〕Stanno tra loro come cani e gatti.　*stare 3複現直
　　（彼らの関係は犬と猫のように険悪だ。）
〔伊〕essere [stare] come cani e gatti（犬と猫のように仲が悪い。）
〔伊〕essere come il gatto e l'acqua bollita（ネコと熱湯のようにそりが合わない。）
〔独〕Die Eheleute leben wie Hund und Katze.
　　（夫婦は猫犬のように暮らす。―夫婦の折り合いが悪い）
〔独〕Wie Hund und Katze leben.（犬と猫のように喧嘩をして過ごす。）
〔独〕Wie Hund und Katze miteinander leben.（同上）
〔独〕Wie Hund und Katze zusammenleben.（同上）
〔独〕Sich wie Hund und Katze vertragen.（彼らは犬と猫のように仲が悪い。）
〔英〕They agree like cat(s) and dog(s).（同上）
〔英〕To lead [live] a cat and dog life.（犬と猫のように喧嘩をして過ごす。）

〔参考〕仲が悪いのは日本ではイヌ（犬）とサル（猿）とされるが、西欧ではイヌ（犬）とネコ（猫）である。

イヌとネコの語順はアルファベットの順であり、伊語と独語ではイヌ（〔伊〕Cane、〔独〕Hund）が前、ネコ（〔伊〕gatto、〔独〕Katze）が後となるが、英語ではネコ（cat）が前でイヌ（dog）が後となる。

It rains [It is raining] cats and dogs.（＝heavy rain）の例では cat は大雨を招き、dog は強風を招くという迷信からの由来とされ、全体で「どしゃぶりの雨」の意味とされる。

第12節　夫婦喧嘩は放っとけ

〔伊〕Fra moglie e marito non mettere il dito.（夫婦の間に指を突っ込むな。）

〔伊〕Fra l'incudine ed il martello, man non metta chi ha cervello.　*mettere 3 単命
　　（知恵ある者は金敷きと金槌の間に手を置くな。）

〔伊〕Amore senza baruffa, fa la muffa.（口論なき愛にはカビが生える。）

〔独〕Nicht einmal ein Hund frißt ein Streit zwischen Eheleuten.　*fressen 3 単現直
　　（夫婦喧嘩は犬も食わぬ。）

〔独〕Im Bett ist alles wett.　* ＝ vergessen 忘れられる, ＝ vergeben 許される
　　（ベッドの中ではすべてが許される。）

〔独〕Hauszank währt nicht lang.　*währen 3 単現（一つ屋根の下での喧嘩は長持ちしない。）

〔英〕Even a dog will not eat a quarrel of a married couple.（夫婦喧嘩は犬も食わぬ。）

〔英〕The quarrel of lovers is the renewal of love.（恋人同士のけんかは新たな愛である。）

〔英〕One should not interfere in lover's quarrels.（恋人同士のけんかに口を挟んではいけない。）

〔英〕Domestic quarrels are insignificant for other people.
　　（家庭内の争いは他人にとってはつまらぬものだ。）

第13節　去る者は日々に疎し──不在者は忘れられる

〔伊〕Lontano dagli occhi, lontano dal cuore.　* da ＋ gli
　　（目から遠く離れると心も離れる。─去る者日々に疎し）

〔伊〕I morti e gli andati presto sono dimenticati.（死者と去った者は早く忘れ去られる。）

〔伊〕Se occhio non mira, cuor non sospira.　*mirare 3 単現直 **sospirare 3 単現直
　　（目で見ることがなくなれば心焦がれることもなくなる。）

〔伊〕Gli assenti hanno sempre torto.　*avere 3 複現直
　　（間違いは常にその場にいない者のせいになる。）

〔独〕Aus den Augen, aus dem Sinn.（見えなくなれば心も見えなくなる。）

〔独〕Lange Trennung ist der Liebe Tod.（目から遠く離れると心も離れる。）

〔独〕Wer fortgeht ist bald vergessen.（姿を見せないとすぐに忘れ去られる。）
　　　　　立ち去る　　　　　　忘れる

〔独〕Der Abwesende muß Haare lassen.
　　　不在者　　　　　髪の毛　目にあう
　　（不在者は髪を落としていかなければならない。―間違いはその場にいない者のせいになる）

〔英〕Out of sight, out of mind.（見えなくなると心も離れる。―去る者日々に疎し）
　　　　　視界

〔英〕Seldom seen, soon forgotten.（めったに姿を見せないとすぐに忘れ去られる。）
　　　　　　　　　　　忘れる

〔英〕Long absent, soon forgotten.（長い間姿を見せないとすぐに忘れ去られる。）
　　　　　不在

〔英〕Long absence alters affection.（長い間姿を見せないと愛情も変化する。）

〔英〕The absent and the dead have no friend.（姿を見せない者と死者に友はなし。）

〔英〕To dead men and absent there are no friends left.（同上）
　　　　　　　　　　　　　　　　　　　　　　残る

〔英〕The dead are soon forgotten.（死者はすぐに忘れ去られる。）

〔英〕Lost to sight, lost to mind.（見えなくなれば心も見えなくなる。）

〔英〕He who is absent is always wrong.（間違いは常にその場にいない者のせいになる。）
　　　　　　　　　　　　　　　　　　　誤り

〔英〕Absent party is still faulty.（同上）

〔英〕Far from [the] eye, far from (the) heart.（目から遠く離れると心も離れる。）

〔英・参〕Absence makes the heart grow fonder.
　　　　　　　　　　　　　　　　　　情深く
　　（会わないでいると人の心はいっそう愛情が深くなる。）

〔英・参〕Respect is greater from a distance.（離れてみれば尊敬は増す。）
　　　　　　　　　　　　　　　　距離

第5章　行動

第1節　意思と努力があれば何かができる

〔伊〕Volere è potere.（意志は力なり。）
　　　意志　　　力

〔伊〕Chi vuole, ottiene.　*volere 3単現直　**ottenere 3単現直　（求める者は与えられる。）
　　　　望む*　得る**

〔伊〕Bussate e vi sarà aperto.（叩けば開かれる。）
　　　叩く

〔独〕Wer will, der kann.（意志があれば不可能はない。）
　　　　　望む　　　できる

〔独〕Wo ein Wille ist,（da）ist [auch] ein Weg.（意志あるところに道は開く。）
　　　　　　意志　　　　　　　　　　　　　道

〔独〕Bei gutem Willen finden sich die Mittel.（意志があれば不可能はない。）
　　　　　　　意志　　　　　　　　　方法

〔独〕Wozu der Mensch den Mut hat, dazu findet er die Mittel.
　　　　　　人間　　　　意志
　　（志を持つ者には道はいくつもある。）

〔独〕Der Wunsch ist oft der Vater des Gedankens.（願望はよく思考の父となる。）
　　　　願望　　　　　　　　　　　　思考

〔独〕Wo nach einer ringt, danach ihn gelingt.　*ringen 3単現直　**gelingen 3単現直
　　　　　　　　努める*　　　　　達する**
　　（志を持つ者には道はいくつもある。）

〔独〕Wenn der Mensch sich etwas vornimmt, so ist ihm mehr möglich, als man
　　　　　　　　　　　　　　　　企てる*
　　glaubt.　*vornehmen 3単現直　**glauben 3単現直　（同上）
　　　考える**

〔独〕Beharrlickkeit führt zum Ziel.（継続すれば目的に達する。）

〔独〕Wer wagt gewinnt.　*wagen 3単現直　**gewinnen 3単現直　（挑戦者が勝つ。）
　　　　思う*　得られる**

〔独〕Erst wägen, dann wagen.（まず計り、そしてやれ。）
　　　　考え　　　　実行する

〔独〕Fleiß bricht Eis.　*brechen 3単現直　（一生懸命に働いて壊せない氷はない。）
　　　勤勉　破る*　氷

〔独〕Müh und Fleiß bricht alles Eis.（同上）
　　　苦労

〔独〕Viele Streiche fällen die Eiche.（なんども叩くことによって樫の木は倒れる。）
　　　　　　打撃　　　　　　　オーク（木）

〔独〕Steter Tropfen höhlt den Stein.　*höhlen 3単現直　（点滴石を穿つ。）
　　　　　滴　　　穴をあける*　石

〔英〕Where there is a will, there is a way.（意志あるところに道は開く。）
　　　　　　　　　　意志　　　　　　　　　道

〔英〕Nothing is impossible to a willing mind [heart].（意志〈魂〉があれば不可能はない。）

〔英〕Where your will is ready, your feet are light.（気持ちの準備ができていれば心は軽い。）

〔英〕The will is as good as the deed.（何事をするにも志が大切。）
　　　　　　　　　　　　　　　行動

〔英〕To him that wills, ways are not [seldom] wanting.（志を持つ者には道はいくつもある。）
　　　　　　　　　　　　　　　　　　　不足

〔英〕It is dogged that [as] does it.（がんばってこそ事は成る。）

〔英〕He finds that seeks.（求める者は与えられる。）

〔英〕Never shoot, never hit.（鉄砲は撃たないと命中しない。）

第2節　言うは易く行うは難し

〔伊〕È più facile consigliare che fare.（行うより助言する方が簡単である。）
〔伊〕I fatti contano più delle parole.　*di + le　（行動は言葉より重みがある。）
〔伊〕Ci vogliono fatti, non parole.　*volere 3複現直　（言葉より行動が必要である。）
〔伊〕Conta più la pratica che la grammatica.（文法より実践の方が大事である。）
〔伊〕Altro è la pratica, altro la grammatica.（実践と文法は別物である。）
〔伊〕Altra cosa è il dire, altra il fare.（口で言うことと行うこととは全く異なる。）
〔伊〕Il dire è una cosa, il fare è un'altra.（同上）
〔伊〕Tra il dire e il fare c'è di mezzo il mare.
　　（口で言うことと行うことの間には大海ほどの違いがある。）
〔伊〕Dal dire al fare c'è di mezzo il mare.（同上）
〔伊〕Dal detto al fatto c'è un gran tratto.
　　（口で言うことから行うまでの間には大きな隔たりがある。）
〔伊〕Promettere e mantenere non vanno bene insieme.　*andare 3複現直
　　（約束することと約束を守ることは相成り立つことではない。）
〔伊〕Altro è promettere, altro è mantenere.（約束することと約束を守ることは別物である。）
〔伊〕Fare e dire son due cose.　*sono: essere 1, 3 単現直　（言うこととすることは別のこと。）
〔伊〕A parole tutti sono eroi.（口だけですむなら皆が英雄になれる。）
〔独〕Reden ist leicht, Handeln ist schwer.（言うは易く行うは難し。）
〔独〕Das ist leichter gesagt als getan.（言う方が行うより簡単。）
〔独〕Leichter gesagt als getan.（同上）
〔独〕Es ist nicht leicht getan, wie gesagt.（同上）
〔独〕Leicht gesagt, schwer getan.（同上）
〔独〕Das ist bald gesagt, aber schwer getan.（同上）
〔独〕Bald gesagt, schwer getan.（同上）
〔独〕Reden und Halten（Tun）ist zweierlei.（言うこととすることは別のこと。）
〔独〕Reden und Handeln ist zweierlei.（同上）
〔独〕Sagen und Tun ist zweierlei.（同上）
〔独〕Sagen und Beweisen ist zweierlei.（同上）
〔独〕Wort und Tat sind zweierlei.（同上）

〔独〕Versprechen und Halten ist zweierlei.（約束と守るは別のこと。）
〔独〕Versprechen ist eins und Halten ist ein anderes.（同上）
〔独〕Versprich wenig, aber halte viel.（多くの約束結ばず、多くを守れ。）
〔独〕Vom Wort zur Tat kommt's oft recht spät.
　　（言ってから行動を起こすまでは大概時間がかかる。）
〔独〕Von Worten zu Werken [Taten] ist, ein weiter Weg
　　（口で言うことと実行することは別々のことである。）
〔独〕Ein Märchen ist bald erzählt, ein Werke nicht bald beendet.
　　＊erzählen 3単現直　（仕事が進まないときにほど、おとぎ話はスラスラ伝えられる。）
〔独〕Es kommt meist anderes als man denkt.（いつも思った通りに行くとは限らない。）
〔独〕Raten ist leichter denn helfen.（助言を言うことは助けることより簡単。）
〔英〕Easy to say, hard to do.（言うは易く行うは難し。）
〔英〕Easier said than done.（言う方が行うより簡単。）
〔英〕It is better to do well than say well.（うまく言うよりうまくやる方がよい。）
〔英〕It is easier to ridicule than to command.（指揮を執るより冷やかす方が簡単。）
〔英〕It is better said than done.（行うより言う方がよい。）
〔英〕It is easier to preach than to practice.（行動に移すより説教する方が簡単。）
〔英〕It is sooner [easier] said than done.（行うより言う方が早い〈簡単〉。）
〔英〕It is one thing to promise and another to perform.
　　（約束することと実行することは別物である。）
〔英〕Saying and doing are two different things.（言うこととすることは別のこと。）
〔英〕To say and do are two things.（同上）
〔英〕Saying is one thing and doing another.（同上）
〔英〕There is a great distance between saying and doing.
　　（口で言うことと行うことの間には大きな隔たりがある。）
〔英〕There is a great difference between word and deed.（同上）
〔英〕From words to deeds is great space [distance].（同上）
〔英〕To know is one thing, to teach is another.
　　（知っていることと教えられることとは別物である。）
〔英〕Criticism is easy, art is difficult.（芸術は難しいが、批評することは簡単。）
〔英〕Who shall [will] tie the bell about the cat's neck.（誰が猫の首に鈴をつけるのか。）
〔英〕Actions speak louder than words.（行動は言葉より雄弁である。）
〔英〕Great talkers are little doers.（声の大きな者は行動しない。）

〔英〕The greatest talkers are the least doers.（同上）

〔英〕Talking and acting are two different things.
（口で言うことと実行することは別々のことである。）

〔英〕Deeds, not words.（言葉でなく、実行。）

第3節　好機・潮時を逃すな

〔伊〕Chi ha tempo non aspetti tempo.　＊aspettare 3 単現直
（時間のある者は時間を待つな。―先延ばしするな）

〔伊〕Il tempo viene per chi lo sa aspettare.　＊venire 3 単現直　＊＊sapere 3 単現直
（時を待つことができる者にはいずれその時がやってくる。）

〔伊〕Ogni cosa ha il suo tempo.　＊avere 3 単現直　（何事にも時というものがある。）

〔伊〕Ogni cosa ha suo tempo.（同上）

〔伊〕C'è tempo per tutto.（同上）

〔伊〕Le cose vanno fatte a tempo e luogo.（物事には時と場所がある。）

〔伊〕Il ferro va battuto quando è caldo.　＊andare 3 単現直　（鉄は熱いうちに打て。）

〔伊〕Bissgna battere il ferro finché è caldo.　＊battere 3 単命直　（同上）

〔伊〕Col tempo e con la paglia maturano le nespole [sorbe].
　＊con + il　＊＊maturare 3 複現直　（時間と藁がかりんの実〈ナナカマドの実〉を熟れさせる。）

〔伊〕Ogni frutta vuole la sua stagione.　＊volere 3 単現直
（すべての果実にはそれぞれの季節がある。）

〔伊〕Acqua passata non macina più.（流れ去った水ではもう粉はひけない。―覆水盆に返らず）

〔伊〕Tempo perduto mai non si riacquista.　＊perdere 過分　＊＊riacquistare 3 単現直
（失った時間は二度と取り戻せない。）

〔独〕Eine gute Gelegenheit soll man nicht versäumen.（チャンスは取り逃がすな。）

〔独〕Man muß die Gelegenheit beim Schopfe [am Stirnhaar] fassen.
（チャンスの首根っこをつかめ。）

〔独〕Man muß das Eisen schmieden, weil warm ist.（鉄は熱いうちに打て。）

〔独〕Man muß das Eisen schmieden, solange es heiß ist.（同上）

〔独〕Glühendes Eisen soll man schneiden.（同上）

〔独〕Man muß sich, Pfeifen schneiden, während man im Rohr sitzt.
（葦林にいる間に笛を作れ。）

〔独〕Man muß Heu machen, weil die Sonne scheint.（日の照るうちに干し草をつくれ。）

〔独〕 Man muß sich segnen, solange man das kreuz in Händen hat.
（十字架を持っている間は十字を切れ。）

〔独〕 Man muß die Feste feiern, wie sie fallen.（祭りがあれば祝え。）

〔独〕 Man muß kaufen, weil Markt ist.（市場があれば、ものを買え。）

〔独〕 Wenn Markt ist, muß man kaufen.（市場があれば、ものを買わなければならない。）

〔独〕 Trinke, wenn du am Brunnen bist.（井戸のある場所にいれば、飲め。）

〔独〕 Pflücket die Rose eh' sie verblüht! *pflücken 3単現直 **verblühen 3単現直
（バラは咲き終わる前に摘め。）

〔独〕 Mit der Zeit pflückt man Rosen.（バラは適期に摘め。）

〔独〕 Es wird nichts so heiß gegessen, als es gekocht wird.
（調理中の時より熱く出される食事など無い。）

〔独〕 Reden hat seine Zeit und Schweigen hat seine Zeit.
（ものを言うときと黙るときと両方必要な時がある。）

〔独〕 Ein jegliches hat seine Zeit.（すべてには時がある。）

〔独〕 Jedes Ding hat seine Zeit.（あらゆる物事には時というものがある。）

〔独〕 Jedes Ding währt seine Zeit.（同上）

〔独〕 Alles Ding hat seine Zeit.（同上）

〔独〕 Alles hat seine Zeit.（同上）

〔独〕 Alles zu seiner Zeit.（同上）

〔独〕 Jedes zu seiner Zeit.（同上）

〔英〕 Don't let opportunity pass by.（チャンスは取り逃がすな。）

〔英〕 Take [seize] an opportunity [an occasion] by the forelock.（チャンスは前髪で捕まえろ。）

〔英〕 Take time by the forelock.（同上）

〔英〕 Take time while time is, for time will away.
（時間のあるうちに時間を捕まえろ、時間はじきに逃げ去ってゆくから。）

〔英〕 Opportunity seldom knocks twice.（チャンスはめったに二度ノックしてくれない。）

〔英〕 An occasion lost cannot be redeemed.（失ったチャンスは取り戻せない。）

〔英〕 When fortune knocks, open the door.（幸運がノックしたらドアを開けろ。）

〔英〕 Fortune knocks at least once at every man's gate.
（幸運は少なくとも一度はすべての人の扉を叩く。）

〔英〕 Strike while the iron is hot.（鉄は熱いうちに打て。）

〔英〕 Strike the iron while it is hot.（同上）

〔英〕 It is good to strike [striking] while the iron is hot.（同上）

〔英〕When the iron is hot it is time to strike.（同上）

〔英〕Make hay while the sun shines.（日の照るうちに干し草をつくれ。）

〔英〕It is good to make hay while the sun shines.（同上）

〔英〕The mill cannot grind with the water that is past.
　　（流れ去った水ではもう粉はひけない。―覆水盆に返らず）

〔英〕Water run by will not turn the mill.（流れ去った水は水車小屋には戻せない。）

〔英〕Hoist your sail when the wind is fair.（順風のときに帆を張れ。）

〔英〕It is too late to grieve when the chance is past.（チャンスを逃してから嘆いても遅い。）

〔英〕Put out your tubs when it is raining.（雨降りの時には桶を出せ。）

〔英〕The tide must be taken when it comes.（潮目を逃すな。）

〔英〕Fortune favours the brave.（幸運は勇者に味方する。）

〔英〕Now or never.（今を逃せば二度とない。）

〔英〕There is a tide in the affairs of men.（人のすることには潮時がある。）

〔英〕Take the tide when it offers.（潮目を逃すな。）

〔英〕Everything has its time.（あらゆる物事には時というものがある。）

〔英〕There is a time for everything.（同上）

〔英〕There is a time for all things.（同上）

〔英〕There is no time like the present.（現在という時はない。）

〔英〕The time [moment] has arrived.（その時が到来した。）

〔英〕Time brings roses.（時間がバラを咲かせる。）

〔英〕There is a season for everything.（何事にも時期というものがある。）

〔英〕Everything is good in its season.（同上）

〔英〕Every dog has his day.（どんな犬にも最盛期がある。）

〔英〕The good time only comes once.（時機は一度しかやって来ない。）

第4節　善は急げ

〔伊〕Bisogna macinare finchè piove.（雨の降る間に粉ひきをせよ。）
　　　必要　　臼で挽く　　　雨が降る

〔伊〕A ben far, non è mai tardi. *fare 語尾切断（うまくやるのに遅すぎることは決してない。）
　　　　行う　　　　　遅い

〔伊〕Il bene trova bene. *trovare 3単現直　（良きことは良きこと。）
　　　　　見い出す

〔独〕Eile dich mit dem Guten. *eilen（良いことはすぐにやれ。）
　　　急げ

〔独〕Schnelle Hilfe ist doppelte Hilfe.（早い助けは、倍の助け。）

〔英〕Better early than late.（遅きに失するより早い方がよい。）

〔英〕Be quick to do good.（良いことはすぐにやれ。）
〔英〕As good soon as syne.　* = afterwards, late .（後でよりも、すぐの方が良い。）

第5節　早いが勝つ

〔伊〕Chi prima arriva meglio macina.　*arrivare 3単現直
　　（最初に着いた者がたくさん臼ひきができる。―早い者勝ち）
〔伊〕Chi prima arriva prima alloggia.　*alloggiare 3単現直（最初に着いた者が最初に宿をとる。）
〔伊〕Chi tardi arriva male alloggia.（遅れて着く者はいい宿がとれない。）
〔伊〕Il mondo è di chi se lo piglia.（この世の中はそれを手中にした者のものだ。）
〔伊〕Chi mena per primo mena due volte.　*menare 3単現直
　　（最初に手を出した者が2度叩く。―先に攻撃を仕掛けた方が有利）
〔独〕Wer zuerst zugreift, behält.（先に取った者が取っておくことができる。）
〔独〕Wer zuerst kommt, mahlt zuerst.（同上）
〔独〕Wer erst kommt, mahlt erst.　*mahlen 3単現直　（最初に来た者が最初に給仕を受ける。）
〔独〕Wer zuspät kommt, hat das Nachsehen.　*das Nachsehen haben 指をくわえて見ている
　　（遅れてきた者は指をくわえながら最後まで待たなくてはならない。）
〔独〕Wer nicht kommt zur rechten Zeit, der muß nehmen, was übrigbleibt.
　　（時間通りに来なかった者には、残り物しかない。）
〔英〕Who comes first grinds first.（最初に来た者が粉をひく。）
〔英〕Who first comes first lodges.（最初に着いた者が最初に宿をとる。）
〔英〕First come, first served.（最初に来た者が最初に給仕を受ける。）
〔英〕The first blow is half the battle.（最初の一撃が闘いの半分。）
〔英〕The first in the boat has the choice of oars.（最初にボートに乗ったものがオールを選べる。）
〔英〕He that rises first is the first dressed.（最初に立ち上がった者が最初に衣装を着ける。）
〔英〕He that comes first to the hill may sit where he will.
　　（最初に丘に来た者が好きなところに座れる。）
〔英〕It is good riding the forehorse.（先頭馬に乗ることはよいことだ。）
〔英〕The foremost dog [hound] catches the hare.（先頭の犬〈猟犬〉が野ウサギを捕らえる。）
〔英〕The early bird catches the worm.（早起きの鳥は虫を捕らえる。―早起きは三文の得）
〔英〕Delay breeds danger.（遅れは危険をもたらす。）
〔英〕Quick at meal, quick at work.（早飯の人は仕事が早い。）

第6節　急がば回れ──ゆっくり落ち着いて

〔伊〕Chi ha fretta vada adagio.　*andare 3単命　（急ぐ者はゆっくりと行け。―急がば回れ）
　　　急ぐ　　　行け*
〔伊〕Chi ha fretta, vada indugi.（同上）
　　　　　　　　　　　ぐずぐず
〔伊〕Chi fa in fretta ha disdetta.（ことを急ぐ者は不運に見舞われる。）
　　　　　　　　　　　不運
〔伊〕La fretta fa romper la pentola.（慌てると鍋を壊してしまう。）
〔伊〕Affrettati adagio.　*affrettare 2単命現 + ti　（ゆっくりと急げ。）
　　　急1である*
〔伊〕Più è la fretta minor è la velocità.（急ぐ時ほどスピードを抑えよ。）
〔伊〕Chi va piano, va sano e va lontano.（ゆっくりと進む者は安全に遠くまで行く。）
　　　　　ゆっくり　　安全　　　遠くへ
〔伊〕La più lunga strada è la più prossima a casa.（一番遠い道が家に最も近い道。）
　　　　　　　　道
〔独〕Zu große Eile bringt Weile.（急ぐ時ほどスピードを抑えよ。）
〔独〕Eile mit Weile.（ゆっくり急げ。）
〔独〕Gut Ding will [muß] Weile haben.（良いことには時間がかかる。）
〔独〕Gut Ding braucht Weile.　*brauchen 3単現直　（同上）
　　　　　　　要する*
〔独〕Eile tut nicht gut.（やっつけ仕事によい仕事はない。）
〔独〕Eile sehr brach den Hals.（急ぐと自分の首を折る。）
〔独〕Ein guter Weg krumm ist nicht um.（急いでいる時は回り道をしろ。）
　　　　　　　　　　曲がった
〔独〕Ein guter Weg um hat kein krumm.（同上）
〔独〕Blinder Eifer schadet nur.　*schaden 3単現直　（やっつけ仕事によい仕事はない。）
　　　　　　　　　　損なう*
〔独〕Hast ist meist ohne Vorteil.（徒に急いでも何も利益はない。）
　　　　　　　　　　　　利益
〔独〕Langsam kommt man auch ans Ziel.（ゆっくり、着実に目的を達する。）
　　　　　　　　　　　　　　　　目的
〔独〕Langsam kommt man auch vorwarts.　*vorwarts kommen 前へ進む
　　　　　　　　　　　　　進む*
　　（ゆっくり、着実にがレースに勝つ。）
〔独〕Schnell gelernt ist bald vergessen.（早く学んだことはすぐに忘れる。）
〔英〕Make haste slowly.（ゆっくり急げ。）
〔英〕Hasten slowly.（同上）
〔英〕The more haste, the less speed.（急ぐ時ほどスピードを抑えよ。）
〔英〕More haste, the less [worse] speed.（同上）
〔英〕Haste comes not alone.（急ぎはそれだけではやって来ない。―他に災いを伴うものだ）
〔英〕Haste makes waste.（せいてはことを仕損じる。）
〔英〕When in a hurry make a detour.（急いでいる時は回り道をしろ。）
　　　　　　　　　　　　　　遠回り
〔英〕When in haste go a roundabout way.（同上）

〔英〕The farthest [longest] way about [round] is the nearest [shortest] way home.
（一番遠い道が家に最も近い道。）
〔英〕The shortest way round is the longest way home.（一番近道が家に最も遠い道。）
〔英〕The shortest cut is the longest way.（一番近道が一番遠い道。）
〔英〕A short cut is often a wrong cut.（近道はよく回り道になる。）
〔英〕Better to go about than to fall into the ditch.（溝に落ちるよりは回り道。）
〔英〕Slow and steady wins the race.（ゆっくり、着実にがレースに勝つ。）
〔英〕Slow but steady wins the race.（Slow but steady.）（同上）
〔英〕Slow but sure wins the race.（同上）
〔英〕Slow and sure. = Slow but sure.（ゆっくりと、けれど確かに。）
〔英〕Dress slowly when you are hurry.（急いでいる時はゆっくりと着替えをせよ。）
〔英〕Safety is more important than speed.（安全はスピードより大切。）
〔英〕Ride softly that you may get home the sooner.
（ゆったり運転で、その方が家に早く着くから。）
〔英〕Haste trips over into own heels.（急ぐと自分の踵につまずく。）
〔英〕The hasty angler loses the fish.（短気な釣り人は、魚を取り逃がす。）
〔英〕Soft fire makes sweet malt.（とろ火はうまいモルトを作る。）
〔英〕Hasty gamesters oversee [themselves].
（短気なばくち打ちは自分自身に目を光らせる。―いかさまをしないように）
〔英〕Most haste, worst speed.（急ぐほど、かえってスピードが遅くなる。―急がば回れ）
〔英〕Be not too hasty and you will speed the better.
（余り急ぎ過ぎずに程よいスピードで行け。）
〔英〕What is done in a hurry is never well done.（やっつけ仕事によい仕事はない。）
〔英〕Nothing good is ever done in a hurry.（同上）
〔英〕Not too fast for falling [breaking your shins].
（倒れるといけないから〈向こうずねをぶつけてしまうから〉あまり急ぎ過ぎるな。）
〔英〕In wicked haste is no profit.（徒に急いでも何も益はない。）

第7節 種を蒔かなければ収穫は得られない

〔伊〕Chi non semina, non raccoglie [miete]. *seminare 3単現直 *raccogliere 3単現直
（蒔かぬ者には収穫もない。）
〔伊〕Chi semina, raccoglie.（蒔く者には収穫がある。）

〔伊〕Chi mal semina non raccoglie.（下手な蒔き方では収穫できない。）

〔伊〕Chi semina in pianto, raccoglie in canto.（苦労〈涙〉の種まき、喜び〈歌〉の収穫。）

〔伊〕Chi semina buon grano, ha poi buon pane.（良い小麦を蒔けば良いパンができる。）

〔伊〕Chi semina con l'acqua, raccoglie col paniere.
　　（水で蒔く者はざるで収穫する。―楽をしてはいけない）

〔伊〕Chi semina virtù, fama raccoglie.（徳の種を蒔く者は人望の収穫を得る。）

〔伊〕Chi semina malizia, obbrobrio miete.（悪意の種を蒔く者は汚名の刈り取りをする。）

〔伊〕Chi semina sulla strada, stanca i buoi e perde la semenza.
　　（道に種を蒔く者は、牛を疲れさせ、種を失う。）

〔伊〕Chi semina vento, raccoglie tempesta.（風の種を蒔く者は嵐の収穫をする。）

〔伊〕Chi semina spine, raccoglie spine.（茨の棘を蒔く者は茨の棘の収穫をする。）

〔伊〕Chi semina spine, non vada scalzo.　＊andare 3単命現
　　（茨の棘を蒔く者は裸足で行ってはいけない。）

〔伊〕Chi semina spine non può andare scalzo.（同上）

〔伊〕Ognuno raccoglie ciò che ha seminato.（人はそれぞれ蒔いた分だけ収穫する。）

〔伊〕Si raccoglie quel che si semina.（同上）

〔伊〕Come si vive, così si muore.
　　（人は生きてきたように死ぬ。―人の生き方はその人の生き方を見ればわかる）

〔伊〕Con quel che uno pecca, è castigato.　＊castigare 過去分詞
　　（過ちを犯した分だけ罰は与えられる。）

〔伊〕Chi la fa l'aspetti.（悪事を行う者はいずれそれなりの仕返しをうける。）

〔伊〕Chi è causa del suo mal pianga sé stesso.
　　（災いの原因を作った者は自分がその報いを受ける。）

〔伊〕Chi rompe paga e i cocci sono suoi.
　　（食器を割った者は弁償しそのかけらは手に入れる。―過失は自らが償うもの）

〔伊・参〕Uno semina, e un altro raccoglie.（一人が蒔き、別の者が収穫する。―他人の功を奪う）

〔伊・参〕Mietere il campo altrui.（他人の田畑を刈り取る。―他人の功を奪う）

〔独〕Was der Mensch sä[e]t, das wird er ernten.　＊säen 3単現直
　　（種を蒔いた者が刈り入れる。）

〔独〕Wie die Saat so die Ernte.（蒔いたように刈り取るべし。）

〔独〕Wer sä[e]t, der mäh[e]t.　＊mähen 3単現直　（上手に蒔く者はうまく刈り取る。）

〔独〕Wie die Arbeit, so der Lohn.（仕事の仕方で報酬が決まる。）

〔独〕Die Kette von Ursachen und Wirkungen.（物事の原因と結果は連鎖している。）

- 〔独〕 Wer Wind sät, wird Sturm ernten.（風の種を蒔く者はつむじ風の収穫をする。）
- 〔独〕 Wer Unkraut sät, kann keinen Weizen ernten.（雑草を抜かない者は穀物も刈れない。）
- 〔独〕 Wie man sich bettet so liegt [schläft] man.
  （自らのベッドメイキングの仕方によって、自らの眠りは決まる。）
- 〔独〕 Wie man's treibt, so geht's.（正しくするしか道はない。）
- 〔独〕 Wer was zerschlägt, bezahlt.　*zerschlagen 3単現直　**bezahlen 3単現直
  （壊したらその代償を払う。）
- 〔独〕 Vertrauen erweckt Vertrauen.　*erwecken 3単現直　（信頼はより多くの信頼を呼ぶ。）
- 〔独〕 Maß für Maß.（策のために策を取れ。）
- 〔独〕 Anfang und End reichen einander die Hände.（最初と最後が手を結ぶ。）
- 〔独〕 Wie die Alten sungen, so zwitschern auch die Jungen.
  （老人が歌ったように、若者はさえずる。）
- 〔独〕 Wie man in den Wald hineinruft, so schallt es wieder heraus.
  （叫んだようにやまびこはこだまする。）
- 〔独〕 Wer den Acker pflegt, den pflegt der Acker.（人が大地を養ったように、大地は人を養う。）
- 〔独〕 Untreue schlägt ihren eigenen Herrn.　*schlagen 3単現直　（裏切りは亭主を倒す。）
- 〔独〕 Untreue wird mit Untreue bezahlt.（裏切りは裏切りによって支払われる。）
- 〔独〕 Säen musst du, willst du ernten.（種を植えなければ、収穫はない。）
- 〔独〕 Wer wird den Vögel wegen die Saat unterlassen.
  （鳥に芽を食われることを恐れて、種も植えない愚か者などいない。）
- 〔独〕 Wer Dornen sät, gehe nicht barfuss.　*barfuss gehen
  （とげのある植物の種を蒔く者は裸足では歩けない。）
- 〔独〕 Ohne Saat keine Ernte.（種なくして収穫なし。）
- 〔独〕 Ohne Fleiß kein Preis.（苦労なくして利益なし。）
- 〔独〕 Ohne Mühe kein Gewinn.（労働〈努力〉なくしては何も得られない。）
- 〔独〕 Aus nicht wird nichts.（無からは何も生まれてこない。）
- 〔独〕 Von nichts kommt nichts.（同上。）
- 〔独〕 Aus leerem Stroh drischt man keinen Weizen.　*dreschen 3単現直
  （空の藁から小麦をとる。）
- 〔独〕 Was du eingebrockt hast, das mußt du auch ausessen.
  （自分のパンをつけたスープは自分で食べろ。）
- 〔独〕 Was man sich eingebrockt hat, muß man [auch] auslöffeln.（同上）
- 〔独〕 Man muß ausfressen, was man sich eingebrockt hat.（同上）

〔独〕 Das hast du dir selber eingebrockt.（自ら招いたことである。）

〔独・参〕 Er mußte die Suppe ausessen, die man ihn eingebrockt hatte.
（自分のパンをつけたスープは自分で食べろ。）

〔独〕 Böse Saat, trägt böse Frucht.（悪い種は悪い果実になる。）

〔独〕 Böses mit Guten bezahlen [vergelten].（悪に対し善で報いる。）

〔独・参〕 Einer sät, der andere erntet.（一人が蒔き、別の者が収穫する。―他人の功を奪う）

〔英〕 As you sow, you shall reap.（蒔いたように刈り取るべし。）

〔英〕 As you sow, so shall you reap.（同上）

〔英〕 As you sow, so you reap.（同上）

〔英〕 As a man soweth so shall he reap.（同上）

〔英〕 As they sow, so let them reap.（同上）

〔英〕 Sow well, reap well.（上手に蒔く者はうまく刈り取る。）

〔英〕 He who sows little, reap little.（少ししか蒔かぬ者は刈り取りも少ない。）

〔英〕 Sow thin, shear thin.（薄く蒔けば薄く刈り取る。）

〔英〕 One must reap what one has sowed.（刈り取りは蒔いた分だけ。）

〔英〕 For as you sow, ye are like to reap.（同上）

〔英〕 What you sow, you must mow.（同上）

〔英〕 He that does not sow, does not mow.（蒔かぬ者は刈り取りもなし。）

〔英〕 He that sows thistles, must not go barefoot.
（アザミの種を蒔く者は裸足で行ってはいけない。）

〔英〕 He that goes barefoot, must not plant thorns.
（裸足で行く者は棘のある植物を植えてはいけない。）

〔英〕 He that sows thistles shall reap thorns [prickles].（アザミの種を蒔く者は棘を刈り取る。）

〔英〕 Who sows thistles gathers [reap] prickles.（同上）

〔英〕 They that sow in tears shall reap in joy.（苦労〈涙〉の種まき、喜びの収穫。）

〔英〕 He that sows the wind , will reap the whirlwind.
（風の種を蒔く者はつむじ風の収穫をする。）

〔英〕 Reap the harvest of one's own sowing.（蒔いた分だけ刈り取れ。）

〔英〕 Reap as [what] one has sown.（同上）

〔英〕 You must reap what you have sown.（同上）

〔英〕 Reap the fruits of one's actions.（同上）

〔英・参〕 Reap where one has not sown.（他人が蒔いたところを刈り取る。―他人の功を奪う）

〔英・参〕 One sows, another mows.（一人が蒔き、別の者が収穫する。―他人の功を奪う）

〔英〕No mill, no meal.（粉ひき器がなければ食べることができない。）

〔英〕Harvest follows seedtime.（収穫は種蒔きの後に来る。）

〔英〕Pluck not where you never planted.（蒔かない場所で実は摘めない。）

〔英〕You must drink as you have brewed.（造った者が飲まなければならない。）

〔英〕As you bake so shall you eat [brew].（パンを焼いた者が食べなければならない。）

〔英〕Self do, self have.（自分の行為は自分に帰ってくる。）

〔英〕As he brewed, so he must drink.（造った者が飲まなければならない。）

〔英〕As you make your bed, so you must lie on it.
　　（ベッドを作った者がそこで寝なければならない。）

〔英〕One must lie on [in] the bed one has made.（同上）

〔英〕Nothing comes from [of] nothing.（無からは何も生まれてこない。）

〔英〕Of nothing comes nothing.（同上）

〔英〕Of nothing, nothing is made.（同上）

〔英〕Nothing is given to us in this life without much labour.
　　（労働なくしては何も得られない。）

〔英〕Nothing can be gained without an effort.（努力なくしては何も得られない。）

〔英〕No gain without pain. = No pain, no gain.（苦労なくして利益なし。）

〔英〕Nothing down, nothing up.（下がる一方で上ることはない。）

〔英〕Nothing for nothing.（無には無。）

〔英〕Nothing can come out of a sack that was not in it.（空の袋からは何も出てこない。）

〔英〕If you put nothing into your purse, you can take nothing out.
　　（財布に何も入れなければ何も取り出すことはできない。）

〔英〕You put nothing into your purse, you can take nothing out.（同上）

〔英〕There came nothing out of the sack but what was in it.
　　（入っていたもの以外には袋からは何も出てこなかった。）

〔英・参〕Forbear not sowing because of birds.
　　（鳥が食べるからといって種まきをやめるな。）

〔英〕Such an answer as a man gives, such will he get.
　　（人に答えるのと同じ答えが自分にも降りかかってくるものだ。）

〔英〕An ill life makes an ill end.（悪い生き方をすれば悪い死に方をする。）

〔英〕Such a life such a death [an end].（人は生きざまと同じ死に方をするものだ。）

〔英〕Men live as they die.（同上）

〔英〕As the life is, so is the death [the end].（同上）

〔英〕You cannot make an omlette without breaking eggs.
　　（タマゴを割らずにオムレツは作れない。）

〔英・参〕He fares well at other men's cost.（他人の金で暮らす。）

第8節　歩けばどうなる・転石は

〔伊〕Pietra mossa non fa muschio.（転石苔むさず。）
　　　石　動かされた　　　　苔

〔伊〕Ognuno ha il suo raggio di sole.（人それぞれに自分の陽の光がある。）
　　　　　　　　　　光線

〔独〕Jeder hat einmal einen glücklichen Tag.（誰にでも良い日はある。）

〔独〕Wirf nur Kot genug etwas wird hängenbleiben.（多くの糞を投げれば、何かに当る。）
　　　　　　　　　　　　　　　　　付着している

〔独〕Eine blinde Henne findet auch [einmal] ein Korn.（盲目の鶏も餌を見つける。）

〔独〕Ein blindes Huhn findet auch mal ein Korn.（同上）

〔独〕Walzender Stein wird nicht mosig.（転石苔むさず。）

〔独・参〕Beim häufigen Umziehen kommt nichts heraus.
　　　　　　たびたびの　引っ越し
　　*herauskommen ある結果になる　（たびたび引越していては何にもできない。）

〔英〕The dog that trots about finds a bone.
　　（歩き回る犬は骨を見つける。―犬も歩けば棒にあたる）

〔英〕The beast that goes always never wants blows.
　　（歩き回る獣は叩かれるのに事欠かない。）

〔英〕A walking foot is aye getting.（歩いてる足は常に物を得る。）

〔英〕A flying crow always catches something.（空飛ぶカラスはいつも何かを捕まえる。）

〔英〕The scraping hen will get something, the crouching hen nothing.
　　（地面を掻くニワトリは何かを見つけるが、うずくまるニワトリは何も見つけない。）

〔英〕A rolling stone gathers no moss.（転石苔むさず。）

〔英〕Rolling stones gather no moss.（同上）

〔英〕The stone that is rolling can gather no moss.（同上）

〔英〕The rolling stone gathereth little moss.（同上）

〔英〕On a rolling stone no moss will stand.（同上）

〔英〕A tumbling stone never gathers moss.（同上）

〔英〕A plant often removed cannot thrive.（何度も植え替えられる植物は長生きしない。）

第9節　塵も積もれば

〔伊〕Molti pochi fanno un assai.　*fare 3 複現直　（塵も積もれば山となる。）

〔伊〕In piccoli ruscelli fanno I grandi fiumi.（小川も集まれば大河となる。）

〔伊〕Tanti rigagnoli fanno un fiume.（同上）

〔伊〕Soldo su soldo si fanno cento lire.（小銭も集まれば百リラ〈大金〉になる。）

〔伊〕A granello a granello s'empie lo staio e si fa il monte.
　　（麦粒も集まれば枡一杯になり、やがて山となる。）

〔独〕Viele Wenig machen [geben] ein Viel.（塵も積もれば山となる。）.

〔独〕Wenig zu wenig getan, macht zuletzt viel.　*tun 過分
　　（足りないものと足りないものを足せば、十分になる。）

〔独〕Wenig und oft macht zuletzt viel.（少しずつ繰り返せば、多くの事を成し得る。）

〔独〕Fuß vor Fuß bringt gut Vorwärts.（少しずつでも前進する。）

〔独〕Kleinvieh macht auch　Mist.（小さな家畜もたくさんフンを落とす。）

〔独〕Klein und dick gibt auch ein Stück.（小さくて太いものも集めれば束になる。）

〔独〕Kleine Bäche machen große Flüsse.（小川も集まれば大河となる。）

〔独〕Viele Bäche machen einen Strom.（同上）

〔独〕Viele Bächlein geben einen Bach.（同上）

〔独〕Viele Tropfen machen einen Bach.（同上）

〔独〕Viele Federn machen ein Bett.（多くの羽がベッドを作る。）

〔独〕Viele Pfennige machen einen Taler.
　　（多くのフェニッグ〈セントのような硬貨〉が集まれば、ターラー〈ドルのような硬貨〉になる。）

〔独〕Viele Körner [Körnchen] machen einen Haufen.（多くの穀物も集まれば山となる。）

〔英〕Many smalls make a great（deal）.（塵も積もれば山となる。）

〔英〕Many [Small] drops make a shower [flood].（〈小さな〉水滴も集まれば夕立〈洪水〉となる。）

〔英〕Drop by drop the tub is filled.（一滴、一滴がやがて桶を満たす。）

〔英〕Drop by drop fills the tub.（同上）

〔英〕Drop by drop the sea is drained.（一滴、一滴がやがて海を干上がらせる。）

〔英〕Many a little [Every little] makes a mickle [great].（塵も積もれば山となる。）

〔英〕Little and often make a heap in time.（少しも重なればやがて山となる。）

〔英〕Little and often fills the purse.（少しずつも重なれば財布を一杯にする。）

〔英〕Little brooks make a great river.（小川も集まれば大河となる。）

〔英〕Little drops of water make an ocean.（小さな水滴も集まれば大海をなす。）

〔英〕Little drops of water make the mighty ocean.（同上）

〔英〕Little by little and bit by bit.（少しずつ、ちょっとずつ。）

〔英〕Little by little does the trick.（少しずつが目的を叶える。）

〔英〕Little by little, one goes far.（少しずつで遠くに行ける。）

〔英〕Little by little fell great oaks.（少しずつがカシの大木も倒す。）

〔英〕By little and little, the wolf eats sheep.（少しずつオオカミはヒツジを食べる。）

〔英〕By link and link, the coat of mail is made at last.
（ひとつひとつの環がついには鎖かたびらとなる。）

〔英〕By one and one the spindles are made.（ひとつひとつ紡錘に紡ぐ。）

〔英〕Penny and penny laid up will be many.（1ペニーも集まれば大金となる。）

〔英〕An inch an hour, a foot a day.（1時間に1インチでも一日に1フィート。）

〔英〕Light grains make heavy purses.（軽い麦粒も集まれば財布を重くする。）

〔英〕Every little [little bit] helps.（少しずつ〈ちょっとずつ〉がやがて役に立つ。）

〔英〕Link after link the coat is made at length.（ひとつひとつの環がついには鎖かたびらとなる。）

第10節　何事も一歩から ≒ 塵も積もれば

〔伊〕Passo per passo si va lontano. *passo per passo 一歩ずつ　**andare 3単現直
（一歩ずつの積み重ねで遠くに行ける。）

〔伊〕Chi va piano, va sano e va lontano.（ゆっくり行く者が安全に遠くへ行ける。）

〔伊〕Chi va piano, va lontano.（ゆっくり行く者が遠くに行ける。）

〔独〕Schritt vor Schritt kommt man weit ans Ziel. *Schritt vor Schritt 一歩一歩　目標
（一歩ずつの積み重ねで遠い目標にたどり着ける。）

〔独〕Der erste Schritt ist der schwerste.（最初の一歩が最も難しい。）

〔独〕Der schwerste [größte] Schritt ist immer der aus der Tür.
（扉から一歩出ることが最も難しい一歩。）

〔英〕Step by step one goes far [a long way].（一歩ずつの積み重ねで遠くに〈長い道を〉行ける。）

〔英〕Step after step goes far.（同上）

〔英〕Step after step the ladder is ascended.（一段ずつはしごを登る。）

〔英〕He who would climb the ladder must begin at the bottom.
（梯子を登ろうとするものは、最下段から始めなければならない。）

第11節　点滴岩をも穿つ──小さな働きで大きい結果

〔伊〕 A goccia a goccia s'incava la pietra.　*incavare 3単現直　（点滴石〈岩〉を穿つ。）
　　　　　しずく　　　　穿つ　　石

〔伊〕 La goccia scava la roccia.（同上）

〔伊〕 Per un chiedo si perde un ferro, e per un ferro un cavallo.　*perdere 3単現直
　　　　　　釘　　　失う　蹄鉄　　　　　　蹄鉄　　　　ウマ
　　　（釘がなければ蹄鉄を得られず、蹄鉄がなければ馬が得られない。──馬がなければ戦に負ける）

〔独〕 Kleine Ursache [n] große Wirkung [en].（些細な原因が大きな結末を迎える。）
　　　　　　原因　　　　　　結末

〔独〕 Aus Kleinem wird Großes.（小さなことから大きいことが起こる。）

〔独〕 Tropfen höhlen den Stein.（点滴石を穿つ。）
　　　水滴　穴をあける　石

〔独〕 Steter Tropfen höhlt den Stein.　*höhlen 3単現直　（同上）
　　　　　　　　　　穴をあける

〔独〕 Viele Tropfen machen einen Bach.（小さな種を播けば牧草地ができる。）
　　　　　　　　　　　　　　　　小川

〔独〕 Aus einen kleinen Funken wird leicht ein großes Feuer.
　　　　　　　　　　　花火　　　　　　　　　　　　　火事
　　　（小さな火種が火事を起こす。）

〔英〕 Constant dripping will wear [wears away] the stone.（点滴石を穿つ。）
　　　　　　　　水滴

〔英〕 Many strokes fell great oaks.（多くの一撃がカシの大木も倒す。）

〔英〕 Little strokes fell the oaks.（小さな一撃がカシの大木も倒す。）

〔英〕 A small leak will sink a great ship.（小さな水漏れが大きな船を沈める。）

〔英〕 Little leaks sink the ship.（小さな水漏れが船を沈める。）

〔英〕 Even a dyke ten thousand feet high can collapse because of an ant hole.
　　　　　　　　堤防　　　　　　　　　　　　　　　　　くずれる　　　　　　アリ
　　　（アリの一穴が高さ１万フィートの堤防をも崩す。）

〔英〕 A mouse in time may bite in twain a cable.
　　　　　　　　　　　　　　　噛む　　二つに
　　　（一匹のネズミでも遂にはケーブルを真っ二つに噛み切る。）

〔英〕 A mouse in time may shear a cable asunder.（同上）
　　　　　　　　　　　　　　噛み切る

〔英〕 In time a mouse may eat in twain a cable.（同上）

〔英〕 In time a mouse gnaws a rope.（一匹のネズミも遂にはロープを噛み切る。）
　　　　　　　　　　　噛み切る

〔英〕 Spit on a stone, and it will be wet at last.
　　　　　　　　　　　　　　　　　　　ぬれる
　　　（石に唾を吐き続ければ、しまいには石は水浸しになる。）

〔英〕 For want of a nail the shoe is lost, for want of a shoe the horse is lost, and for want of a horse the rider is lost.
　　　（釘がなければ蹄鉄を得られず、蹄鉄がなければ馬が得られない、馬がなければ馬の乗り手も役に立たない）

第12節 過ぎたるは

〔伊〕Il troppo guasta.　*guastare 3単現直　（度を越すと災いとなる。）

〔伊〕Il troppo storpia [stroppia].　*storpiare 3単現直　**stroppiare 3単現直　（同上）

〔伊〕L'assai basta e troppo guasta.　*bastare 3単現直　（ほどほどが十分、度を越すと災い。）

〔伊〕Il soverchio rompe il coperchio.（中身が多すぎると蓋が壊れる。）

〔伊〕Chi troppo in alto sale, cade sovente precipitevolissimevolmente.
　　　*cadere 3単現直　** イタリア語で最長の単語26字　（高く上りすぎる者はまっさかさまに落ちる。）

〔独〕Was zu viel ist, ist zu viel.（多すぎるものは多すぎる。）

〔独〕All zu viel ist ungesund.（多すぎるものはすべて体に悪い。）

〔独〕Allzu scharf macht schartig.（鋭すぎると刃こぼれする。）

〔独〕Zuviel zerreißt den Sack.　*zerreißen 3単現直　（力づくで引っ張ると袋は敗れる。）

〔独〕Zuviel Senf verdirbt den Braten.　*verderben 3単現直
　　　（焼肉にマスタードを付けすぎると不味くなる。）

〔独〕Das Bessere ist des Guten Feind.（ましは良いの敵である。）

〔独〕Ein Zuviel ist besser als Zuwenig.（多すぎる方が少なすぎるより良い。）

〔独・参〕Besser zu viel als zu wenig.（同上）

〔独・参〕Zuwenig und zuviel verdirbt alle Spiel.
　　　（多すぎても少なすぎてもすべての遊びはダメにする。）

〔独・参〕Zuwenig und zuviel ist aller Narren Ziel.（多すぎも少なすぎも愚か者の目標である。）

〔英〕Too much is as bad as too little.（多すぎるのは少なすぎるのと同様に良くない。）

〔英〕Too much is like too little.（多すぎるのは少なすぎるのと同じ。）

〔英〕Too much cunning undoes.（学識も過ぎると破滅のもと。）

〔英〕Too much breaks the bag.（詰め込み過ぎるとバッグが破れる。）

〔英〕Too much spoils, too little does not satisfy.
　　　（多すぎると台無し、少なすぎると満足できず。）

〔英〕Too much spoils, too little is nothing.
　　　（多すぎると台無し、少なすぎると何の役にも立たず。）

〔英〕Too much water drowns the miller.（水が多すぎると水車屋が沈む。）

〔英〕Nothing too much.（多すぎるということは全くない。）

〔英〕Enough is better than too much.（多すぎるよりほどほどがよい。）

〔英〕Too too will in two.（度が過ぎると真っ二つになってしまう。）

〔英〕More than enough is too much.（もう十分は多すぎるということ。）

〔英〕To offer much is a kind of denial.（勧め過ぎは拒絶のようなもの。）
　　　　　　　　　　　　　　　　　　　　　　否定
〔英〕All overs are ill but over the water.（水上〈over the water〉以外の全ての Over はよくない。）
〔英〕The last straw breaks the camel's back.
　　（最後のわら一本がらくだの背骨を折る。——ほどほどにしないと大変なことになる）
〔英〕The last drop makes the cup run over.（最後の一滴がコップの水を溢れさせる。）
〔英〕Not too high for the pie nor too low for the crow.
　　　　　　　　　　　　カササギ　　　　　　　　　カラス
　　（カササギにとって高すぎることなく、カラスにとって低すぎることはない。——程よい）
〔英〕There is reason in the roasting of eggs.
　　（フライドエッグにも作り方に理由がある。——たとえ奇妙に見えても）
〔英〕Overdone is worse than underdone.（やり過ぎはやりなさ過ぎより悪い。）
〔英〕Too much of one thing is good for nothing.　* = worthless
　　　　　　　　　　　　　　　　　　　役　に　立　た　ない
　　（やり過ぎは全くよくない。）

第13節　待つことの大切さ

〔伊〕Tutto arriva a chi sa aspettare.　*sapere 3 単現直
　　　　　着く　　　　知る・　待つ
　　（待つことのできる者にはいずれ訪れる。）
〔伊〕Chi aspettare vuole, ha ciò che vuole.　*avere 3 単現直
　　　　　　　　　　持つ・
　　（待とうとする者は欲するものを得る。）
〔伊〕A saper aspettare c'è tutto da guadagnare.（待つことのできれば儲けることができる。）
　　　　知る・　　　　　　　　　　　　稼ぐ
〔伊〕Il tempo viene per chi lo sa aspettare.　*venire 3 単現直
　　　　　　　来る・
　　（待つことができる者にはその時がやってくる。）
〔伊〕Dopo la tempesta viene il sereno.（嵐の後には晴れ間が訪れる。）
　　　　　　嵐　　　　　　　晴
〔伊〕Campa cavallo che l'erba cresce.　*crescere 3 単現直
　　　生きのびる　ウマ　　　草　　成長する・
　　（馬よ、生きよ、そのうち草も伸びるから。——待てば海路の日和あり）
〔伊〕Non fermarsi al primo uscio.（最初の扉でとどまるな。——最初のチャンスにこだわるな）
　　　　こだわる　　　　　ドア（チャンス）
〔伊〕L'ira della sera serbala per la mattina.（夕の怒りは朝にとっておけ。——短気は損気）
　　　怒り　夕方　　とっておく　　朝
〔独〕Kommt Zeit kommt Rat.（時期を待てば手段がわかる。）
　　　　　　時期　　　　手段
〔独〕Zeit bringt Rat.（同上）
〔独〕Zeit bringt Rosen.（時はバラを与えてくれる。）
　　　　　　　　バラ
〔独〕Zeit gewonnen, alles gewonnen.　*gewinnen 過分　（時が勝てばすべてが勝つ。）
　　　　得る・過分
〔独〕Zeit und Stroh macht die Mispeln reif.　*reifen
　　　　　　麦わら　　　　　　カリンの果実　実る・
　　（時と麦わらがかりんの果物を熟させる。）

〔独〕Mit der Zeit pflückt man Rosen.（時が来ればバラは摘める。）

〔独〕Mit der Zeit kommt man [auch] weit.
（時間と共に人は多くを得る。—辛抱できる者が欲するものを手に入れることができる）

〔独〕Mit Geduld und Spucke fängt man eine [manche] Mucke.　*fangen 3単現直
（辛抱と唾があれば蚊を捕まえられる。）

〔独〕Mit Zeit und Geduld wird aus einem Hanfstengl ein Halskragen.
（時間と忍耐があれば多くを成し得る。）

〔独〕Mit Harren und Hoffen hat's mancher getroffen.　*treffen 過分
（祈りながら待てば多くと出逢える。）

〔独〕Wenn die Birne reif ist fällt sie von selbst ab.　*abfallen 3単現直
（梨は熟せば自ら地に落ちてくる。）

〔独〕Auf Regen folgt Sonnenschein.（雨の後には晴れ間が来る。）

〔英〕All things come to those who wait.（待つ者にすべてがやってくる。）

〔英〕All things come to him who waits.（同上）

〔英〕Everything comes to those who wait.（同上）

〔英〕Everything comes to him who waits.（同上）

〔英〕There is a good time coming.（好機が近づいている。）

〔英〕The longest night will have an end.（長い夜にも必ず終わりがある。）

〔英〕The longest day must have an end.（長い一日にも必ず終わりがある。）

〔英〕He that can have patience can have what he will.
（辛抱できる者が欲するものを手に入れることができる。）

〔英〕He that endures, overcomes.（耐える者が勝つ。）

〔英〕He that can stay, obtains.（踏みとどまる者が獲得する。）

〔英〕After [black] clouds comes clear weather.（〈黒〉雲の後には晴れ間が来る。）

〔英〕After a storm comes a calm.（嵐の後には静けさが訪れる。）

〔英〕Weel bides weel betides.　*bide 3単現　（よく待つ者にはよいことが起こる。）

〔英〕If he waits long enough, the world will be his own.
（じっくり待てば世界は自分のものになる。）

〔英〕It's a long lane that has no turning.（どんな長い道でも必ず曲がり角がある。）

〔英〕It is a long lane [run] that never turns.（同上）

〔英〕Things will be better when the clouds roll by.（雨雲が通り過ぎれば物事も好転する。）

〔英〕The world is for him who has patience.（世界は忍耐できる者のものだ。）

〔英〕In space comes grace.（恵みは天より訪れる。）

第14節　よく考え、人の意見も聞いて

〔伊〕Bastava chiedere per capire.（聞けばわかったのに。）
〔伊〕I secondi pensieri sono i migliori.（二つ目の考えの方がよいものだ。）
〔伊〕Quattro occhi vedono meglio che due. *vedere 3複現直
　　（四つの目の方が二つよりよく見える。―三人寄れば文殊の知恵）
〔伊〕Vedono più quattr'occhi che due.（同上）
〔独〕Erst besinnen, dann beginnen.（行動を起こす前に考えよ。）
〔独〕Erst besinn's, dann beginn's.（同上）
〔独〕Erst wägen dann wagen.（良く考えてから行動を起こせ。）
〔独〕Erst wäg's dann wag's.（同上）
〔独〕Erst wieg's dann wag's.（同上）
〔独〕Der erste Gedanke ist nicht immer der beste.
　　（最初に思い立ったことがいつも一番とは限らない。）
〔独〕Vorm Beginnen sich besinnen macht gewinnen.（良く考えてからゲームに挑めば勝つ。）
〔独〕Erst Rat, dann Tat.（一に助言、二に行動。）
〔独〕Habe Rat vor der Tat.（行動を起こす前に助言をもらえ。）
〔独〕Zum Rat weile, zur Tat eile.（助言には時間を、行動は急げ。）
〔独〕Guter Rat kommt über Nacht.（良い助言は一晩寝てからやってくる。）
〔独〕Guten Rat soll man nicht auf alle Märkte tragen.（良い助言を公に出してはならない。）
〔独〕Sei eine Schnecke im Raten, ein Vogel in Taten. *遅いものの例え　**早いものの例え
　　（助言を受ける時はカタツムリに、行動を起こす時は鳥になれ。）
〔独〕Vorgesorgt ist halbgetan.（良く準備をすることは半分仕事が終わったに等しい。）
〔独〕Doppelt genäht hält gut [besser].（二重に縫ったものの方が長持ちする。）
〔独〕Besser zweimal messen, als einmal vergessen.（一度忘れるより二度測ったほうが良い。）
〔独・参〕Das dicke Ende kommt nach.（大きな終わり〈悪いこと〉は今から訪れる。）
〔独〕Zurede hilft.（どんな助言も役立つ。）
〔独〕Sicher ist sicher.（安全は安全。）
〔英〕Deliberate slowly, execute promptly.（ゆっくり考え、迅速に実行せよ。）
〔英〕Second thoughts are best.（二つ目の考えが最良である。）
〔英〕Look before you leap.（跳ぶ前に見よ。）
〔英〕Think first and speak afterwards.（まず考えてから話せ。）
〔英〕First think and then speak.（同上）

〔英〕It is better to be safe than sorry.（後で悔いるより最初から安全でいるのがよい。）

第15節　始める前に終わりを考える

〔伊〕Chi da savio operar vuole, pensi al fine.　*operare　** pensare
（賢明に行いたいなら目的を考えよ。）

〔伊〕Pensarci avanti [prima] per non pentirti poi.（後で後悔しないために〈最初に〉先を考えよ。）

〔伊〕Buon principio fa buona fine.（始めよければ終わりよし。）

〔伊〕Chi ben comincia è a metà dell'opera.　　*cominciare 3 単現直
（始めがよければ仕事の半分ができたも同じ。）

〔伊〕Il passo più difficile è quello dell'uscio.（一番難しいのは扉での一歩だ。―決断が最もつらい）

〔伊〕Non fermarsi al primo uscio.（最初の扉でとどまるな。―最初のチャンスにこだわるな）

〔伊〕Ogni principio è difficile.（最初はいつも難しい。）

〔伊〕Dal mattino si vede il buon giorno.（良い日かどうかは朝にわかる。）

〔伊〕Il buon giorno si vede dal mattino.（同上）

〔伊〕Barba bagnata è mezza fatta.　*fare 過分
（ひげを濡らせば髭剃りの半分は終わったも同然だ。）

〔伊・参〕Come si vive, così si muore.
（人は生きてきたように死ぬ。―人の死に方はその人の生き方を見ればわかる）

〔独〕Guter Anfang ist halbe Arbeit.（始めがよければ半分できたも同然だ。）

〔独〕Gut begonnen ist halb gewonnen.（同上）

〔独〕Wohl begonnen ist halb gewonnen.（同上）

〔独〕Frisch begonnen, halb gewonnen.（一旦始めたら半分終わったも同然だ。）

〔独〕Frisch gewagt, ist halb gewonnen.（最大の一歩は戸外への一歩である。）

〔独〕Ein guter Anfang ist gut, aber ein gutes Ende ist besser.
（良い始まりは素晴らしいが、良い終わりはより素晴らしい。）

〔独〕Wohl anfangen ist gut, wohl enden ist besser.（同上）

〔独〕Anfang und Ende reichen einander die Hände.（始まりと終わりが手を結ぼうとしている。）

〔独〕Wie der Anfang, so das Ende.（終わり方は始まり方次第。）

〔独〕Aller Anfang ist schwer.（全て始めが難しい。）

〔独〕Anfang ist die Hälfte des Ganzen.（始めよければ終わりよし。）

〔独〕Der Schritt über die Schwelle ist der schwerste.（敷居を越えることが一番難しい。）

〔独〕Was du auch tust, bedenke das Ende. *tun 2単現直 **bedenken 2単命
（最後を忘れるな〈注意しろ〉。）

〔英〕A good beginning makes a good ending.（始めよければ終わりよし。）

〔英〕The first step is as good as half over.（始めがよければ半分できたも同然だ。）

〔英〕Well begun is half done.（同上）

〔英〕Once begun, half done.（一旦始めたら半分終わったも同然だ。）

〔英〕The greatest step is that out of doors.（最大の一歩は戸外への一歩である。）

〔英〕Remember [Look to] the end.（最後を忘れるな〈注意しろ〉。）

〔英〕Mark [Consider] the end.（同上）

〔英〕Such beginning, such end.（終わり方は始まり方次第。）

〔英〕All good things must come to an end.（全ての良い事には終わりがある。）

〔英〕Everything must have a beginning.（全ての物事には始まりがある。）

〔英〕Everything has a beginning.（同上）

〔英〕Beware of the beginning.（最初に気をつけろ。）

〔英〕Every beginning is hard [difficult].（何事も最初がつらい〈難しい〉。）

〔英〕All beginnings are difficult.（何事も最初が〈難しい〉。）

〔英・参〕An ill [A bad] beginning has an ill [a bad] ending.
（始めがまずければ［悪ければ］終わりもまずい〈悪い〉。）

〔英・参〕Of an ill beginning, an ill end.（同上）

〔英・参〕Win at first and lose at last.（最初に勝つと、最後に負ける。）

第16節　終わり良ければ——最後に笑う者

〔伊〕Tutto è bene quel che finisce bene.（終わりがよければすべてよし。）

〔伊〕La fine corona l'opera. *coronare 3単現直　（最後が仕事を飾る。—仕上げが大事）

〔伊〕Ride bene chi ride ultimo. *ridere 3単現直　（最後に笑う者の笑みが一番。）

〔独〕Ende gut, alles gut.（終わりよければすべてよし。）

〔独〕Das Ende krönt das Werk. *krönen 3単現直　（最後がすべてを飾る。—仕上げが大事）

〔独〕Das Ende ist das Entscheidende.（最後が仕事の出来を決定づける。）

〔独〕Wohl anfangen ist gut, wohl enden ist besser.
（良い始まりは素晴らしいが、良い終わりはより素晴らしい。）

〔独〕Ein guter Anfang ist gut, aber ein gutes Ende ist besser.（同上）

〔独〕Alles hat ein Ende.（全ての良い事には終わりがある。）

〔独〕Jedes Ding hat ein Ende.（同上）

〔独〕Wer zuletzt lacht, lacht am besten. *lachen 3単現直 （最後に笑う者の笑みが一番。）

〔独〕Wer am letzten lacht, lacht am besten.（同上）

〔英〕The end crowns all.（最後がすべてを飾る。―仕上げが大事）

〔英〕The end crowns the work.（同上）

〔英〕The end tries the work.（最後で仕事のできが試される。）

〔英〕The end does all.（最後がすべて。）

〔英〕The end is decisive.（最後が仕事のできを決定づける。）

〔英〕All's well that ends well.（終わりよければすべてよし。）

〔英〕All that ends well is well.（同上）

〔英〕He who laughs last, laughs best [longest].（最後に笑う者の笑みが一番よい〈長い〉。）

〔英〕He laughs best who laughs last.（最後に笑う者の笑みが一番。）

第17節　情報の有無、良し悪しを見極めよ

〔伊〕Nessuna [Nella] nuova, buona nuova.（便りのないのがよい知らせ。）

〔伊〕La cattiva nuove volano. *volare 3複現直 （悪い知らせは飛ぶように伝わる。）

〔伊〕Chi vuol dell'acqua chiara vada alla fonte. *volere 3単現直 **andare 3単命
（澄んだ水が欲しければ泉に行け。）

〔伊〕Un bel tacer non fu mai scritto. *essere 3単遠直 **scrivere 過分
（沈黙の尊さは書き尽せない。）

〔独〕Keine Nachricht, gute Nachricht.（便りのないのがよい知らせ。）

〔独〕Keine Antwort ist auch eine Antwort.（返事がないのも返事のうち。）

〔独〕Gottes gibt's den Seinen im Schlaf. *geben 3単現直 （神は眠れるものに与える。）

〔独〕Schlimme Nachricht Kommt stets zu früh.（悪い知らせが最初に届く。）

〔英〕No news is good [the best] news.（便りのないのがよい知らせ。）

〔英〕The best news is no news.（最良の知らせは便りのないこと。）

〔英〕No answer is also an answer.（返事がないのも返事のうち。）

〔英〕Ill news comes first.（悪い知らせが最初に届く。）

〔英〕Ill news comes [runs] a pace.（悪い知らせは早く伝わる。）

〔英〕Ill news comes too soon.（同上）

〔英〕Bad news flies faster than good.（悪い知らせは良い知らせより早く伝わる。）

〔英〕Bad news travels fast [quickly].（悪い知らせは早く〈速く〉伝わる。）

〔英〕A false report rides post.（誤報は速く伝わる。）

第18節　情報の出所──見ると聞くの違い

〔伊〕Vedere per credere.（信じるためには自分の目で見よ。─百聞は一見に如かず）
〔伊〕Vedere è credere.（見ることは信じること。）
〔伊〕Vedono più quattr'occhi che due.　＊vedere 3複現直
　　（二つの目より四つの目の方がよく見える。）
〔独〕Sehen geht über hören.　＊gehen über（見ることは信じること。─百聞は一見に如かず）
〔独〕Einmal sehen ist besser als zehnmal hören.（一つの目撃証言は十の伝聞証言に優る。）
〔独〕Man glaubt einem Auge mehr als zwei Ohren.　＊glauben 3単現直
　　（真実を見つけるのは二つの耳より一つの目。）
〔独〕Ein Augenzeuge ist besser als zehn Ohrenzeugen.
　　（一つの目撃証言は十の伝聞証言に優る。）
〔独〕Ein Augenzeuge gilt mehr als zehn Ohrenzeugen.　＊galten 3単直　（同上）
〔独〕Was die Augen sehen, glaubt das Herz.（自分の目で見る者は心で信じる。）
〔独〕Vier Augen sehen mehr als zwei.（二つの目より四つの目の方がよく見える。）
〔独〕Auf bloßes Hörensagen vertrauen.（単なるうわさを信ずる。）
〔英〕Seeing is believing.（見ることは信じること。─百聞は一見に如かず）
〔英〕Seeing is believing, but feeling is the truth.
　　（見ることは信じること、しかし、感じたことが真実である。）
〔英〕Words are but winds, but seeing is believing.
　　（言葉はほんの風のようなものだが、自分の目で見ることは信じることだ。）
〔英〕Who sees with his eyes believes with his heart.（自分の目で見る者は心で信じる。）
〔英〕Better have it than hear of it.（聞いて知るより見て知る方がよい。）
〔英〕Credit ought rather to be given to the eyes than to the ears.
　　（耳で聞くより目で見ることによって信じるべきだ。）
〔英〕One eyewitness is better than ten earwitnesses.
　　（一つの目撃証言は十の伝聞証言に優る。）
〔英〕One eyewitness is of more value than ten hearsays.（同上）
〔英〕An eye finds more truth than two ears.（真実を見つけるのは二つの耳より一つの目。）
〔英〕Four eyes see more than two.（二つの目より四つの目の方がよく見える。）

第19節　物事には限度がある

〔伊〕Tutto ha un limite.（何事にも限度がある。）

〔伊〕C'è un limite a tutto.（同上）

〔伊〕Ogni cosa vuol misura.　*volere 3単現直　（同上）

〔伊〕Il soverchio rompe il coperchio.　*rompere 3単現直　（中身が多すぎると蓋が壊れる。）

〔独〕Allzuviel ist ungesund.（多すぎることは不健康である。）

〔独〕Alles hat seine Grenzen.（何事にも限度がある。）

〔独〕Kein Baum wächst in den Himmel.　*wachsen 3単現直　（天まで成長する木はない。）

〔独〕Es ist dafür gesorgt das die Bäume nicht in den Himmel wachsen.
　　　*sorgen 3単現直　（天まで木が生長しないことなど決まっている。）

〔独〕Gott läßt der Ziege den Schwanz nicht zu lang wachsen.
　　（神はヤギの尻尾を伸びすぎないようにしている。）

〔独〕Allzu scharf macht schartig.（鋭すぎると刃が欠けやすい。）

〔独〕Allzu straff gespannt zerspringt der Bogen.
　　　*spannen 3単現直　**zerspringen 3単現直　（弓を張り過ぎれば折れる。）

〔独〕Wer den Bogen überspannt, der bricht ihn.　*brechen 3単現直　（同上）

〔独〕Wenn man den Bogen zu straff spannt, so zerbricht er.（同上）

〔独〕Zuviel zerreißt den Sack.（無理に引っ張れば袋は破れる。）

〔英〕There is a measure [mean] in all things.（何事にも限度がある。）

〔英〕Experience teaches us our limitations.（経験で自分の限界がわかる。）

〔英〕Experience teaches us that our powers are limited.
　　（経験が自分の力に限界のあることを教える。）

〔英〕It is the last straw that breaks the camel's back.
　　（最後のわら一本がらくだの背骨を折る。―ほどほどにしないと大変なことになる）

〔英〕A man can do no more than he can.（人は自分の能力以上のことはできない。）

〔英・参〕The longest day must have an end.（長い一日もいつかは終わる。）

第20節　物事には変化がある

〔伊〕Le ruota della fortuna non è sempre una.（運命の輪はいつもひとつとは限らない。）

〔伊〕Il mondo è fatto a scale, chi le scende e chi le sale.　*fare 過分　**scendere ***salire
　　（この世は階段でできている、降りる者あれば昇るものあり。）

〔伊〕Il mondo è bello perché è vario.（この世は変化があってこそ面白い。）
　　　　　　　　　　　　　　　　変化する
〔伊〕Faccia chi può, prima che il tempo muti.（風向きが変わる前にできる者は行動を起こせ。）
　　　　　　　　　　　　　　　　　　　変わる
〔独〕Alles Bestehende ist vergänglich.（この世のものははかない。）
　　　　　存在　　　　　　　はかない
〔独〕Heute mir, morgen dir.（今日は私のため、明日はあなたのため。）
〔英〕There is change in all things.（何事にも変化がある。）
〔英〕All worldly things are transitory.（この世のすべては移ろいゆくものだ。）
〔英〕The world is not always at a stay.（世界はいつも一所に留まっているわけではない。）
〔英〕There is nothing permanent except change.（変化の他に永遠のものは何もない。）
〔英〕Variety is the (very) spice of life.（多様性は〈まさしく〉人生のスパイスだ。）
　　　　　　　　　　　　　　　スパイス
〔英〕Circumstances alter cases.（全体の状況が個々の立場を変える。）

第21節　今日できることは明日に延すな

〔伊〕Non rimandare a domani quello che puoi fare oggi.　　*potere 2単現直
　　　残す　　　　　　　　　　　　　　できる
　　（今日できることは明日に延ばすな。）
〔伊〕Quel che puoi far oggi, non rimandare a domani.（同上）
〔伊〕Il domani non è mai certo.（確かな明日などない。）
　　　　　　　　　　　　確実な
〔伊〕Non sapete ciò che sarà domami.　　*sapere 2複現直　**essere 3単未直
　　　　　知る　　　　あろう
　　（明日起こることはわからない。）
〔伊〕Chi ha tempo non aspetti tempo.　　*aspettare 3単命
　　　　　時間　　　　待つ
　　（時間のある者は時間の経つのを待ってはいけない。）
〔独〕Was du heute kannst besorgen, das verschiebe nicht auf morgen.
　　　　　　　　　　　　　配慮する　　　　　　　　　　　ずらす
　　　*verschieben 2単命　（今日できることは明日に延ばすな。）
〔独〕Verschiebe nicht auf morgen, was du heute kannst besorgen.（同上）
〔独〕Was du heute tun kannst, das verschiebe nicht auf morgen.（同上）
〔独〕Was du kannst am Abend tun, lass nicht bis zum Morgen ruhn.（同上）
〔独〕Spar nicht auf morgen, was du heute tun kannst. *sparen 2単命（同上）
　　　残す
〔独・参〕Morgen ist auch noch [wieder] ein Tag.（明日もあるさ。——これが最後じゃない）
〔英〕Never put off [defer] till tomorrow what you can do today.
　　（今日できることは明日に延ばすな。）
〔英〕Never put off till tomorrow what you may be done today.（同上）
〔英〕Tomorrow never comes.（明日は決して来ない。）
〔英・参〕Tomorrow is another day.（明日もあるさ。——これが最後じゃない）

〔英〕There is no time like the present.（現在ほどよい時はない。―善は急げ）
〔英・参〕The unexpected always happens.（常に予期せぬことは起こるものだ。）

第22節　危険を冒して成功する

〔伊〕Chi non s'avventura, non ha ventura.（危険を冒さない者には幸運はない。）
〔伊〕Chi non risica, non rosica.　*risicare 3単現直　**rosicare 3単現直
　　（危険を冒さない者は儲けもない。）
〔伊〕Chi non ardisce, nulla fa.　*ardire 3単現直　**fare 3単現直
　　（危険を冒さない者には何もできない。）
〔伊〕Dove non è pericolo non è gloria.（危険のないところに栄光はない。）
〔独〕Wer nicht wagt, der nicht gewinnt [gewinnt nicht].
　　*wagen 3単現直　**gewinnen 3単現直　（冒険をしなければ何も得られない〈儲けもない〉。）
〔独〕Wer wagt, gewinnt.（同上）
〔独〕Wagen gewinnt, wagen verliert.（一文も賭けなければ、一文も儲からない。）
〔独〕Dem Mutigen gehört die Welt.（世の中は勇者のためにある。）
〔独〕Dem Mutigen hilft Gott.（神は勇者に力を添える。）
〔独〕Dem Mutigen lächelt das Glück.　*lächeln 3単現直　（運は勇者に向く。）
〔独〕Dem Tapferen lacht das Glück.（運は勇者に向く。）
〔独〕Alles wagen.（危険に応じて名誉も上がる。）
〔独〕Wer Honig lecken will, muß der Bienen Stachel nicht scheuen.
　　（蜂蜜を舐めたいものは蜂を怖がってはならない。）
〔独〕Wer den Kern essen will, muß die Nuß knacken [auf brechen].
　　（ナッツを食べたいものは殻を割らなくてはならない。）
〔独〕Wer Eierkuchen will, muß Eier einschlagen.
　　（オムレツを食べたいものは卵を割らなくてはならない。）
〔独〕Große Dinge sind immer mit großen Gefahren verknüpft.
　　（危険に応じて名誉も上がる。）
〔英〕Nothing venture, nothing have [gain].（冒険をしなければ何も得られない〈儲けもない〉。）
〔英〕Nothing ventured, nothing gained.（同上）
〔英〕Naught [Nought] venture, naught [nought] win [have].（同上）
〔英〕Nothing seek, nothing find.（探さなければ見つからない。）
〔英〕Nothing stake, nothing draw.（一文も賭けなければ、一文も儲からない。）

〔英〕No gains without pains.（苦労なしでは何も得られない。）
〔英〕No pain, no gain.（同上）
〔英〕He who would search for pearls must dive deep.
　　（真珠を探したければ深く潜らなければならない。）
〔英〕He who would gather roses must not fear thorns.
　　（棘を恐れていてはバラの花は集められない。）
〔英〕The more cost the more honour.
　　（コストをかければそれに応じた名誉が得られる。—ものには相応の値段）
〔英〕The more danger the more honour.（危険に応じて名誉も上がる。）
〔英〕Great profit, great risks.（大きな儲けには大きなリスクが伴う。）
〔英・参〕Praise the sea, but keep on land.
　　（海を愛でよ、だが陸から離れるな。—危険なことは避ける・君子危うきに近寄らず）
〔英〕Nothing can be gained without an effort.（努力なしでは何も得ることはできない。）

第23節　良い品の宣伝は不要

〔伊〕Il buon vino non ha bisogno di frasca.（良いワインに看板は要らない。）
〔独〕Das Gute empfiehlt sich selbst. *empfehlen 3単現直（良い商品は自らをすすめる。）
〔独〕Gute Ware lobt sich selber. *sich loben 3単現直（作品が名人をほめる。—腕は作品が語る）
〔独〕Das Werk lobt den Meister.（同上）
〔独〕An den Früchten erkennt man den Baum. *erkennen 3単現直
　　（果実を見ればその木がわかる。）
〔独・参〕Wer nicht wirbt, verdirbt. *werben 3単現直 **verderben 3単現直
　　（宣伝をしないものは腐る。—宣伝の世の中）
〔独・参〕Klappern gehört zum Handwerk.（宣伝も商売のうち。）
〔英〕Good wine needs no bush.（良いワインに看板は要らない。）
〔英〕Good wine needs no sign.（同上）
〔英〕A workman is known by his work.（職人の腕は仕事でわかる。）
〔英〕A workman is known by his tools.（同上）
〔英〕One may discern a workman by his work.（同上）
〔英〕The work commends the master.（作品が名人をほめる。—腕は作品が語る）
〔英〕Flowers are the pledges of fruit.（花は果実を保証する。）
〔英〕The tree is known by its fruit.（果実を見ればその木がわかる。）

第24節　多いほど・大きいほど・長いほどよい

〔伊〕Molte mani fanno l'opera leggera.　*fare 3複現直　（人手が多いと仕事は楽になる。）

〔伊〕I più tirano i meno.　*tirare 3複現直　（多数が少数を制する。）

〔伊〕Molti pochi fanno un assai.　（塵も積もれば山となる。）

〔伊〕Chi può molto può poco.　*potere 3単現直　（大は小を兼ねる。）

〔伊〕Quattro ochi vedono meglio di due.　*vedere 3複現直
　　（二つの目より四つの目の方がよく見える。）

〔独〕Je mehr desto [umso] besser.　（たくさんあればあるほどよい。）

〔独〕Je mehr man [er] hat je mehr man [er] will.　*vollen 1, 3単現直
　　（多く持てば持つほどもっと欲しくなる。）

〔独〕Je mehr man hat, desto mehr man will.　（同上）

〔独〕Je länger, je lieber.　（長ければ長いほど良い。）

〔独〕Wer vieles bringt, wird manchen etwas bringen.　*bringen 3単現直
　　（多くをもたらされる者は、多くの人に良いことをもたらす。）

〔独〕Viele Hände machen bald ein Ende.　（人手が多いと仕事は早く終わる。）

〔独〕Viele Hunde sind des Hasen Tod.　（多くの犬がいれば野うさぎを仕留められる。）

〔独〕Zuviel kann nie schaden.　（たくさんあるのは悪くない。）

〔独〕Ein Zuviel ist besser als ein Zuwenig.　（多すぎるのは少なすぎるよりまし。）

〔独〕Lieber zu viel als zu wenig.　（同上）

〔英〕The greater embraces [includes, hides, contains] the less.　（大は小を兼ねる。）

〔英〕There is safety in numbers.　（数の多い方が安全。―3人寄れば文殊の知恵）

〔英〕Many hands make light [quick] work.　（人手が多いと仕事は楽に〈早く〉なる。）

〔英〕Much would [will] have more.　（あればあるほど欲しくなる。）

〔英〕The more you have [get], the more you want.　（多く持てば持つほどもっと欲しくなる。）

〔英〕The more the merrier.　（たくさんあればあるほど幸せになる。）

〔英〕The more the better.　（たくさんあればあるほどよい。）

〔英〕Many a little makes a mickle.　（塵も積もれば山となる。）

〔英〕Store [plenty] is no sore.　（たくさんあるのは苦にならない。）

〔英〕Wide will wear but narrow [tight] will tear.
　　（ゆったりしてると着れるが窮屈だと破れる。―大は小を兼ねる）

〔英・参〕Plenty breeds [brings, causes] pride.　（多数は高慢を生む。―自慢・傲慢）

第25節　少しでも無いよりはまし

〔伊〕Meglio poco che niente.（少しある方が何もないよりまし。）
〔伊〕Meglio qualcosa che niente.（同上）
〔伊〕Il poco è meglio che nulla.（同上）
〔独〕Etwas ist besser den nichts.（少しある方が何もないよりまし。）
〔独〕Etwas ist besser als gar nichts.（同上）
〔独〕Besser etwas denn nicht.（同上）
〔独〕Wenig ist besser als gar nicht.（同上）
〔英〕A little is better than none.（少しある方が何もないよりまし。）
〔英〕Something is better than nothing.（同上）
〔英〕Anything is better than nothing.（同上）
〔英〕Better aught than *naught.　* = nothing　（同上）
〔英〕Half a loaf is better than no bread.（パン半分でもないよりはまし。）

第26節　遅くともしないよりはまし

〔伊〕Meglio tardi che mai.（遅くても来ないよりまし。——遅れてもしないよりまし）
〔独〕Besser spät als nie.（遅くても来ないよりまし。）
〔独〕Geleiert ist besser als gar gefeiert.（音痴の歌はつまらないパーティーよりはまし。）
〔独〕Aufgeschoben ist nicht aufgehoben.（廃止より延期するほうがまし。）
〔英〕Better late than never.（遅くても来ないよりまし。——遅れてもしないよりまし）
〔英〕It is never too late to mend.（改めるに遅すぎることはない。）

第27節　早（速）ければ早（速）い程よい

〔伊〕Più è veloce, meglio è.（速ければ速いほどよい。）
〔伊〕Uomo sollecito non fu mai povero.　*essere 3単遠過直
　　（迅速にことを行う者は損をしない。）
〔独〕Komm, je eher, je lieber.　*kommen 2単命　（来い、早ければ早いほどよい。）
〔独〕Je eher, je [desto, umso] besser [lieber].（早ければ早いほどよい。）
〔独〕Doppelt gibt wer schnell gibt.　*geben 3単現直
　　（すぐに援助すれば二倍援助したのと同じ。）

〔英〕The earlier the better.（早ければ早いほどよい。）

〔英〕He gives twice who gives quickly.（すぐに援助すれば二倍援助したのと同じ。）

〔英〕The sooner the better.（早ければ早いほどよい。）

〔英〕Soon enough if well enough.（用意が充分であればすぐにできる。）

第28節　早（速）いのはよくない

〔伊〕Più è la fretta minore è la velocità.（急ぐ時ほどスピードを抑えて。）

〔伊〕La fretta fa romper la pentola.（慌てると鍋を壊してしまう。）

〔伊〕Chi tosto giudica, tosto si pente.（慌てて決めるとすぐに後悔することになる。）

〔伊〕Presto e bene non stanno insieme.　*stare 3複現直　（慌てることを仕損じる。）

〔伊〕Presto e bene non vanno insieme.　*andare 3複現直　（同上）

〔伊〕Presto e bene raro avviene.　*avvenire 3単現直　（同上）

〔独〕Zu große Eile bringt Weile.　*bringen 3単現直　（下手の考え休むに似たり。）

〔独〕Eile mit Weile.（同上）

〔独〕Eile tut nicht gut.　*tun 3単現直　（慌てることを仕損じる。）

〔独〕Eile sehr brach den Hals.　*brechen 1, 3単過直　（急ぎすぎると首を折る。）

〔独〕Schnell gefreit, lang bereut.　*freuen 過分　**bereuen 3単現直
（急いで結婚すると、長く後悔する。）

〔独〕Blinder Eifer schadet nur.　*schaden 3単現直　（やみくもな意気込みはただ害を及ぼす。）

〔独〕Je früher reif, desto früher faul.（すぐに熟すものはすぐに腐る。）

〔独〕Was bald reif, wird bald faul.（同上）

〔英〕Soon learnt, soon forgotten.（慌てて学んだことはすぐに忘れる。）

〔英〕Soon gotten, soon spent.（すぐ手に入るものはすぐになくなる。）

〔英〕Soon hot, soon cold.（すぐに熱くなるものはすぐに冷める。）

〔英〕Soon ripe, soon rotten.（すぐに熟すものはすぐに腐る。）

〔英〕Quickly come, quickly go.（早く来るものは早く去る。）

〔英〕Good and quickly seldom meet.（慌てることを仕損じる。）

〔英〕What is done in hurry is never done well.（同上）

〔英〕The hasty angler loses the fish.（せっかちな釣り師は魚を取り逃がす。）

〔英〕Fool's haste is no speed.（下手の考え休むに似たり。）

〔英〕Quick removals are slow prosperings.（慌てて始末してしまうと成長も遅くなる。）

第29節　多すぎると大きすぎるのは良くない

〔伊〕Chi molto parla, spesso falla.（おしゃべりはよくしくじる。）
〔伊〕Chi parla assai spesso sbaglia.（同上）
〔伊〕Tante parola tante errori.（同上）
〔伊〕Chi troppo parla, poco agisce.　*agire 3単現直（しゃべりすぎる者はあまり行動しない。）
〔伊〕Chi promette molto mantiene poco.　*promettere 3単現直　**mantenere 3単現直
　　（約束ばかりする者はあまり約束を守らない。）
〔伊〕Molto promette, poco mantiene.（同上）
〔伊〕Chi troppo intraprende, poco finisce.　*intraprendere 3単現直　**finire 3単現直
　　（企んでばかりいる者は最後までやり遂げることは少ない。）
〔伊〕Chi dorme molto, apprende poco.　*dormire 3単現直　**apprendere 3単現直
　　（寝てばかりいる者はあまり勉学が身につかない。）
〔伊〕Ogni [Il] soverchio rompe il coperchio.　*rompere 3単現直
　　（中身が多すぎると蓋が壊れる。）
〔伊〕Quattordici mestieri, quindici infortuni.（14の仕事に15の災い。—多芸は無芸）
〔伊〕Chi tutto vuole, tutto perde.　*volere 3単現直　**perdere 3単現直
　　（全部を欲しがる者は全部を失う。）
〔伊〕L'abbondanza genera fastidio.　*generare 3単現直（潤沢は厄介を生む。）
〔伊〕Gran nave vuol grand' acqua.（大きな船には大きな海が必要。）
〔伊〕Gran vantatore, piccolo facitore.（大ぼら吹きは口ばかりで、行動はしない。）
〔伊〕Chi ha gli onori ne porta i pesi.（名誉には責任が伴う。）
〔伊〕A cader va, chi troppo in alto sale.（あまり高く昇りすぎる者は落っこちる。）
〔伊〕A gran salita, gran discesa.（上るのが速いと落ちるのも速い。）
〔伊〕Chi troppo in alto sale cade sovente precipitevolissimevolmente.
　　（高く上りすぎる者はまっさかさまに落ちる。）
〔独〕Je mehr Geld, desto mehr Sorgen.（金は多い分だけ悲しみをもたらす。）
〔独〕Viel Maulwerk, wenig Herz.（いくら言葉を重ねても袋〈枡〉は一杯にならない。—行動が必要）
〔独〕Viel Köche verderben den Brei.（コックが多すぎると粥がまずくなる。）
〔独〕Viel Köche versalzen die Suppe.（コックが多すぎるとスープがまずくなる。）
〔独〕Viele Handwerke verderben den Meister.
　　（多くの仕事に手を出しても師匠にはなれない。）
〔独〕Neunerlei Handwerk, achtgehnerlei Unglück.（9つの工芸には18回の苦労がある。）

〔独〕Vierzehn Handwerk, fünfzehn Unglück.（14個の工芸には15回の苦労がある。）

〔独〕Wer hoch steigt, fällt tief.　*steigen 3単現直　**fallen 3単現直
（高く昇れば昇るほど深く落ちる。）

〔独〕Wer die Wahl hat, hat die Qual.（選択した者は苦労もする。）

〔独〕Was zu viel ist, ist zu viel.（もう十分は多すぎるということ。）

〔独〕Des Guten zu viel tun.（同上）

〔独〕Wer viel hat, will alles haben.（多くを持っている者はすべてを欲しがる。）

〔英〕Too many cooks spoil the broth.（コックが多すぎるとスープ〈ポタージュ〉が台無しになる。）

〔英〕The more cooks, the worse pottage [broth].（同上）

〔英〕Where many cooks are, the pottage proves salty.
（コックが多すぎるとポタージュが塩辛くなる。）

〔英〕A pot that belongs to many is ill stirred and worse boiled.
（持ち主が多すぎるとポットはうまく沸かない。）

〔英〕A mean pot played never [neer played] even.（安物のポットはまんべんなく沸かない。）

〔英〕Where every man is master the world goes to wreck.
（皆が大将ならこの世は破滅する。）

〔英〕There is no accord where every man would be a lord.（皆が王様なら調和はない。）

〔英〕Many dressers put the brides dress out of order.
（たくさんの着付け師が花嫁衣裳を台無しにする。）

〔英〕Many hands make slight works.（たくさんが手をかけすぎると仕事が雑になる。）

〔英〕Too much breaks the bag.（詰め込み過ぎるとバッグが破れる。）

〔英〕Too much water drowned the miller.（水が多すぎると水車屋が沈む。）

〔英〕Too much taking heed is loss.　*take heed 用心する　（用心のし過ぎは損失である。）

〔英〕Too much consulting confounds.（口の出し過ぎは混乱を招く。）

〔英〕So many servants, so many enemies.（家来が多いと敵も多くなる。）

〔英〕Many words fill not the sack.
（いくら言葉を重ねても袋は一杯にならない。—行動が必要）

〔英〕Many words will not fill a bushel.（いくら言葉を重ねても枡は一杯にならない。）

〔英〕Jack of all trades, and master of none.
（何でも屋のジャックには優れた芸はない。—多芸は無芸）

〔英〕Jack of all trades is of no trade.（同上）

〔英〕The greatest seas have the sorest storms.（大海の嵐は激しい。）

〔英〕Great winds blow upon high hills.（高い山の頂上は風も激しい。）

〔英〕 The higher the tree, the stronger the blast.（高木ほど受ける風は強い。）

〔英〕 A tall tree catches much wind.（同上）

〔英〕 The highest branch is not the safest roost [perch].
（高い枝が一番安全な止まり木ではない。）

〔英〕 The higher the rise [up], the greater fall.（高く昇れば昇るほど落ちるのも大きい。）

〔英〕 The greater the truth, the greater the libel.
（真実が多ければ多いほど中傷誹謗も大きくなる。）

〔英・参〕 More than enough is too much.（もう十分は多すぎるということ。）

〔英・参〕 Small profits and quick return.（小さな利益で素早い儲け。）

〔英・参〕 Small profits and often, are better than large profits and seldom.
（めったにない大きな利益より、度々の小さな利益の方がよい。）

M.M

第6章　人間社会のすがた

第1節　10人いれば性格や好みは皆異なる

〔伊〕Ognuno ha le sue opinioni.　*avere 3単現直　（人それぞれに意見がある。）
〔伊〕Ognuno ha i suoi gusti.（人それぞれに好みがある。）
〔伊〕Ognuno ha la sua maniera.（人それぞれにやり方がある。）
〔伊〕Ognuno è fatto alla sua maniera.（人は皆各人各様に生まれついている。）
〔伊〕Dei gusti non se ne disputa.（好みについては議論しないものだ。―蓼食う虫も好き好き）
〔伊〕Dei gusti non si discute.（同上）
〔伊〕Tutti i gusti sono gusti.（どんなものでも好みは好みだ。）
〔伊〕Quante teste, tanti pareri.（頭の数だけ意見〈考え〉がある。）
〔伊〕Tante teste, tanti pareri.（同上）
〔伊〕Tante teste, tante idee.（同上）
〔伊〕Tante teste, tante cerevelli.（同上）
〔伊〕Chi la vuole allesso, chi la vuole arrosto.
　　（煮込みがいい人もいれば焼くのがいい人もいる。―人の好みは十人十色）
〔伊〕Chi pensa in un modi, chi in un altro.（人それぞれ考え方もいろいろ。）
〔伊〕C'è modo e modo.（正しいやり方もあれば間違ったやり方もある。）
〔独〕Viel [Soviel] Köpfe, viel [soviel] Sinne.（人それぞれに好みがある。）
〔独〕Viel [Soviel] Köpfe, viel [soviel] Vermutungen.
　　（多くの頭が集まれば、多くの考えがある。）
〔独〕Viel Köpfe, viel Meinungen.（人の数だけ意見がある。）
〔独〕Viele Köpfe gehen schwer unter einen Hut.
　　（一つの帽子に大勢の頭は入らない。―いろんな意見があるということ）
〔独〕Man kann nicht alle Köpfe unter einen Hut bringen.（同上）
〔独〕Eines schickt sich nicht für alle.（一人に良かったことが他の人にも良いとは限らない。）
〔独〕Jeder nach seiner Art.（人それぞれ好みが違う。）
〔独〕Die Geschmäcke [r] sind verschieden.（人によって好みは異なる。）
〔独〕Über den Geschmack läßt sich nicht streiten.　*lassen 3単現直
　　（好みには論争のしようがない。）

〔独〕In Sachen des Geschmackes läßt sich nicht streiten.（同上）

〔独〕Jeder nach seinem Geschmack.（人によって好みは異なる。）

〔独〕Auch das Insekt, das Knöterich frißt, hat seinen Geschmack.
*fressen 3単現直　（タデを食べる虫にも好みがある。）

〔独〕Der eine ißt gern Schwartenwurst, der andere grüne Seife.
（豚のソーセージを好んで食べる者もいれば、緑の石鹼を好んで食べる者もいる。）

〔独〕Jedem Tierchen, sein Pläsierchen.（小動物にもそれぞれの楽しみがある。）

〔独〕Jedes Tierchen hat sein Pläsierchen.（同上）

〔独〕Jeder hälts es, wie er will.（人それぞれに好みがある。）

〔独・参〕Das ist von Fall zu Fall verschieden.（その場によって違う。）

〔英〕There is no accounting for taste.（人の好みは説明のしようがない。）

〔英〕There is no disputing about tastes.（人の好みは議論のしようがない。）

〔英〕Everyone has his [their] own taste.（人それぞれに好みがある。）

〔英〕Every man to his taste.（同上）

〔英〕Men have different taste.（人によって好みは異なる。）

〔英〕Tastes differ.（同上）

〔英〕Taste cannot be taught.（好みは人に教えることができない。）

〔英〕Even the insect that eats smartweed has its taste preference.
（タデを食べる虫にも好みがある。）

〔英〕One man's meat is another man's poison.（肉も人によっては毒になる。）

〔英〕Some like apples and some like onions.（リンゴ好きもいれば玉ねぎ好きもいる。）

〔英〕The pig prefers mud to clear water.（ブタは澄んだ水より泥水を好む。）

〔英〕Thistles are a salad for asses.（アザミはロバにとってのサラダ。）

〔英〕Every man [one] as he likes [loves].（人それぞれに好みがある。）

〔英〕Every man has [in] his humour.（人それぞれに感情がある。）

〔英〕Every man has his delight.（人それぞれに喜びがある。）

〔英〕Many men [faces], many minds.（人の数だけいろんな心がある。）

〔英〕Many men have many minds [wits].（同上）

〔英〕So [As] many men, so [as] many minds [wits].（同上）

〔英〕So many men, so many thoughts.（人の数だけいろんな考えがある。）

〔英〕So many men, so many opinions.（人の数だけいろんな意見がある。）

〔英〕So many heads, so many opinions.（同上）

〔英〕So many heads, so many judgements.（人の数だけいろんな判断がある。）

〔英〕So many heads, so many wits.（人の数だけいろんな知恵がある。）
〔英〕As many heads, as many wits.（同上）
〔英〕Different man, different opinion.（人が変われば意見も変わる。）
〔英〕Several men, several minds.（人が変われば気持ちも変わる。）
〔英〕No two minds work alike.（人の心それぞれ。）
〔英〕Each to one's own ＝ to each one's own〔米〕（人それぞれ好みが違う。）

第2節　所が変われば習慣が変わる

〔伊〕Tanti paesi, tanti costumi.（その土地、土地に習慣がある。）
　　　　国, 地域　　　　　習慣
〔伊〕Ogni paese ha i suoi costumi.（同上）
〔伊〕Non sempre la fortuna un luogo tiene.　*tenere 3単現直
　　　　　　　　　運　　　場　　持つ
　　（ある場所が全ての人にとって幸せな場所であるとは限らない。）
〔独〕Andere Länder, andere Sitten.（その土地、その土地に習慣〈慣例〉がある。）
　　　　　　土地　　　　習慣, 風俗
〔独〕Andere Städtchen, andere Mädchen.（違う街、違う女の子。）
　　　　　　小さい町　　　　　少女
〔独〕Fremde Länder, fremde Sitten.（その土地、その土地に習慣〈慣例〉がある。）
〔独〕Jedes Land hat seinen Tand [Sand].（その国によって違う。）
　　　　　　　　　　　　　　がらくた
〔独〕Jedes Land hat seine Weise.（その土地、その土地に習慣〈慣例〉がある。）
　　　　　　　　　　　　　仕方
〔独〕Ländlich sittlich.（田舎風は、道徳的。）
〔独〕Ländlich schändlich.（田舎風は、不名誉だ。）
　　　　　　　不名誉な
〔独〕Soviel Dörfer, soviel Sitten.（村の分だけ道徳がある。）
　　　　　　村々
〔独〕So manches Land, so manche Sitte.（その土地、その土地に習慣〈慣例〉がある。）
〔独・参〕Andere Zeiten, andere Sitten.（その時代によって習慣が違う。）
　　　　　　　　時代
〔英〕So many countries, so many customs.（その土地、土地に習慣がある。）
〔英〕So many countries, so many laws.（その土地、土地に慣例がある。）
〔英〕Law and country.（習わしと地方。──ところ変われば習わしも変わる）
〔英〕New lords, new law.（新しい領主には新しい法律。）
〔英〕Coat change with countries.（国が変わればコートも変わる。）
〔英〕As many places, so many manners.（ところ変われば風習も変わる。）
〔英〕Each country has its own customs.（同上）
〔英・参〕Other times, other manners.（時代が変われば風習も変わる。）

第3節　郷に入れば……

〔伊〕Quando a Roma vai fa' come vedrai.　*andare 2単現直　**fare 2単命　***vedere 2単未直
　　　　　　　行く* 行う**　　　　見る***
（ローマに行ったら見るがままに振る舞え。―郷に入らば郷に従え）

〔伊〕Quando a Roma vedrai, fa' come vedrai.（同上）

〔伊〕Paese che [in cui] vai, usanze che trovi.　*trovare 2単現直
　　　　　　　　　　　　　　　　　　　　出合う*
（行った土地ではその地の習慣に出会う。）

〔伊〕Paese che vai, come vedi fare, fai.　*vedere 2単命　**fare 2単命
　　　　　　　　　　　　　見よ* 行いなさい**
（行った土地では見るがままに振る舞え。）

〔伊〕Chi va al mulino s'infarina.　*andare 3単現直　**infarinare 3単現直
　　　　行く*　　　粉にまみれる**
（粉ひき場に行く者は粉まみれになる。）

〔独〕In Rom tu was Rom tut.　*tun 2単命　**tun 3単現直
　　　　　行え*　　　行う**
（ローマではローマ人と同じように振る舞え。）

〔独〕Man muß sich in die Umstände schicken.
　　　　　　　　　　　状況,環境　　従う
（どこに行ってもその地で見るがままに振る舞え。）

〔独〕Man muß sich nach den Umständen richten.（同上）
　　　　　　　　　　　　　　　　　順応する

〔独〕Die Menschen sind den Umständen und nicht die Umstände den Menschen untertan.（人々がその場の状況であり、その場の状況がその人々ではない。）
　　　　従う

〔独〕Landesbrauch ist Landesrecht.（その国の習慣はその国の正義。）

〔独〕Wer zum Spiel kommt, muß spielen.（ゲームに来た者は参加しなくてはならない。）

〔独〕Sich nach der Decke stricken.（衣服にしたがって編め。）
　　　　　　　衣服　順応する

〔独〕Mit den Wölfen muß man heulen.（狼でも、皆と共に吠えなくてはならない。）
　　　　　オオカミ　　　　吠える

〔独〕Wer unter Wölfen ist muß mit ihnen heulen.（同上）

〔英〕When at [in] Rome, do as the Romans do.（ローマではローマ人と同じように振る舞え。）

〔英〕When you are at Rome, do as Rome does.（同上）

〔英〕When you are at Rome do as they do at Rome.（同上）

〔英〕When they are at Rome, they do there as they see done.（同上）

〔英〕Do in [at] Rome as the Romans do.（同上）

〔英〕Wherever you are, do as you see done.（どこに行ってもその地で見るがままに振る舞え。）

〔英〕He that does as his neighbour does shall be beloved.
（隣人と同じように振る舞う者は愛される。）

〔英〕Every country has its law [fashion].（その国、国の習慣〈慣習〉がある。）

〔英〕Every nation has its own fashion.（同上）

第4節　住めば都、我が家が一番

〔伊〕Ognuno è padre a casa sua.（人は皆家ではわが家の主である。）

〔伊〕Ognuno è re in casa propria.（同上）

〔伊〕Ad ogni uccello il suo nido è bello.（鳥にとっては自分の巣が一番。）

〔伊〕Ogni uccello fa fasta al suo nido.（同上）

〔伊〕È ardito il gallo sopra il suo letame.（おんどりは自分の寝藁の上では大胆になる。）

〔伊〕Casa propria non c'è oro che la paghi.　*pagare 2 単現直

（わが家は金をもってしても代えがたい。）

〔伊〕Più vale il fumo di casa mia, che l'arrosto dell'altrui.　*valere 3 単現直

（他人の肉を焼くにおいよりもわが家の煙の方が有難い。）

〔独〕Wo man wohnt, da ist die Hauptstadt.　*wohnen 3 単現直　（わが家に優る場所はない。）

〔独〕Man gewöhnt sich schließlich an jeden Ort.（人はどこにでも慣れる。）

〔独〕Überall ist's gut, aber daheim ist's doch am besten.（わが家に優る場所はない。）

〔独〕Wo es mir wohl geht, da ist meinen Vaterland.（居心地の良い場所が故郷だ。）

〔独〕Wo wohl, da Vaterland.（家はわが心の棲家。）

〔独〕Ost und West daheim am best.（西へ行こうと東へ行こうと、自分の家が一番。）

〔独〕Nord, Ost, Süd und West, zu Haus ist's am best.

（東西南北どこへ行こうと、自分の家が一番。）

〔独〕Man kann sich unter jedem Himmel wohl fühlen.

（人はどの空の下でも気持ち良くなる事ができる。）

〔独〕Einem jeden Vogel gefällt sein Nest.　*fallen 3 単現直

（鳥にとっては自分の巣が一番。）

〔独〕Jedem Vogel gefällt sein Nest.（同上）

〔独〕Jeder Vogel liebt sein Nest.　*lieben 3 単現直　（同上）

〔独〕Eigen Nest ist stets das best.（自分の巣が一番。）

〔独〕Wo der Hase geworfen wird [gesetzt ist] wird [will] er bleiben.

（うさぎは投げられた先がどこであれそこに留まりたがる。）

〔独〕Hier wohnt sich's angenehm, hier läßt es sich angenehm wohnen.

（ここに住みやすく暮らそうとする、ここは元から住みやすくさせてくれる場所だ。）

〔独〕Eigener Herd ist Goldes wert.（自分の群れは金と同じ。）

〔独〕Hausbacken Brot nährt am besten.　*nähren 3 単現直

（自分で焼いたパンが一番満腹になる。）

〔独〕Hausbacken Brot am besten nährt.（同上）

〔独〕Besser eigenes Brot als fremder Braten.
（自分で焼いたパンの方が他人の焼いた肉よりうまい。）

〔独〕Fremdes Brot – herbes Brot.（外国のパンはハーブくさい。）

〔英〕One's home is one's capital.（わが家は都。）

〔英〕The capital is where one lives.（同上）

〔英〕A man's house is his castle.（わが家は城。）

〔英〕My house is my castle.（同上）

〔英〕Be it ever so humble, there is no place like home.
（たとえどんなに質素でもわが家に優る場所はない。）

〔英〕East, (and) West, home's best.（西へ行こうと東へ行こうと、自分の家が一番。）

〔英〕Home is where the heart is.（家はわが心の棲家。）

〔英〕Every bird likes its own nest best.（鳥にとっては自分の巣が一番。）

〔英〕Every bird is pleased with his own nest.（同上）

〔英〕Every bird thinks his own nest the fairest.（同上）

〔英〕The bird loves his [her] nest.（同上）

〔英〕To every bird its own nest is charming.（同上）

〔英〕To every bird his own nest is best.（同上）

〔英〕There's no place like home.（わが家に優る場所はない。）

第5節　よい隣人、悪い隣人

〔伊〕Chi ha il buon vicino, ha il buon mattutino [mattino].
（良き隣人を持つ人は良き朝を迎える。）

〔伊〕Chi ha il mal vicino, ha il mal mattutino.（悪しき隣人を持つ人は悪しき朝を迎える。）

〔独〕Wer gute Nachbarn hat, bekommt einen guten Morgen.
（良き隣人を持つ人は良き朝を迎える。）

〔独〕Ein guter Nachbar ist ein edel Kleinod.（隣人に愛される者は幸いである。）

〔独〕Böser Nachbar, täglich .（悪しき隣人を持つ人はたいてい悪しき朝を迎える。）

〔英〕He that has a good neighbour has a good morrow.（良き隣人を持つ人は良き明日を迎える。）

〔英〕A good neighbour, a good morrow.（同上）

〔英〕You must ask your neighbour if you shall live in peace.
（あなたが安らかな生活を送れているかどうか、あなたの隣人に訊ねてみなさい。）

〔英〕 All is well with him, who is beloved of his neighbour.（隣人に愛される者は幸いである。）

〔英〕 He that has an ill neighbour has oftentimes an ill morning.
（悪しき隣人を持つ人はたいてい悪しき朝を迎える。）

〔英〕 A bad neighbour is as great a misfortune as a good is a great blessing.
（悪しき隣人は大きな災いであり、よき隣人は神の祝福である。）

〔英・参〕 Good fences make good neighbours.（よい垣根がよい隣人をつくる。）

〔英・参〕 Love your neighbour, yet pull not down your fence.
（隣人を愛せよ、但し垣根は取り壊すな。）

〔英・参〕 A hedge between keeps friendship green.（間の垣根は友情を新鮮に保つ。）

第6節　よそが良くみえる

〔伊〕 L'erba del vicino è sempre più verde.（隣の家の芝生はいつも青い。）

〔伊〕 La moglie altrui è sempre più bella.（他人の妻はもっと美しい。）

〔伊〕 La gallina del vicino par un'oca.　*parare ＝ sembrare のようにみえる
（隣家のめんどりはガチョウに見える。）

〔独〕 Fremde Brot schmeckt wohl.（珍しいパンはうまい。）

〔独〕 Fremdes Brot ist den Kindern Semmel.
（珍しいパンは子供にとっては上等な小さな丸いパン同然。）

〔独〕 Anderer Leute Kühe haben immer größere Euter.
（隣家の雌牛はうちのより乳をよく出す。）

〔英〕 Our neighbour's ground yields better corn than our own.
（隣のトウモロコシ畑はうちより出来がいい。）

〔英〕 My neighbour's goat gives more milk than mine.（隣家のヤギはうちのより乳をよく出す。）

〔英〕 My neighbour's hen lays more eggs than mine.
（隣家のめんどりはうちのよりタマゴをよく産む。）

〔英〕 The neighbour's hen lays the largest eggs.（隣家のめんどりはでっかいタマゴを産む。）

〔英〕 Our neighbour's hen seems a goose.（隣家のめんどりはガチョウに見える。）

〔英〕 He esteems each man's birds and jewels better than his own.
（彼には他人の鳥や宝石が自分のよりもよく映る。）

〔英〕 The grass is always greener on the other side of the fence.
（垣根の向こうの芝生はいつも青い。）

〔英・参〕 Look at [on] the bright side.（光のあたる方を見よ。）

第7節　強いものが弱いものを食う

〔伊〕Il pesce grosso mangia il piccolo.　*mangiare 3 単現直　（大魚が小魚を食う。）
〔伊〕I pesci grossi mangiano i piccioni. *mangiare 3 複現直　（大魚はハトをも食う。）
〔伊〕I ladri grandi fanno impiccare i piccoli.　*fare 3 複現直
　　（大泥棒はコソ泥を吊るし首にする。）
〔独〕Die großen Fische fressen die kleinen.（大魚が小魚を食う。）
〔独〕Ein Mensch ist des anderen Wolf.（一人の人間が他人には狼。）
〔独〕Der schwächste muß das Kreuz tragen.（弱者が十字架を背負う。）
〔英〕The great fish eat the small.（大魚が小魚を食う。）
〔英〕Men are like fish : the great ones devour the small.
　　（人間は魚と同じだ。小が大の餌食となる。）
〔英〕The rich devour the poor, the strong the weak.（富者が貧者を、強者が弱者を食らう。）
〔英〕The weakest goes to the wall.　*go to the wall 負ける
　　（最も弱いものが壁ぎわへ追いやられる。——優勝劣敗の世の中だ）

第8節　憎まれっ子はどうする、雑草は良く育つ

〔伊〕L'erba cattiva cresce in fretta.　*crescere 3 単現直　（雑草は早く茂る。）
〔伊〕La cattiva erba cresce presto.（同上）
〔伊〕La malerba cresce presto.（同上）
〔伊〕Cresce come la malerba.（雑草のように育つ。）
〔伊〕La malerba non si spegne mai.　*spegnere 3 単現直　（雑草は決して枯れない。）
〔伊〕La malerba non muore mai.（同上）
〔伊〕L'erba cattiva non muore mai.（同上）
〔伊〕Il mondo è dei furbi.（世の中は悪賢い者ばかり。）
〔伊〕Morte desiderata, lunga vita.（死にたがる者ほど長生きする。）
〔独〕Je böser der Mensch, je größer das Glück.（悪人ほど悪運に恵まれる。）
〔独〕Je ärger der Schelm, je besser das Glück.（いたずら者の方が運が良い。）
〔独〕Je ärger Schalk, je besser Glück.（同上）
〔独〕Je ärger Strick, je größer Glück.（同上）
〔独〕Je schwächer der Bettler, je starker die Krücke.
　　（弱い乞食の方が強い松葉杖を持っている。）

〔独〕Böses Kraut wächst bald. *wachsen 2, 3 単現直（雑草はたちまちはびこる。）

〔独〕Unkraut verdirbt [vergeht] nicht. *verderben 3 単現直（雑草は決して枯れない。）

〔英〕The devil's child the devil's luck.

　　　（悪魔の子供は悪魔の幸運を持つ。―憎まれっ子世に憚る）

〔英〕An ill weed grows apace.（雑草はたちまちはびこる。）

〔英〕Ill weeds grow apace.（同上）

〔英〕Ill weeds grow fast [well].（同上）

〔英〕Evil weed is soon grown.（同上）

〔英〕Weeds never die.（雑草は決して枯れない。）

〔英〕The weeds overgrow the corn.（雑草はトウモロコシよりよく茂る。）

〔英〕The more wicked, the more fortunate [lucky].（悪人ほど悪運に恵まれる。）

〔英〕Threatened folks live long.（死に脅かされている人は長生きする。）

第9節　火と煙――原因と結果

〔伊〕Non c'è fumo senza fuoco.（火のないところに煙は立たぬ。）

〔伊〕Dove c'è fumo c'è fuoco.（煙のあるところに火あり。）

〔伊〕Non c'è fumo senza arrosto.（煙を出さずに肉は焼けない。）

〔伊〕Non c'è effetto senza causa.（原因のない結果はない。）

〔独〕Kein Rauch ohne Feuer.（火のないところに煙なし。）

〔独〕Kein Rauch ohne Flamme.（同上）

〔独〕Wo Rauch ist, da ist auch Feuer.（同上）

〔独〕Ohne Feuer auch kein Rauch.（煙のあるところに火あり。）

〔独〕Wo Rauch aufgeht, muß Feuer sein. *aufgehen 3 単現　（同上）

〔独〕Wo Feuer ist, da ist auch Rauch.（同上）

〔独〕Wo Holz gehauen wird, da fallen Späne.　*hauen 過分（木を切る場所には木屑がある。）

〔独〕Wo man Holz haut, fallen Späne.（同上）

〔独〕Wer viel schnitzt, macht viel Späne. *schnitzen 3 単現直　（同上）

〔独〕Wo gehobelt wird, [da]fallen Späne. *hobeln 3 単現直（かんなを使う場所には木屑がある。）

〔独〕Wo Frösche sind, da sind auch Störche.（カエルが居る場所にはコウノトリがいる。）

〔独〕Alles hat seine Ursache.（すべてには原因がある。）

〔独・参〕Kleine Ursache, große Wirkungen.（小さな原因、大きな影響。）

〔独・参〕Kleine Wirkung ohne Ursache.（原因がなければ影響は起きない。）

〔独〕Jedes Darum hat sein Warum. (すべてに訳がある。)

〔独〕Jedes Warum hat sein Darum. (すべてになぜと故にがある。)

〔英〕Make no fire, raise no smoke. (火のないところに煙は立たぬ。)

〔英〕No fire without smoke. (煙のあるところに火あり。)

〔英〕There is no fire without smoke. (同上)

〔英〕No smoke without some fire. (火のないところに煙なし。)

〔英〕There is no smoke without fire. (同上)

〔英〕No smoke, no fire. (同上)

〔英〕No smoke without fire. (同上)

〔英〕Where there is smoke, there is fire. (煙のあるところに火あり。)

〔英〕It never smokes but there's fire. (火のないところに煙なし。)

〔英〕Where bees are there is honey. (ミツバチのいるところには蜜がある。)

〔英〕Where there are reeds, there is water. (葦の生えるところには水がある。)

第10節 覆水盆に返らず——終わってしまったこと

〔伊〕Inutile piangere sul latte versato. *piangere 3単現直 **versare 過分
(こぼれたミルクを嘆いても仕方がない。—覆水盆に返らず)

〔伊〕Parola detta e sasso tirato non torna indietro. *tirare 過分 **tornare 3単現直
(口から出た言葉と投げた石は元には戻らない。)

〔伊〕Parola detta e sasso tirato non fu più suo. (同上)

〔伊〕Acqua passata non macina più. *passare 過分 ** macinare 3単現直
(流れ去った水ではもう粉ひきはできない。)

〔伊〕Chi s'è visto s'è visto. (後はどうなろうと知ったものか。)

〔独〕Geschehen ist geschehen. (起きてしまったは、すんだこと。)

〔独〕Geschehene Dinge sind nicht zu ändern. *ändern 1, 3複現直
(起きてしまったは変えることができない。)

〔独〕Das geschehene [Geschehenes] kann man nicht ungeschehen machen.
(すんでしまったことは元には戻せない。)

〔独〕Zu geschehenen Dingen rede das Beste. *reden 1単現直 (過去のことは良く言え。)

〔独〕Verloren ist verloren. *verlieren 過分 (失ったものは失った。)

〔独〕Vorbei ist vorbei. (過ぎ去ったことはすんだこと。)

〔独〕Getan ist getan. *tun 過分 (起きたことはすんだこと。)

〔独〕 Hin ist hin.（終わったことは終わったこと。）
　　　　　終わって
〔独〕 Futsch ist futsch.（壊れたものは壊れた。）
　　　　　なくなった
〔独〕 Verletztes Glück kehrt nicht *wieder.　*wiederkehren 3 単現直
　　　　　失われた　　帰ってくる*
　　（失った幸福は二度と戻ってこない。）
〔独〕 Aus gebackenen [ungelegten] Eiern schlüpft, kein Hünchen.
　　　　　　焼かれた　　　　　　　　　　　孵化する
　　（焼いた卵から雛はかえらない。）
〔英〕 There is no use crying over spilled milk.　*〔米〕＝ spilt〔英〕
　　　　　　　　　　　　　　　　　こぼれた*
　　（こぼれたミルクを嘆いても仕方がない。）
〔英〕 It is no use crying over spilt milk.（同上）
〔英〕 It is useless to cry over spilt milk.（同上）
〔英〕 Don't cry over spilt milk.（同上）
〔英〕 No weeping for shed milk.（同上）
〔英〕 What's done cannot be undone.（すんでしまったことは元には戻せない。）
〔英〕 Things done cannot be undone.（同上）
〔英〕 Things past cannot be recalled.（同上）
〔英〕 A word spoken is past recalling.（口から出た言葉は取り戻せない。）
〔英〕 Lost happiness never returns.（失った幸福は二度と戻ってこない。）
〔英〕 A mill cannot grind with the water that is past.
　　（流れ去った水ではもう粉ひきはできない。）
〔英〕 Glass, china and reputation are easily cracked and never well mended.
　　　　　　　陶器　　　評判　　　　　　　　壊れた　　　　　　　治す
　　（ガラスと陶器と評判は簡単に壊れて二度と修復することはできない。）
〔英〕 Let bygones be bygones.（すんだことはすんだこと。）

第11節　悪事は露見し、真実がわかる

〔伊〕 La verità viene sempre a galla.　*venire 3 単現直　（真実はいつも明らかになる。）
　　　　　真実　　来る*　　　　　泡(浮くもの)
〔伊〕 La verità può languire, ma non perire.
　　　　　　　　　衰える　　　　滅びる
　　（真実は衰えることはあっても滅びることはない。）
〔伊〕 L'olio e la verità tornano alla sommità.　*tornare 3 複現直
　　　　　油　　　　　　もどる*　　　頂上, 上
　　（油と真実は浮き上がってくる。）
〔伊〕 Tutti i nodi vengono al pettine.　*venire 3 複現直
　　　　　　　結び　ひっかかる*　　筬(おさ)
　　（糸のもつれは必ず筬にひっかかる。―悪事はいずれ露見する）
　　　　　　　　　　　　おさ
〔伊〕 Ciò che neve chiude, sole apre.（雪が閉じ込めるものは太陽が開け放つ。）
　　　　　　　　　閉じる　　　　開ける

〔伊〕La neve si strugge e le immondezze si scoprono.
　　*struggere 3 単現直　**scorpire 3 複現直　（雪が融け、ごみが姿を見せる。）

〔独〕Kein Laster ist ohne Strafe.（裁かれない罪は無い。）

〔独〕Die Sonne bringt es an den Tag.（太陽が見せてくれる。）

〔独〕Es kommt alles an den Tag, was man unterm Schnee verbirgt.
　　（白雪の下の汚れは太陽が暴く。）

〔独〕Es ist nichts so fein gesponnen, es kommt doch [endlich] an die Sonnen [ans Licht der Sonnen].（解らなくなるほどよく編まれたもの〈嘘〉などありえない、いずれは表面化する。）

〔独〕Gottes Mühlen mahlen langsam, aber sicher [fein].
　　（天の水車の粉ひきはゆっくりだがよく挽く。―天網恢疎にして漏らさず）

〔独〕Gott ist ein langer Borger, aber ein sicherer Zähler.
　　（神は長いこと貸してくれるが、見返りを必ず待っている。）

〔独〕Was Gott spart in die Länge, das straft er mit Strenge.（天罰は遅くても必ずくる。）

〔独〕Der Krug geht so lange zu Wasser, bis er [zer] bricht. *zerbrechen 3 単現直
　　（壺が壊れるまで水をためる。）

〔英〕God's mill grinds slow but sure.
　　（天の水車の粉ひきはゆっくりだがよく挽く。―天網恢疎にして漏らさず）

〔英〕God's mill grinds slowly, but better is his bran.（同上）

〔英〕God's mill goes slowly, but it grinds well.（同上）

〔英〕The mills of the gods grinds late, but it grinds fine.（同上）

〔英〕Though the mills of God grind slowly, yet they grind exceedingly small.（同上）

〔英〕God stays long but strikes at last.（天は長く留まり給うが終には手を下される。）

〔英〕God comes with leaden feet, but strikes with iron hand.
　　（天は鉛の足でやって来るが鉄の腕で手を下す。）

〔英〕Heaven's vengeance is slow but sure.（天罰は遅くても必ずくる。）

〔英〕Divine vengeance comes not in haste.（同上）

〔英〕Vengeance comes slowly but surely.（同上）

〔英〕No sin is so close but may be detected.（悪事は目につかないが見られている。）

〔英〕Murder will come out.（人殺しはいずればれる。）

〔英〕Murder cannot be hid.（同上）

〔英〕Punishment is lame, but it comes.（罰は足が不自由だがいずれ訪れる。）

〔英〕The filth under the white snow, the sun discovers.（白雪の下の汚れは太陽が暴く。）

第12節　嘘をつけばどうなる、方便もある

〔伊〕Chi è bugiardo è ladro.（うそつきは泥棒の始まり。）

〔伊〕Il bugiardo deve [vuole] avere buona memoria.　*dovere 3 単現直
（うそつきは記憶がよくなければいけない〈よくあって欲しいと思う〉。）

〔伊〕Il bugiardo anche se dice la verità, non viene creduto.　*dire 3 単現直　**venire 3 単現直
（うそつきは本当のことを言っても信じてもらえない。）

〔伊〕Al bugiardo non è creduto il vero.　*credere 過分　（同上）

〔伊〕Fai parlare un bugiardo, e l'hai colto.　*fare 2 単現直　**avere 2 単現直
（うそつきにしゃべらせたら嘘がわかる。）

〔伊〕Una bugia ne tira dieci.　*tirare 3 単現直　（一つの嘘は10の嘘につながる。）

〔伊〕Le bugie hanno le gambe corte.　*avere 3 複現直　（嘘の足は短い。―悪事千里を走る）

〔伊〕Burlando si dice il vero.　*burlare ジェ　（真実は冗談で語られる。）

〔伊〕Chi assai ciarla, spesso falla.（おしゃべりが過ぎると口を滑らすことになる。）

〔独〕Ein Lügner muß ein gut [es] Gedächtnis haben.
（うそつきは記憶がよくなければいけない。）

〔独〕Lügner brauchen ein gutes Gedächtnis.（同上）

〔独〕Einem Lügner traut man nicht, wenn er auch die Wahrheit spricht.
　　　*trauen 3 単現直　**sprechen 3 単現直　（うそつきは真実を求める時には信じてもらえない。）

〔独〕Zeige mir einen Lügner, so zeige ich dir einen Dieb.
（うそつきを見せてみろ。泥棒を見せてやるから）

〔独〕Junger Lügner, alter Dieb.（若くて嘘つきは老いて泥棒。―嘘つきは泥棒の始まり）

〔独〕Die Lüge des Lebens.（人生の嘘。）

〔独〕Sich ins einige Lügengewebe entwickeln（一つの嘘がたくさんの嘘を生む。）

〔独〕Wer einmal lügt, dem glaubt man nicht, und wenn er auch die Wahrheit spricht.（うそつきは真実を求める時には信じてもらえない。）

〔独〕Lügen haben kürze Beine.（嘘の足は短い。―悪事千里を走る）

〔独〕Lug und Trug ist der Welt Acker und Pflug.（世渡りの道。）

〔独〕Eine Lüge schleppt zehn andere nach sich.　*schleppen 3 単現直
（一つの嘘がたくさんの嘘を生む。）

〔独〕Aus der Ferne ist gut lügen.（遠くから嘘をつくのは容易い。）

〔独〕Aus der Ferne lügt man gern.（同上）

〔独〕Wer scherzt, der beichtet.（冗談を言うものは自白する。）

〔独〕 Aus Scherz kann leicht Ernst werden.（冗談が深刻になるには時間がかからない。）
〔独〕 Aus Spaß wird oft（leicht）Ernst.（おふざけが論争になることもある。）
〔独〕 Wer lügt, der stiehlt（auch）. *stehlen 3 単現直
　　　（うそつきと泥棒は仲が良い。―うそつきは泥棒の始まり）
〔英〕 A liar should have a good memory.（うそつきは記憶がよくなければいけない。）
〔英〕 Lies have short wings [legs].（嘘の羽〈足〉は短い。―悪事千里を走る）
〔英〕 A lie has no leg, but a scandal has wings.（嘘に足はないが醜聞には羽がある。）
〔英〕 Though a lie be well dressed, it is ever overcome.
　　　（如何に取り繕っても嘘はやがて化けの皮がはがれる。）
〔英〕 A liar is not believed when he speaks the truth.
　　　（うそつきは本当のことを言っても信じてもらえない。）
〔英〕 Complimenting is lying.（お世辞とは嘘のこと。）
〔英〕 They say so is half a lie [liar].（皆がそう言うは半分嘘。）
〔英〕 They say is half a lie.（同上）
〔英〕 He that will lie will steal.（うそつきは泥棒の始まり。）
〔英〕 Show me a liar, and I'll show you a thief.（うそつきを見せてみろ、泥棒を見せてやるから。）
〔英〕 Lying and stealing are next door neighbours.
　　　（うそつきと泥棒は隣家の住人。―うそつきは泥棒の始まり）
〔英〕 Lying and thieving go together.（うそつきと泥棒は仲が良い。―うそつきは泥棒の始まり）
〔英〕 One lie makes many.（一つの嘘がたくさんの嘘を生む。）
〔英〕 A lie begets a lie.（嘘が嘘を呼ぶ。）
〔英〕 One lie needs seven（lies）to wait on it.（一つの嘘に七つの嘘が必要になる。）
〔英〕 A white lie, a black lie.（悪意のない嘘と悪意のある嘘。）
〔英〕 Many a true word is spoken in jest.（多くの真実が冗談で語られる。）
〔英〕 He that cannot dissemble knows not how to live [rule].
　　　（嘘のつけない人は生きる術を知らないということ。）
〔英〕 A lie needs twenty more to drop it.（一つの嘘にはあと20の嘘が要る。）

（嘘も方便）

〔伊〕 A volte le menzogne sono utili.（時には嘘も役に立つ。）
〔伊〕 Il fine giustifica i mezzi.（目的は手段を正当化する。）
〔伊〕 Chi non sa fingere, non sa regnare.（嘘のつけない人は生きる術を知らないということ。）
〔独〕 Man darf nicht immer die Wahrheit sagen.（誰も真実を言うべきでは無い。）

〔独〕In der Not ist die Lüge erlaubt. *erlauben 3 単現直　（必要な時は嘘が許される。）
〔独〕Der Zweck heiligt die Mittel. *heiligen 3 単現直　（目的が必要性を正当化する。）
〔独〕Eine Notlüge schadet nicht. *schaden 3 単現直　（必要な嘘は無害である。）
〔英〕A necessary lie is harmless.（必要な嘘は無害である。）
〔英〕A lie does good how little a while soever it be believed.
　　（嘘は信じられる時間がどんなに短かろうと役に立つものだ。）
〔英〕The end justifies the means.（目的は手段を正当化する。）

第13節　不正な金銭の入手と支出

〔伊〕I beni mal acquistati non arricchiscono.　*arricchire 3 複現直
　　（不正に手に入れた財産では豊かにならない。―悪銭身につかず）
〔伊〕La roba mal acquistati non arricchiscono.（同上）
〔伊〕Quel che vien di salti, va via di balzi.
　　（楽して手に入れたものはあっという間になくなる。）
〔伊〕Presto e bene, tardi avviene.　*avvenire 3 単現直
　　（てっとり早くやろうとしても結局は時間がかかるものだ。）
〔独〕Ein Dieb stiehlt sich selten reich.　*stehlen 3 単現直
　　（泥棒が金持ちになることはほぼ無い。）
〔独〕Böser Gewinn fährt bald *dahin.　*dahinfahren 3 単現直
　　（不正に手に入れた財産では豊かにならない。）
〔独〕Wie gewonnen, so zerronnen.　*gewinnen 過分　**zerrinnen 過分
　　（得たものは得たように流れ失なわれていく。）
〔独〕Übel gewonnen, übel zerronnen.（同上）
〔独〕Schlecht gewonnen, leicht verloren.　*verlieren 過分
　　（楽して手に入れたものは「あっ」という間になくなる。）
〔独〕Gestohlen Gut schmeckt niemals gut.　*schmecken 3 単現直
　　（盗んだ財貨はそれ相応の栄え方をする。）
〔独〕Unrecht Gut gedeihet nicht [tut selten gut].　*gedeihen 3 単現直　（不正は栄えない。）
〔独〕Unrecht Gut hat kurze Währ, der dritte Erbe sieht's nicht mehr.
　　*sehen 3 単現直　（不正に手に入れたものは後継者に譲れない。）
〔独〕Unrecht Gut kommt selten auf den dritten Erben.（同上）
〔英〕Evil gotten goods never prove well.（不正に手に入れたものは良い結果を生まない。）

〔英〕Evil gotten, evil spent. （あぶく銭はあぶくのようになくなる。）

〔英〕Evil gotten, worse spent [kept]. （同上）

〔英〕Ill gotten [got] ill gone [spent]. （同上）

〔英〕Goods ill gotten are commonly ill spent. （同上）

〔英〕Ill gotten goods never prosper. （不正に手に入れた財産では豊かにならない。）

〔英〕Ill gotten goods thrive not to the third heir.
　　　（不正に得た財産は三代目の相続人までは伝わる事は無い。）

〔英〕Ill gotten goods thrive not to enrich the third heir. （同上）

〔英〕Easy gotten goods are soon spent. （楽して手に入れたものはあっという間になくなる。）

〔英〕Soon gotten, soon spent. （同上）

〔英〕So gotten [got], so spent [gone]. （同上）

〔英〕Lightly gained, lightly lost. （同上）

〔英〕Lightly [Light] come, lightly [light] go. （同上）

〔英〕Easy come, easy go. （同上）

〔英〕Quickly come, quickly go. （同上）

〔英〕Stolen goods thrive accordingly. （盗んだ財貨はそれ相応の栄え方をする。）

〔英〕What comes over the devil's back will go away under his belly.
　　　（悪魔の背中に乗ってきたものは悪魔の尻の下に消えてしまう。）

第14節　備えあれば…

〔伊〕Uomo avvisato è mezzo salvato.　*avvisare 過分 **salvare 過分
　　　（危険を予告された者は半分救われたようなもの。―助言には耳を貸せ）

〔伊〕Meglio prevedere che provvedere. （対策を打つより予防した方がよい。）

〔伊〕La buona cura scaccia la mala ventura.　*scacciare 3 単現直
　　　（入念な手入れは災いを駆逐する。）

〔伊〕Pensaci avanti [prima] per non pentirti poi. *pensare 3 単現直 **pentirsi 2 単現直
　　　（後で後悔しないために〈最初に〉先を考えよ。）

〔伊〕È bene premunire non si sa mai cosa può accadere.
　　　（何が起こるかわからないから備えておくことはよいことだ。）

〔伊〕I quattrini bianchi van serbati pei giorni neri.
　　　（黒い日〈災い〉のために白いお金を貯めておかないといけない。）

〔独〕Vorsicht ist besser als Nachsicht. （前もって用心しておくことは後の注意にもつながる。）

〔独〕Vorsicht ist die Mutter der Weisheit.（慎重は知恵の母。）

〔独〕Vorsorge ist besser als Nachsorge.（前もって用心しておくことは後の注意にもつながる。）

〔独〕Vorsorge verhütet Nachsorge. *verhüten 3 単現直　（治療より予防の方がよい。）

〔独〕Vorgesorgt ist halb getan.（予防はまだ仕事の半分である。）

〔独〕Besser vorbedacht als nachbedacht. *vorbedenken 過分 **nachbedenken 過分
（ことが起こる前の考えの方が、ことが起こった後に考えたことより良い。）

〔独〕Besser bewahrt als beklagt. *bewahren 3 単現直 **beklagen 3 単現直
（用心するほうが後悔するよりまし。）

〔独〕Lieber bewahrt als beklagt.（文句を言うより保存しろ。）

〔独〕Geht Überlegung vor, folgt keine Reue nach.
　　*vorgehen 3 単現直 **nachfolgen 3 単現直　（よく計画すれば後悔しない。）

〔独〕Vorgesehen ist besser als nachgesehen. *vorsehen 過分 **nachsehen 過分
（十分な用心は不幸〈災難〉を防ぐ。）

〔独〕Vorher gewarnt, vorher gewaffnet. *warnen 過分 **waffen 過分
（治療より予防の方がよい。）

〔独〕Spare in der Zeit, so hast du in der Not. *sparen 2 単命
（老齢と困窮に備えてできるうちに貯蓄をせよ。）

〔独〕Wer gut schmiert, der gut fährt. *schmieren 3 単現直　（潤滑油を使えばよく走る。）

〔独〕Habe Rat vor der Tat.（始める前に自分を問え。）

〔独〕Vorrede spart Nachrede.（前の説明が後の説明の邪魔をする。）

〔独〕Vorbeugen ist besser als Heilen.（治療より予防の方がよい。）

〔独〕Besser ist besser.（ましはまし。）

〔独〕Vorrat nimmer schadt. *schaden 3 単現直　（予備があるのはいつもよし。）

〔英〕Good watch prevents misfortune [harm].（十分な用心は不幸〈災難〉を防ぐ。）

〔英〕Prevention is better than cure.（治療より予防の方がよい。）

〔英〕Prevention is the better cure.（予防は最善の治療。）

〔英〕An ounce of prevention is worth a pound of cure.
　　（1オンスの予防は1ポンドの治療の値打ちがある。）

〔英〕Half-warned is half armed.（半分の警戒は半分の武装と同じこと。）

〔英〕Forewarned is forearmed.（あらかじめの警戒はあらかじめ武装と同じ。）

〔英〕Although [Though] the sun shines, leave not your cloak at home.
　　（日が照っていても、外套を家に置き忘れるな。）

〔英〕For age and want, save while you may.（老齢と困窮に備えてできるうちに貯蓄をせよ。）

- 〔英〕He is wise that is ware [wary] in time.（遅くなる前に用心しておく者は賢明である。）
- 〔英〕In wealth [weal] beware of woe．（蓄えのあるうちに災いの用心をしておけ。）
- 〔英〕It is good to fear the worst, the best will save itself.
  （最悪の場合を恐れることはよいことだ、最善の場合は何も問題ないのだから。）
- 〔英〕Keep something for the sore foot.（痛む足のために何かを用意しておけ。）
- 〔英〕Keep something for a rainy day.（雨の日の備えを怠るな。）
- 〔英〕Look before you leap.（跳ぶ前に見よ。）
- 〔英〕A danger foreseen is half avoided.（危険を予知することは半ば回避できたのと同じ。）
- 〔英〕Lock the stable door before the steed is stolen.（馬が盗まれる前に馬小屋の錠をかけろ。）

第15節　弘法も筆の誤り、上手も失敗する

- 〔伊〕Qualche volta anche Omero sonnecchia.（時にはホメロスも居眠りをする。）
- 〔伊〕Sonnecchia talvolta anche il buon Omero.（同上）
- 〔伊〕Non c'è sole senza ombra.（日陰のない日向はない。）
- 〔伊〕E cade anche un cavallo che ha quattro gambe.　　*cadere 3単現直
  （四つ足の馬でも転ぶ。）
- 〔伊〕Sbaglia il prete all'altare e il contadino all'aratro.
  （司祭が祭壇で説教を間違い、農夫が犂で失敗する。）
- 〔独〕Auch Homer schläft manchmal [einmal].　*schlafen 3単現直
  （時にはホメロスも居眠りをする。）
- 〔独〕Große Leute fehlen auch.（大きい人も過ちを犯す。）
- 〔独〕Auch der beste Mensch kann fehlen.（賢人も過ちを犯す。）
- 〔独〕Gute Schwimmer ertrinken gern.（よく泳ぐ者は水に溺れる。―河童の川流れ）
- 〔独〕Kluge Hühner legen sich auch in die Nesseln.（一番賢い鶏もイラクサに座る。）
- 〔独〕Der besten Katze kommt eine Maus hinaus.　*hinauskommen
  （一番賢い猫もネズミを逃す。）
- 〔独〕Es ist kein Fuhrmann so geschickt, dass er nichts umwerfen konnte.
  （何にもぶつからない運転手などいない。）
- 〔独〕Es ist kein Fuhrmann so geschickt er fährt bisweilen aus dem Gleise.
  *fahren 3単現直　（一番の運転手でさえ道を外す。）
- 〔英〕Even Homer sometimes nods.（時にはホメロスも居眠りをする。）
- 〔英〕Homer nods sometimes.（同上）

〔英〕The wisest man may be overseen.（非常に賢い人でも過誤に陥ることがある。）
〔英〕The wisest make mistakes.（賢人も過ちを犯す。）
〔英〕Even a priest may error at the altar.（司祭も祭壇で説教を間違うことがある。）
〔英〕Often a full dexterous smith forges a very weak knife.
　　（熟練の鍛冶屋でも、もろい短刀を造ることはよくある。）
〔英〕A good workman may miss.（腕の立つ職人もしそこなうことがある。）
〔英〕Good swimmers are oftenest drowned.（よく泳ぐ者は水に溺れる。―河童の川流れ）
〔英〕To err is human.（過つは人の性。）
〔英〕No man is infallible.（過ちを犯さない人間はいない。）
〔英〕No one is infallible here on earth.（同上）
〔英〕No man so discreet but that he may be overseen.
　　（分別のある人間でもだれでも過誤に陥ることがある。）
〔英〕The best cart may overthrow.（最良の馬車でも転覆することがある。）
〔英〕The best horse stumbles.（最良の馬でもつまづく。）
〔英〕It is a good horse that never stumbles.（どんなよい馬でもつまずくもの。）
〔英〕No horse is so well shod that it never slips.
　　（決して滑ることがないほどしっかり蹄鉄をつけた馬はいない。）
〔英〕There is none so wise but he is foolish at some time.
　　（どんな時でも常に賢いなどという人はいない。）

第16節　弘法は筆を選ぶか、下手の道具選び

〔伊〕Il buon calligrafo non dipende del buon pennello.　*dipendere 3単現直
　　（優れた能書家はペンの良し悪しに頼らない。）
〔伊〕Ai cattivi marinai tutti i venti sono contrari.
　　（へぼ水夫にはすべての風が逆風である。）
〔独〕In kräftiger Hand ist jede Waffe gut.（強い人にはどの武器も優れている。）
〔独〕Ein geschickter Handwerker kommt mit jedem Werkzeug zurecht.
　　*zurechtkommen（腕の良い職人はどんな道具を使っても良いものを作る。）
〔独〕Ein schlechter Handwerker schimpft [immer] auf sein Werkzeug.
　　（腕の悪い職人〈大工〉は失敗を道具のせいにする。）
〔独〕Schlechte Arbeiter klagen über ihre Wirkung.（悪い労働者は原因を攻める。）

〔独〕Wenn der Schreiber nichts taugt, ist die Feder．　＊taugen 3単2複現直
　　（字が汚いのを羽ペンのせいにする。）

〔英〕The cunning mason works with any stone.（熟練した石工はどんな石でも仕事をする。）

〔英〕He is an ill mason that refuses any stone.
　　（腕の立たない石工はどんな石でもだめだという。）

〔英〕There's many a good tune played on an old fiddle.
　　（古いバイオリンでもよい曲が多く弾ける。）

〔英〕A bad carpenter quarrels with his tools.（腕の悪い大工は失敗を道具のせいにする。）

〔英〕Bad workmen find fault with their tools.（腕の悪い職人は失敗を道具のせいにする。）

〔英〕A bad workman quarrels with his tools.（同上）

〔英〕An ill labourer quarrels with his tools.（同上）

〔英〕A bad workman always blames his tools.（同上）

〔英〕Bad workmen blame their tools.（同上）

〔英〕A bad workman never gets a good tool.（同上）

〔英〕Never had an ill workman good tools.（同上）

〔英〕A bad shearer never had a good sickle.
　　（刈り入れの下手な者はよく切れる鎌を持ったためしがない。）

〔英〕An ill shearer never got a good hook.（同上）

〔英〕A bungler cannot find good tools.（不器用は立派な道具もだめだという。）

〔英〕A bungler cannot fit himself with good tools.（同上）

第17節　旅先の友人、共存共栄

〔伊〕In viaggio si considera compagna, nella vita la pietà.　＊considerare 3単現直
　　（旅には道連れ、人生には敬愛の情。―旅は道連れ、世は情け）

〔伊〕In viaggio è necessaria una compagna, nella vita la pieta degli uomini.（同上）

〔伊〕Una mano lava l'altra e tutte e due lavano il viso [muso].
　　＊lavare 3単現直　＊＊lavare 3複現直　（片方の手はもう片方を洗い、両手は顔を洗う。）

〔独〕Auf der Reise einen Gefährten in der Welt Mitgefühl.
　　（旅には道連れ、人生には敬愛の情。―旅は道連れ、世は情け）

〔独〕Ein gutes Gespräch verkürzt den Weg.（よい道連れがいれば長い旅も短くなる。）

〔独〕Man muß leben und leben lassen.（生きて生かせよ。）

〔独〕Ein Eisen macht das andere scharf.（鉄はお互いを研ぐ。）

〔独〕Ein Messer wetzt das andere. *wetzen 3単現直　（ナイフはお互いを研ぐ。）
〔独〕Eine Hand wäscht die andere. *waschen 3単現直　（片方の手はもう片方の手を洗う。）
〔独〕Eine Kuh leckt die andere. *lecken 3単現直　（牛はお互いを舐める。）
〔英〕On a journey, a fellow traveller, in life sympathies.
　　（旅には道連れ、人生には敬愛の情。―旅は道連れ、世は情け）
〔英〕The best thing in travelling is a companion; in the world, kindness.（同上）
〔英〕A cheerful companion is as good as coach.（愉快な道連れは馬車と同じように有難い。）
〔英〕A merry companion is a wagon in the way.（同上）
〔英〕No road is long with good company.（よい道連れがいれば行く旅も長くはない。）
〔英〕Good company makes short miles.（同上）
〔英〕Company in distress makes sorrow [trouble] less.（共に悩む人があれば苦しみも和らぐ。）
〔英〕The great and little have need of one another.（大と小は互いが互いを必要とする。）
〔英〕Sweet discourse makes short days and nights.（楽しいおしゃべりは一日を短くする。）
〔英〕One hand washes the other, and both the face.（片方の手はもう片方を洗う。）
〔英〕Give and take is fair play.（与え、受け取るのがフェアプレー。―持ちつ持たれつ）
〔英〕Live and let live.（自分も生き、他人も生かせよ。）

第18節　情は人のためならず→自分のため

〔伊〕Piacer fatto non va perduto. *perdere 過分　（施した親切は忘れられてはいけない。）
〔伊〕Un' opera buona non è mai sprecata. *sprecare 3単現直
　　（よい仕事は無駄にされることは決してない。）
〔伊〕Fa il dovere e non temere. *fare il (proprio) dovere（自分の）義務を果たす
　　（恐れずにやるべきことをやれ。）
〔独〕Guter Dienst bleibt unverloren.（他人に施すものは自らに施すことになる。）
〔独〕Wohltun trägt [bringt] Zinsen. *tragen 3単現直
　　（一つの親切〈善行〉はもう一つの親切〈善行〉に値する。）
〔独〕Die Wohltat fließt auf den Wohltäter zurück. *zurückfließen 3単現直
　　（他者への善は己のため。）
〔独〕Almosengeben armet nicht.（施しをする者は何も失わない。）
〔独〕Der verliert sein Almosen nicht, der es seinen Schweinen gibt. *geben 3単現直
　　（豚にえさを与える者は施し物を失わない。）

〔独〕Einen Dienst [Gefälligkeit] ist der anderen Wert.
　　（一つの親切〈善行〉はもう一つの親切〈善行〉に値する。）

〔独〕Eine Ehre [Liebe] ist der anderen Wert.（栄誉あることをした者は、皆から栄誉を受ける。）

〔独〕Wohltaten schreibt man nicht in den Kalender.
　　（良い行いを自らカレンダーにのせるものはない。）

〔独〕Tue Recht und scheue Niemand.（恥ずかしからず良いことを行え。）

〔英〕He who gives to another bestows on himself.（他人に施すものは自らに施すことになる。）

〔英〕He that pities another remembers himself.（同上）

〔英〕One kindness is the price of another.（一つの親切はもう一つの親切に値する。）

〔英〕One good turn deserves another.（一つの善行はもう一つの善行に値する。）

〔英〕Do good: thou doest it for thyself. *do（古）2単現　（汝自身のために善きことを行え。）

〔英〕Do good if you expect to receive it.（人によくしてもらいたければ自分がよいことをせよ。）

〔英〕Do well and dread no shame.（恥ずかしがることなくよいことを行え。）

〔英〕The charitable give out at the door and God puts in at the window.
　　（慈善者は施しを戸口の外に置き、天はそれを窓から戻す。）

〔英〕The charitable men lose nothing.（慈善者は何も失わない。）

〔英〕He who gives to the poor lends to lords.（貧者への施しは天への貸し。）

〔英〕That which is given to the poor is lent to God.（同上）

〔英〕What bread men break is broken to them again.
　　（ちぎって与えるパンは自分のためにちぎること。）

〔英〕Mercy is for the merciful.（慈悲は慈悲深き者のためにある。）

〔英〕He benefits himself that doth good to others.（他者への善は己のため。）

〔英〕The most exquisite pleasure consists in promoting the pleasure of others.
　　（至上の喜びは他者を喜ばせることにある。）

〔英〕Do to others as you would be done by.（人にしてもらいたいことを自分も人にせよ。）

〔英〕Do to others as you would have others do to you.（同上）

第7章　健康・病気そして予防

第1節　健全な身体に宿る健全な精神

〔伊〕Mente sana in corpo sano.（健康な身体に健全な心。）
〔伊〕Corpo satollo anima consolata.（みなぎる身体に満たされた精神。）
〔独〕Gesunder Sinn in gesundem Leib.（健康な身体に健全な心。）
〔独〕Ein gesunder Geist in einem gesunden Körper.（健康な肉体に健全な精神。）
〔英〕A sound mind in a sound body.（健康な身体に健全な心。）
〔英〕A man of sound body and sound mind.（同上）
〔英〕Sound in body, sound in mind.（同上）
〔英〕A healthy mind in a healthy body.（同上）
〔英〕Healthy minds in healthy bodies.（同上）
〔英〕Health of body and mind（身体と精神の健康。）
〔英〕Health and cheerfulness mutually beget each other.
　　（健康と陽気さは互いが互いを作り出す。）
〔英〕Health does not consist with intemperance.（不摂生に健康はない。）
〔英・参〕A sickly body makes a sickly mind.（病んだ身体に病んだ精神。）

第2節　健康は富に勝る最高の財産

〔伊〕La maggior ricchezza che sia è la sanità.（この世の最高の富は健康である。）
〔伊〕La vera ricchezza è accontentarsi.（真の豊かさとは足るを知ることである。）
〔伊〕Chi si contenta gode.　*contentarsi 3単現直　**godere 3単現直
　　（足るを知る者は恵まれし者である。）
〔伊〕Chi è sano è da più del Sultano.　*dare 3単現直
　　（健康な者は王スルタンより恵まれている。）
〔伊〕Chi è sano è ricco.（健康な者は豊かである。）
〔伊〕Denari e sanità metà della metà.（金と健康は半分、半分。—どちらも無理）
〔伊〕Chi ha la sanita, è ricco e non lo sa.　*sapere 3単現直
　　（健康な者は豊かであるがそれを知らない。）

〔伊〕Il sano consiglia bene il malato.　*consigliare 3単現直
　　　　　　助言する*　　病気の
　　　（健康な者は病人に対するよき助言者である。）

〔伊〕Chi vuol vivere e star bene prenda il mondo come viene.
　　　　　欲する*　生きる　いる**　　受けとりなさい***　　　　来る****
　　　　*volere 3単現直　**stare 3単現直　***prendere 3単命　****veniere 3単現直
　　　（健康で長生きしたければ世の中をあるがままに受け止めなさい。）

〔独〕Gesundheit ist besser als Reichtum.（健康は富に優る。）
　　　健康　　　　　　　　　富

〔独〕Gesundheit geht über Reichtum.（同上）

〔独〕Gesundheit geht vor Reichtum.（同上）

〔独〕Gesundheit ist über Geld und Gut.（同上）

〔独〕Gesundheit geht allem andern vor.（同上）

〔独〕Gesundheit schätzt man erst, wenn man krank ist.　*schätzen 3単現直
　　　　　　　　評価する*
　　　（病気になって初めて健康の価値がわかる。）

〔独〕Gesundheit schätzt man erst, wenn man sie verloren hat.（同上）

〔独〕Gesundheit ist der größte Reichtum.（健康こそが幸福の本質である。）

〔独〕Gesundheit ist das höchste Gut.（健康は財産なり。）
　　　　　　　　　　　　　　財宝

〔独〕Gesundheit ist das beste Kapital.（健康は偉大な資本である。）
　　　　　　　　　　　　　　　資本

〔英〕Health is better than wealth.（健康は富に優る。）

〔英〕Good health is infinitely above wealth.（同上）

〔英〕Man's happiness lies not so much in wealth as in health.
　　　（健康ほどには富は人に幸福をもたらさない。）

〔英〕Wisdom is to the mind what health is to the body.
　　　（魂にとっての智恵は、体にとっての健康のようなものだ。）

〔英〕It is easy for a sound man to give counsel unto the sick.
　　　（健康な者は病人に対するよき助言者となれる。）

〔英〕The healthful man can give good counsel to the sick.（同上）

〔英〕Health does not consist with intemperance.（不摂生に健康はない。）
　　　　　　　　　　　　　　　　　不摂生

〔英〕Health is the very essence of happiness.（健康こそが幸福の本質である。）

〔英〕Without health, happiness is impossible.（健康なくして幸せはない。）

〔英〕Health is happiness.（健康は幸福なり。）

〔英〕Health is power.（健康は力なり。）

〔英〕Health is great riches.（健康は偉大な財産である。）

〔英〕Health and cheerfulness mutually beget each other.
　　　　　　　　　　　　　　　　　　　　　　招く
　　　（健康と陽気さは互いが互いを作り出す。）

〔英〕Health is not valued till sickness comes.（病気になって初めて健康の価値がわかる。）

〔英〕In sickness health is known.（同上）

〔英〕Nature is the best physician.（自然は最良の医者である。）

第3節　早寝早起きのすすめ

〔伊〕Presto a letto e presto alzato e l'uomo sano, ricco e fortunato.　*alzare 過分
　　（早寝早起きで人は健やか、豊かで幸せになる。）

〔伊〕Le ore del mattino hanno l'oro in bocca.
　　（朝の時間は口に金をくわえている。―早起きは三文の得）

〔伊〕Chi dorme non piglia pesci.　*pigliare 3単現直　（眠る者は魚を獲れない。）

〔独〕Früh zu Bett und früh aufstehen macht den Menschen gesund, reich und klug.
　　（早寝早起きで人は健やか、豊かで幸せになる。）

〔独〕Früh zu Bett, früh wieder auf, macht gesund und reich in Kauf.
　　（早寝早起きが健康と富をもたらす。）

〔独〕Früh zu Bett, früh auf der Reise, macht gesund, reich und weise.
　　（早寝早起きが健康、富と知恵をもたらす。）

〔独〕Früh ins Bett und früh heraus, frommt dem Leib, dem Geist und dem Haus.
　　（早寝早起きが、信心深い身体、心と家をもたらす。）

〔独〕Wer früh zu Bett geht und früh aufsteht, kennt keine Krankheit.
　　（早寝早起きは災い知らず。）

〔独〕Wer den Fuchs fangen will, muß mit den Hühnern aufstehen.
　　（狐を捕まえたければ鶏と共に目覚めよ。）

〔独〕Morgenstunde hat Gold im Munde.（朝の時間は金を口に運ぶ。―早起きは三文の得）

〔独〕Früh schlafen gehen früh aufstehen（早寝早起き。）

〔独〕Früh nieder und früh auf, verlängert deinen Lebenslauf.
　　（早寝早起きが長寿をもたらす。）

〔英〕Early to bed and early to rise makes a man healthy, wealthy and wise.
　　（早寝早起きで人は健やか、豊かで幸せになる。）

〔英〕Early to bed and early to rise is the way to be healthy, wealthy and wise.（同上）

〔英〕Early to bed and early to rise knows no illness.（早寝早起きは災い知らず。）

〔英〕An early riser is healthy and careful.（早起きは健康で注意深い。）

〔英〕Rise with the lark, and with the lark to bed.（ヒバリと共に目覚め、ヒバリと共に眠る。）

〔英〕The early bird catches the worm.（早起きの鳥は虫を捕まえる。―早起きは三文の得）

〔英〕The early birds pick up the worm.（同上）

〔英〕God helps the early riser.（天は早起きを助ける。）

〔英〕The cow that's first up, gets the first of the dew.
　　（朝一番に起きる牛は朝一番の露のしずくを味わえる。）

第4節　病気は治療より予防が大切

〔伊〕Meglio prevedere che provvedere.（対策より予防の方がよい。）

〔伊〕Il male previsto è mezza sanità.　*prevedere 過分
　　（予期された病気は半ば健康と同じ。―病を知れば癒ゆるに近し）

〔伊〕Chi conosce il proprio male è gran medico.　*conoscere 3単現直
　　（自分の病気を知る者は名医である。）

〔伊〕Quel che sarebbe grave fa pazienza lieve.　*essere 3単現条
　　（ことが深刻になると忍耐ができなくなる。）

〔伊〕Dove entra il sole, non entra il medico.（太陽が入るところには医者は入らない。）

〔伊・参〕A mali estremi, estremi rimedi.（ひどい病気には思い切った治療を。）

〔独〕Vorsicht ist besser als Nachsicht.（治療より予防の方がよい。）

〔独〕Vorsorge ist besser als Nachsorge.（同上）

〔独〕Vorsorge verhütet Nachsorge.　*verhüten 3単現直　（同上）

〔独〕Vorsicht ist die Mutter der Weisheit.（慎重は知恵の母。）

〔英〕Prevention is better than cure.（治療より予防の方がよい。）

〔英〕A disease known is half the cured.（病を知れば癒ゆるに近し。）

〔英〕To know the disease is half the cure.（同上）

〔英〕It is easy for a man in health to preach patience to the sick.
　　（健康な者が病人に忍耐を説くのはたやすい。）

〔英〕Caution is the parent of safety.（用心は安全の親である。）

第5節　良薬は口に苦い

〔伊〕La medicine buone sono amare.（よい薬は苦い。）

〔伊・参〕Buon vino fa buon sangue.（よいワインはよい血をつくる。）

〔独〕Bitter in Mund ist dem Magen gesund.（苦味は胃によい。）

〔独〕Bitter dem Mund, dem Magen gesund．（同上）

〔英〕Good medicine is bitter in [to] the mouth.（良薬口に苦し。）

〔英〕Good medicine tastes bitter to the mouth.（同上）

〔英〕Bitter pills may have wholesome effects.（苦い薬は健康によい効果がある。）

〔英〕Bitters do good to the stomach.（苦味は胃によい。）

〔英〕Unpleasant advice is a good medicine.（耳の痛い助言はよい薬だ。）

〔英〕Men take bitter potions for sweet health.（人は健康のために苦いものを食べる。）

〔英〕Temperance is the best physic.（摂生は最良の医者である。）

〔英・参〕No pain, no gain.（苦労なくして利益なし。）

〔英・参〕Advice is seldom welcome.（忠告はめったに歓迎されることはない。—良薬口に苦し）

〔英・参〕No cure, no pay.（不成功無報酬。）

〔英・参〕Abstinence is the best medicine.（節制は最良の医者である。）

第6節　毒をもって毒を制す

〔伊〕A estremi mali estremi rimedi.（ひどい病気には思い切った治療を。）
（極度の）

〔伊〕A mali estremi, estremi rimedi.（同上）

〔伊〕Diavolo scaccia diavolo.　　*scacciare 3 単現直
（悪魔）（追い出す）
（悪魔が別の悪魔を追い払う。—新たな心配でそれまでの心配が消える）

〔伊〕Un diavolo scaccia l'altro.（同上）

〔伊〕Chiodo scaccia chiodo.（釘が別の釘を追い払う。）
（釘）

〔伊〕Un chiodo scaccia l'altro.（同上）

〔伊〕C'è sempre qualcuno più in alto di noi.（上には上がいる。）

〔伊〕Con la pelle del cane si sana la morditura.（犬の毛皮で噛み癖を治す。）
（皮）（イヌ）（咬みつく癖のある）

〔伊〕A un furbo, un furbo e mezzo.（ずるい奴には1.5人分のずるさを。—上手を行け）
（ずるい人）

〔伊〕Per conoscere un furbo ci vuole un furbo e mezzo.
（ずるさを見分けるにはよりずるくあれ。）

〔独〕Gift mit Gift bekämpfen.（毒と毒が戦う。）

〔独〕Mit Dieben fängt man Diebe.（泥棒に泥棒を捕えさせる。—蛇の道は蛇）

〔独〕Man muß Böses mit Bösem vertreiben.
（悪魔は悪魔によって追い払われなければならない。）

〔独・参〕Wer Böses mit Bösem heilen will, der macht des Bösen noch so viel.
（悪と悪を戦わせたい者はより多くの悪を作る。）

〔独〕Ein Keil treibt den andern aus. *austreiben 3単現直
　　（くさびをたたけば、反対側を押し出せる。）
〔独〕Ein Nagel treibt den andern aus.（一つの釘が他の釘を出す。）
〔独〕Ein Teufel treibt den andern aus.（悪魔が別の悪魔を追い払う。）
〔独〕Ein Schalk kennt den andern.（愚か者は他の愚か者を知っている。）
〔独〕Auf einen Schelm gehören anderthalb [e].
　　（ならず者一人につき、あと半分のならず者がついてくる。）
〔独〕Schelm wider Schelm.（ならず者対ならず者。）
〔独〕Auf einen groben Klotz gehört ein grober Keil.（大きな木の塊には大きなくさびを。）
〔独〕Wer einen Bauer betrügen will, muß einen Bauer mitbringen.
　　（農夫をだますためには農夫を連れてこい。）
〔英〕Contraries cure contraries.
　　（相反するものが相反するものを療治する。―毒をもって毒を制す）
〔英〕Like cures like.（似たものが似たものを療治する。）
〔英〕Diamonds cut diamonds.（ダイアモンドがダイアモンドをカットする。）
〔英〕Danger itself the best remedy for danger.
　　（危険そのものが危険に対する最良の対策である。）
〔英〕To set a thief to catch a thief.（泥棒に泥棒を捕えさせる。―蛇の道は蛇）
〔英〕To fight fire with fire.（火には火をもって戦わせよ。）
〔英〕Evil must be driven out by evil. *drive 過分
　　（悪魔は悪魔によって追い払われなければならない。）
〔英〕Devils must be driven out by devils.（同上）
〔英〕One devil drives out another.（悪魔が別の悪魔を追い払う。）
〔英〕One nail drives out another.（釘が別の釘を追い払う。）
〔英〕Desperate diseases must have desperate remedies.
　　（重病には思い切った療法が必要だ。）
〔英〕A mad parish must have a mad priest.（気の狂った教区には気の狂った司祭が必要だ。）
〔英〕The smell of garlic takes away the smell of onions.
　　（ニンニクの匂いが玉ねぎの匂いを取り去る。）
〔英〕Those that are stung by the scorpion are healed by the scorpion.
　　（サソリに刺された者はサソリで治す。）
〔英〕To a crafty man, a crafty and a half.（ずるい奴には1.5人分のずるさを。）
〔英〕A hair of the same dog that bit you.（噛んだ犬と同じ犬の毛を。―二日酔いには迎え酒）

第7節 健康・病気と時

〔伊〕Il tempo è un gran medico.（時間は偉大な医者である。）
〔伊〕Il tempo è il miglior medico.（時間は最良の医者である。）
〔伊〕Il tempo guarisce ogni male. *guarire 3 単現直　（時間はあらゆる病気を療治する。）
〔伊〕Il tempo sana ogni cosa. *sanare 3 単現直　（時間はあらゆるものを療治する。）
〔伊〕Il tempo viene per chi lo sa aspettare.　*venire 3 単現直　**sapere 3 単現直
　　（時間は待つことのできる者にやってくる。）
〔独〕Die Zeit heilt alle Wunden.　*heilen 3 単現直　（時間はあらゆる傷を療治する。）
〔独〕Die Zeit ist der beste Arzt.（時間は一番の医者である。）
〔独〕Zeit ist des Zornes Arznei.（時が怒りを沈める。）
〔独〕Spare in der Zeit so hast du in der Not.
　　（節約できるときには節約し、必要な時に備えろ。）
〔独〕In einer Stunde heilt keine Wunde.（一時間で治る傷など無い。）
〔英〕Time cures every diseases.（時間はあらゆる病気〈もの〉を療治する。）
〔英〕Time cures all ills.（同上）
〔英〕Time cures all things.（同上）
〔英〕Time heals most trouble.（時間はほとんどの問題を解決する。）
〔英〕Time takes away grievances.（時間が不満の種を消し去る。）
〔英〕Time is a healer.（時間は治療師である。）
〔英〕Time is the great healer.（時間は偉大な治療師である。）
〔英〕Time is an herb that cures all diseases.（時間はあらゆる病を治す薬草である。）
〔英〕There is no ill but time may ease the smart.
　　（時が苦悩を癒してくれるから何も思い悩むことはない。）

第8節 健康についてあれこれ

〔伊〕Dove entra il sole, non entra il medico.（陽の光が入るところには医者は入らない。）
〔伊〕Bada alla tua salute.（健康に注意しなさい。）
〔伊〕Denari e sanità metà della metà.（金と健康は半分、半分。—どちらも無理）
〔伊〕Fuori il dente, via il male [il dolore].（虫歯を抜けば痛みも去る。）
〔伊〕Tromba di culo, sanità di corpo.（尻からのラッパは体の健康。）
〔伊〕Il riso fa buon sangue.（笑いはよい血を作る。—笑う門には福来たる）

〔伊〕Chi ha la sanità, è ricco e non lo sa.　*sapere 3単現直
　　　　　　　　　　　　　　　　　　知る*
　　（健康な者は豊かであるがそのことを知らない。）

〔独〕Wenn es am besten schmeckt, soll man aufhören.（美味すぎるものはやめろ。）
　　　　　　　　　　　　　　　　　　　　止める

〔独〕Für [Gegen] den Tod ist kein Kraut gewachsen.（死に効く薬草はない。）
　　　　　　　　　　　　　　　薬草

〔独〕Der Zetttel heilt die Krankheit nicht.（病を治す処方箋など無い。）
　　　伝票(処方箋)

〔独〕Mäßigkeit und Ruh' schließt dem Arzt die Tür zu.　*zuschließen 錠を閉める
　　（控えることと休息は医者の鍵を閉める。）

〔英〕Exercise is good for health.（運動は健康によい。）

〔英〕Nature is the best physician.（自然は最良の医師である。）

〔英〕Temperance is the best physic.（節制は最良の医師である。）

〔英〕People do not know the value of health till they lose it.
　　（健康の価値はそれを失うまでわからない。）

〔英〕You can place health among the greatest gifts of life.（健康は最も素晴らしい贈り物。）

〔英〕A merry heart lives long.（陽気な心は長生きの秘訣。）

〔英〕A merry heart maketh a long life.（同上）

〔英〕Cracked pots last longest.（欠けたポットは長持ちする。—どこかに病傷のある者は長生きする）

〔英〕Care is no cure.（治療しないことが治療となる。—心配につける薬なし）

〔英〕One man's meat is another man's poison.（ある人にとっての肉は別の人にとっての毒となる。）

〔英〕There is no medicine against death.（死に効く薬はない。）

〔英〕There is a remedy for everything but death.
　　（あらゆるものには治療法があるが死だけは別だ。）

第8章　食事・満腹そして空腹

第1節　しっかり食べていい仕事

〔伊〕Che è pigro a mangiare, è pigro a lavorare.（食べることに怠惰な者は仕事でも怠惰だ。）

〔伊〕La fame è una cattiva consigliera.
（空腹はできの悪い助言者だ。―腹が減っていてはろくな判断ができない）

〔伊〕Ventre digiuno non ode nessuno.　*udire 3単現直（断食中の腹は誰にも耳を貸さない。）

〔伊〕Sacco vuoto non sta in piedi.（空の袋は立たない。）

〔独〕Nach dem Essen sollst du stehen oder tausend Schritte gehen.
（食後は立ち上がるか千歩歩け。）

〔独〕Wie einer ißt, so arbeitet er auch.　*essen 3単現直　**arbeiten 3単現直
（その人の食べっぷりと働きぶりは同じ。―腹が減っては戦ができぬ）

〔独〕Wie beim Essen so bei der Arbeit.（食べ方は働き方を表す。―腹が減っては戦ができぬ）

〔独〕Erst der Magen, dann der Kragen.（まず胃袋、そして生活。）

〔英〕It is hard to labour with an empty belly.
（空腹で仕事をするのは難しい。―腹が減っては戦ができぬ）

〔英〕Stomach carries the feet.（胃が足を運ぶ。）

〔英〕The mill stands that wants water.（水のない水車は動かない。）

〔英〕Eat enough and it will make you wise.（たくさん食べろ、頭が冴えるから。）

〔英〕Bread is the stuff of life.（パンは命の糧。）

〔英〕An empty sack cannot stand upright.（空の袋は立たない。）

〔英〕Food is necessary for the substance of our life.
（食物は生命にとって欠くことのできないものである。）

第2節　働かざる者食うべからず

〔伊〕Chi non lavora non mangia.　*lavorare 3単現直　**mangiare 3単現直
（働かざる者食うべからず。）

〔伊〕Il caldo dei lenzuoli non fa bollire la pentola.（シーツの熱では鍋は煮えない。）

〔伊・参〕Lavorare per la fabbrica dell'appetito.（食欲の工場で働く。―食べるために働く）

〔独〕Wer nicht arbeitetet soll auch nicht essen. *arbeiten 3単現直
（働かざる者食うべからず。）

〔独〕Wer nicht arbeiten will, der soll nicht essen.（働かざる者食うべからず。）

〔独〕Wer essen will, muß auch arbeiten.（食べたければ働け。）

〔独〕Wer mit will essen, soll erst mit dreschen.（食べたいものはまず脱殻しろ。）

〔独〕So jemand nicht will arbeiten der soll auch nicht essen.（働かざる者食うべからず。）

〔英〕He that will not labour must not eat.（働かざる者食うべからず。）

〔英〕He that will not work shall not eat.（同上）

〔英〕If you won't work you shan't eat. * = will not ** = shall not （同上）

〔英〕Adam's son cannot eat bread without labour.
（アダムの息子は働かずしてパンにありつけない。）

〔英〕A horse that will not carry a saddle must have no oats.
（鞍をつけない馬は餌をもらえない。）

〔英〕No mill, no meal.（小麦があっても水車がなければ食べられない。）

〔英〕No song, no supper.（歌わないとディナーはお預け。—オペラのタイトル）

第3節　生きるために食べ、食べるために生きるのではない

〔伊〕Si deve mangiare per vivere, non vivere per mangiare.　*dovere 3単現直
（人は生きるために食べ、食べるために生きるに非ず。）

〔独〕Man ißt, um zu leben und lebt nicht, um zu essen. *essen 3単現直（同上）

〔独〕Wir leben nicht, um zu essen, wir essen, um zu leben.
（人は生きるために食べ、食べるために生きるに非ず。）

〔英〕We must [should] eat to live, and not live to eat.
（人は生きるために食べ、食べるために生きるに非ず。）

〔英〕We eat to live.（同上）

〔英〕Live not to eat, but eat to live.（同上）

〔英〕Eat to live, (but do) not live to eat.（同上）

〔英〕Eat and live.（食べよ、そして生きよ。）

〔英〕Eat that you may live, don't live that you may eat.（食べて生きよ、生きて食べるなかれ。）

〔英〕We cannot live on air.（人は霞を食って生きることはできない。）

〔英・参〕He is still living on his father.（彼はまだ父親のすねをかじっている。）

第4節　人はパンだけでは生きられない

〔伊〕 L'uomo non vive di solo pane.　*vivere 3 単現直　（人はパンのみにて生きるに非ず。）

〔伊〕 Non si vive di solo pane.（同上）

〔独〕 Der Mensch lebt nicht von Brot allein.　*leben 3 単現直
（人はパンのみにて生きるに非ず。）

〔独〕 Vom Brot allein kann man nicht leben.（同上）

〔独・参〕 Vom Brot allein kann man nicht leben, es muß auch Wurst und Schinken geben.（パンだけでは生きていけない。ハムやソーセージも必要なのだ。）

〔英〕 Not by bread alone does man live.（人はパンのみにて生きるに非ず。）

〔英〕 Man shall not live by bread alone.（同上）

第5節　満腹すれば

〔伊〕 Pancia piena non crede a quella vuota.　*credere 3 単現直
（満腹は空腹のことがわからない。）

〔伊〕 Pancia piena non crede a digiuno.（同上）

〔伊〕 Ventre pieno non crede a digiuno.（同上）

〔伊〕 Il ventre pieno fa la testa vuota.（満腹は頭を空っぽにする。）

〔伊〕 A pancia piena si consulta bene.　*consultare 3 単現　（満腹で頭も冴える。）

〔伊〕 Chi ha piena il ventre non crede a chi ha fame.
（腹いっぱいの者は腹を空かせている者の気持ちがわからない。）

〔伊〕 A buzzo pieno mal si lavora.　*lavorare 3 単現直　（腹いっぱいでは仕事にならぬ。）

〔伊〕 Allo svogliato il miele pare amaro.　*parere 3 単現直（食欲がなければ蜜も苦く感じる。）

〔伊〕 Corpo satollo anima consolata.（腹満ちて心も和らぐ。）

〔独〕 Ist der Bauch satt, so ist das Herz froh.（満腹だと心も満たされる。）

〔独〕 Überm vollen Bauch lächelt ein fröhliches Haupt.　*lächeln 3 単現
（満腹の上には幸せな思考ほほえんでいる。）

〔独〕 Auf vollem Bauch steht ein fröhliches Haupt.（満腹の上に幸せな思考が立っている。）

〔独〕 Mit vollem Bauch ist gut Predigt halten.（満腹だと説教をするのも楽だ。）

〔独〕 Auf einem vollen Bauch steht kein gelehrtes Haupt.（賢い頭脳は満腹の時にはない。）

〔独〕 Ein voller Bauch erzeugt keinen witzigen Gedanken.　*erzeugen 3 単現直
（満腹だと面白いことは思いつかない。）

〔独〕Ein voller Bauch studiert nicht gern.（満腹だと勉強が良くできない。）

〔独〕Ein Voller Bauch, ein fauler Gauch.（満腹では頭は冴えない。）
　　　　　　　　　　　　　　悪者

〔独〕Voll macht faul.（満腹の時は骨が一休み中。）

〔独〕Wenn die Maus satt ist, schmeckt das Mehl bitter.（満腹のネズミには小麦は苦い。）

〔独〕Sich den Bauch vollschlagen.（たらふく食べる。）

〔英〕A fat belly does not engender a subtle wit.（満腹では頭は冴えない。）
　　　満腹　　　　　　　生み出す　　　　知恵

〔英〕A fat belly, a lean brain.（同上）
　　　　　　　　　　　脳

〔英〕A full belly makes a dull brain.（同上）

〔英〕A full belly gives good counsel.（満腹で頭も冴える。）

〔英〕A full belly neither fights nor flies well.
　　　（腹いっぱいではうまく戦うことも飛ぶこともできない。）

〔英〕Full bellies make empty skulls.（満腹は頭を空っぽにする。）

〔英〕Full bowels make empty brains.（同上）

〔英〕When the belly is full, the bones would be at rest.（満腹の時は骨が一休み中。）

〔英〕Enough is as good as a feast.（十分な食事はごちそうと同じことである。）

第6節　空腹になったら

〔伊〕La fame è il miglior cuoco che vi sia.　*essere 1, 2, 3 単現接
　　　　空腹　　　　優れた
　　（空腹は最良のコックである。）

〔伊〕La fame è il miglior condimento.（空腹は最良の調味料である。）
　　　　　　　　　　　　　調味料

〔伊〕La fame è il miglior companatico.（空腹は最良のおかずである。）
　　　　　　　　　　　　　　　　おかず

〔伊〕La fame è una cattiva consigliera.
　　（空腹はできの悪い助言者だ。―腹が減っていてはろくな判断ができない）

〔伊〕La fame condisce tutte le vivande.　*condire 3 単現直
　　　　　　　味つけをする
　　（空腹はすべての食べ物の味付けをする。）

〔伊〕A buona fame non vi è cattivo pane.（空腹にはどんなパンでもうまい。）

〔伊〕Chi ha fame mangia tutto il pane.（腹を空かせている者はパンを全部食べる。）

〔伊〕Avere fame ed aspettare, brutta cosa.（空腹のまま待つのはつらいことだ。）

〔伊〕La fame caccia il lupo dal bosco. *cacciare（空腹は森からオオカミをおびき出す。）
　　　　　　追い出す　　オオカミ　森

〔伊〕Pancia vuota non sente ragioni.　*sentire 3 単現直　（空腹では理性が働かない。）
　　　腹　　空の　　　　聞く　　理性

〔伊〕Ventre vuoto non sente ragioni.（同上）
　　　胃

〔伊〕Ventre digiuno non ode nessuno. *udire 3 単現直　（断食中の腹は誰にも耳を貸さない。）
　　　　　絶食している　　　聞く

174

第2部　第8章　食事・満腹そして空腹

〔伊〕Sacco vuoto non sta in piede.（空の袋は立たない。）
〔伊・参〕avere una fame canina（犬のように腹をすかせる。—とても空腹である）
〔伊・参〕muoio di fame（空腹で死にそうだ。）
〔伊・参〕essere morto di fame（同上）
〔伊・参〕morire di fame（同上）
〔独〕Hunger ist der beste Koch.（空腹は最良のコックである。）
〔独〕Hunger ist die beste Würze.（空腹は最良のソースである。）
〔独〕Hunger macht rohe Bohnen süß.（空腹は固い豆も柔らかくする。）
〔独〕Den Hungrigen ist nicht gut predigen.（空腹な者に説教はできない。）
〔独〕Einem hungrigen [leeren] Magen ist schwer [schlecht] predigen.（同上）
〔独〕Mit leerem Magen ist schlecht reisen.（空腹だと良い旅はできない。）
〔独〕Dem hungrigen Bauch schmeck alles wohl.（空腹はどんな食べ物もおいしくする。）
〔独〕Ein hungriger Bauch hat keine Ohren.（飢えた腹は耳を持たない。）
〔独〕Der Bauch ist aller Künste Meister.（腹はすべての巨匠である。）
〔独〕Auf einem hungrigen Bauch [e] steht kein fröhliches Haupt.
　　（空腹の上には幸せな頭は乗っていない。）
〔独〕Hungersnot gibt's kein schlechtes Brot.（空腹にはどんなパンもうまい。）
〔独〕In der Not schmeckt jedes Brot.（同上）
〔独〕In der Not frißt der Teufel Fliegen.　*fressen 3単現直
　　（逆境の中では悪魔はハエを食う。）
〔独〕Der Hunger treibt den Wolf aus dem Walde.（空腹は森からオオカミをおびき出す。）
〔独〕Hunger lehrt die Katzen mausen.　*lehren 3単現直
　　（空腹がネズミの取り方を猫に教える。）
〔独〕Hungers sterben, Durstes sterben.（空腹で死ぬ、渇きで死ぬ。）
〔独〕Hunger bis unter beide Arme.（ひどい空腹）（腕の下まで空腹を感じる。）
〔独〕Hunger bis in den dicken Zeh.（ひどい空腹）（足の指先まで空腹を感じる。）
〔独〕Hunger und Harren macht das Haupt närrisch.
　　（空腹の中で待つと思考がめちゃくちゃになる。）
〔独〕Ich habe Hunger wie ein Bär [Wolf].（熊のように空腹を感じる。—ひどい空腹）
〔英〕Hunger is the best sauce [cook].（空腹は最良のソース〈コック〉である。）
〔英〕Hunger is good kitchen.（空腹は上等のキッチンである。）
〔英〕Hunger is not ambitious [dainty].（空腹は多くを望まない。—口うるさくない）
〔英〕Hunger is sharper than thorn.（空腹は棘より鋭い。）

〔英〕Hunger is hard in a hale maw.（空腹は丈夫な胃袋にはつらい。）
　　　　　　　　　　丈夫な　胃
〔英〕Hunger has always a good cook.（空腹はいつも優れたコックである。）
〔英〕Hunger finds no fault with cookery.（空腹に味付けの失敗はない。）
〔英〕Hunger makes hard beans sweet.（空腹は固い豆も柔らかくする。）
　　　　　　　　　　　　　豆
〔英〕Hunger makes a man leap at a crust.（空腹はパンの耳にも飛びつかせる。）
　　　　　　　　　　　　　　　　　パンの堅い部分
〔英〕Hunger makes dinners, pastime suppers.
　　　（いつもどおりの夕食も空腹の時はごちそうになる。）
〔英〕Hunger breaks down [through] stone walls.（空腹は石の壁も壊す。）
〔英〕Hunger pierces stone walls.（空腹は石の壁も貫く。）
〔英〕Hunger will relish the plainest fare.（空腹は何でもない食べ物をおいしくする。）
　　　　　　　　美味しく食べる　　　　　食べる
〔英〕Hunger gives relish to any food.（空腹はどんな食べ物もおいしくする。）
〔英〕Hunger drops out of his nose.（空腹が鼻を刺激する。―困り果てている不幸な人の意）
〔英〕Hunger teaches us many things.（空腹は多くのことを教える。）
〔英〕Hunger drives [draws] a wolf out of the wood.（空腹は森からオオカミをおびき出す。）
〔英〕Hunger fetches the wolf out of the wood.（同上）
　　　　　　誘い出す
〔英〕A hungry belly has no ears.（飢えた腹は耳を持たない。）
〔英〕A hungry man smells meat afar off.（飢えた者は遠くの肉の匂いも嗅ぐ。）
〔英〕A hungry man sees far.（飢えた者は遠くまで目がきく。）
〔英〕A hungry man is an angry man.（飢えた者は怒れる者。）
〔英〕To the hungry no bread is bad.（空腹にはどんなパンもうまい。）
〔英〕Hungry dogs will eat dirty [dung] puddings.
　　　（飢えた犬は汚れた〈虫の湧いた〉プディングでも食べる。）
〔英〕Hungry horses make a clean manger.（腹をすかせた馬は、かいば桶をきれいにする。）
〔英〕Hungry flies [lice] bite sore.（飢えたアブ〈シラミ〉に刺されると痛い。）
　　　　　　　　シラミ
〔英〕Nothing comes amiss to a hungry man.（空き腹にまずいものなし。）
〔英・参〕Fine word don't fill the belly.（美辞麗句では腹はふくらまない。）
〔英・参〕I am just starving.（ほんとうに腹ぺこで死にそうだ。）

第7節　腹八分目で健康に

〔伊〕Mangiare con moderazione evita il dottore.（節度ある食事で医者いらず。）
　　　　　　　　　　　　　　　　　　避ける
〔伊〕Ogni cosa vuol misura.（何事にも限度がある。）
　　　　　　　　　　尺度
〔独〕Wenn es am besten schmeckt, soll man aufhören.　*schmecken 3単現直
　　　　　　　　　　　味がする*　　　　　　　　止める

（一番美味い時に食べるのを止めろ。）

〔独〕 Aufhören zu essen, wenn's am besten schmeckt.（同上）

〔独〕 Gut gekaut ist halb verdaut. *kauen 過分 **verdauen 3 単現直
（よくかんだら半分消化したも同然。）

〔独〕 Volle Tafel macht krank.（テーブルいっぱいの食事は病気を招く。）

〔独〕 Voll macht faul.（満腹は怠慢にする。）

〔独・参〕 Wer trinkt ohne Durst und ißt ohne Hunger, stirbt desto jünger.
*sterben 3 単現直　（空腹を感じずに食べ、渇きを感じずに飲めば早死にする。）

〔独・参〕 Wer wenig zehrt, hat lange zu zehren. *zehren 3 単現
（少食な者は長いこと食物がある。）

〔英〕 Temperance is the best physic.（節制は最良の医師である。）

〔英〕 Feed by measure and defy the physician.（節度ある食事で医者いらず。）

〔英〕 Eat measurably and defy the medicines.（同上）

〔英〕 Physicians prescribe it as a rule of health, to rise with an appetite.
（食欲と共に起床することは健康のしるしであると医者は診立てる。）

〔英〕 A good meal, a bad meal and a middling meal preserve a man in health.
（美食と粗食とそこそこの食事が健康を保つ。）

〔英〕 Many dishes make many diseases.（多くの料理が多くの病の元となる。）

〔英〕 Light supper makes long life.（軽い事が長生きにつながる。）

〔英〕 Measure is medicine.（適度、適量は薬となる。）

〔英〕 Bind the sack before it be full.（いっぱいになる前に袋を閉じろ。）

〔英・参〕 When the play is best it is best to leave.（芝居の一番いいところで帰るのが一番良い。）

第8節　料理人が多いとどうなる

〔伊〕 I troppi cuochi guastano la cucina.　*guastare 3 複現直
（コックが多すぎるとキッチンが台無しになる。）

〔伊〕 Se la pappa vuoi guastare a più cuochi da a salare.　*volere 2 単現直
（粥を台無しにしたいなら、できるだけたくさんのコックに塩加減をさせろ。）

〔伊〕 Tanti [Troppi] galli a cantare non fa mai giorno.
（ニワトリがたくさん鳴き過ぎると夜明けが来ない。）

〔伊〕 Con troppi galli a cantre non si fa mai giorno.（同上）

〔伊〕 Troppe mani fanno solo danno.（多くが手を出し過ぎると邪魔になるだけ。）

〔独〕Viele Köche verderben den Brei.（コックが多すぎるとかゆが台無しになる。）

〔独〕Viele Köche versalzen die Suppe.（コックが多すぎるとスープが台無しになる。）

〔独〕Koch allein und bleib dabei, viele Köche verderben den Brei. *dabeibleiben
（同上）

〔英〕Too many cooks spoil the broth.（同上）

〔英〕The more cooks, the worse pottage [broth].
（コックが多すぎるとスープ〈ポタージュ〉が台無しになる。）

〔英〕Where many cooks are, the pottage proves salty.
（コックが多すぎるとポタージュが塩辛くなる。）

〔英〕A mean pot played never [never played] even.
（安物のポットはまんべんなく沸かない。）

〔英〕A pot that belongs to many, is ill stirred and worse boiled.
（持ち主が多すぎるポットはうまく沸かない。）

第9節　食欲を考える

〔伊〕L'appetito è il miglior cuoco.（食欲は最良のコックである。）

〔伊〕L'appetito è la salsa più buona che ci sia.
（食欲は一番おいしいソースである。—空腹にまずいものなし）

〔伊〕L'appetito vien mangiando. *mangiare ジェ（食欲は食べているうちに湧いてくる。）

〔伊〕Buon appetite non vuole salsa. *volere 3単現直（食欲があればソースは要らない。）

〔伊〕Il miglior condimento è l'appetito.（最良の調味料は食欲である。）

〔伊・参〕Quanto più bevo, tanto più ho sete.（飲めば飲むほどのどが渇く。）

〔独〕Der Appetit kommt beim [mit dem] Essen.（食欲は食べているうちに湧いてくる。）

〔独〕Beim Essen kommt der Appetit.（同上）

〔独・参〕Ein Appetitanregendes Mittel.（食前に出す小量の酒や簡単な食べ物。）

〔英〕Appetite comes with eating.（食欲は食べているうちに湧いてくる。）

〔英〕Appetite is gotten by eating.（同上）

〔英〕The appetite opens itself as soon as the eyes.（食欲は瞬く間に湧いてくる。）

〔英〕Good appetite is a good sauce.（食欲は上等のソースである。）

〔英〕A good appetite needs no sauce.（食欲があればソースは要らない。）

〔英〕A good stomach is the best sauce.（食欲は最良のソースである。）

〔英〕An ill stomach makes all the meal bitter.
（胃の調子が悪いと食べるものすべてがまずくなる。）

〔英〕A rule of health is to rise with an appetite.（食欲と共に起床することは健康のしるし。）

〔英〕Abundance engenders loathing, and scarcity an appetite.
（たくさんありすぎると嫌気がさすが、少なすぎると食欲が湧く。）

第10節　衣食足って礼節を知る

〔伊〕La fame fa l'uomo ladro.（空腹は人を泥棒にする。）

〔伊〕La buona educazione e il denaro fanno signori i nostri figli.　*fare 3複現直
（立派な教育とお金は息子たちを紳士に育てる。）

〔独〕Mit vollem Bauch ist gut Predigten halten.（満腹だと説教をするのも楽だ。）

〔独〕Hungern und Harren macht das Haupt narrisch.
（空腹で待っていると思考がめちゃくちゃになる。）

〔独〕Einem hungrigen (leeren) Magen ist schwer predigen.（同上）

〔独〕Hungrigen ist nicht gut predigen.（空腹だと説教はできない。）

〔独〕Ein Hunger Bauch hat keine Ohren.（胃袋は耳を持たない。）

〔独〕Essen und Trinken hält Leib und Seele zusammen.　*zusammen halten
（飲食が体と心を保つ。）

〔英〕Meat and cloth makes the man.（肉〈食事〉と布地〈衣服〉が立派な人を作る。）

〔英〕Cloth shapes, meat contains but manners make the man.
（衣服が身なりを、食事が体格を作るが、人を作るのは行いである。）

〔英〕Money and good manners make the gentleman.（富と立派な行いが紳士を作る。）

〔英〕Well fed, well bred.（よく食べ、よく育つ。―衣食足りて礼節を知る）

〔英〕Sharp stomachs make short graces.（強欲は品をなくす。）

〔英〕The belly has no ears.（胃袋は耳を持たない。）

第9章　法則と例外

第1節　法則に例外あり

〔伊〕Non c'è regola senza eccezione.（例外のない規則はない。）
〔伊〕Ogni regola ha sue eccezione.　*avere 3単現直　（同上）
〔伊〕Ogni regola patisce eccezione.　*patire 3単現直　（同上）
〔伊・参〕Non c'è amore senza dolore.（苦しみのない愛はない。）
〔独〕Keine Regel ohne Ausnahme.（例外のない規則はない。）
〔英〕There is no rule without exception.（例外のない規則はない。）
〔英〕There is no general rule without some exceptions.（同上）
〔英〕No rule without exception.（同上）
〔英〕There is an exception to every rule.（同上）
〔英〕There is no rule but has exception.（同上）
〔英〕Every rule has its exception.（同上）
〔英〕There are indeed exceptions.（同上）

第2節　例外が規則を認める

〔伊〕L'eccezione conferma la regola.　*confermare 3単現直　（例外が規則を作る。）
〔独〕Ausnahmen bestätigen die Regel.（例外が規則を作る。）
〔独〕Die Ausnahme bestätigt die Regel.（同上）
〔英〕The exception proves the rule.（例外が規則を作る。）
〔英〕The exception confirm the rule.（同上）
〔英〕The exception gives authority to the rule.（同上）
〔英・参〕Failure is the rule, success the exception.（失敗は規則、成功は例外。）

第3節　必要の前に法則なし

〔伊〕legge della natura [naturale]（自然の法則。）
〔伊〕Necessità non ha legge.　*avere 3単現直　（必要に規則はない。―背に腹は代えられぬ）

〔伊〕Necessità non conosce legge.　*conoscere 3単現直　（同上）
〔伊〕Necessità fa legge.（必要が規則を作る。）
〔伊・参〕Necessità è madre dell invenzione.（必要は発明の母である。）
〔伊・参〕Fare di necessità virtù.（状況に順応する。）
〔伊・参〕Il bisogna aguzza l'ingegno.　*aguzzare　（必要が才能を磨く。）
〔伊・参〕La necessità aguzza l'ingegno.（同上）
〔独〕Not kennt kein Gebot.　*kennen 3単現直　（必要に規則はない。）
〔独〕Not lehrt Künste.　*lehren 3単現直　（必要が芸術を教えてくれる。）
〔独〕Not macht erfinderisch.（必要は発明の母である。）
〔独〕Gesetz ist mächtig, mächtiger ist die Not.（法は力なり、だが貧困はそれをうわまわる。）
〔英〕Necessity [Need] knows no law.（必要に規則はない。）
〔英・参〕Necessity [Need] has no law.（同上）
〔英・参〕Necessity is the mother of invention.（必要は発明の母である。）

M.M

第10章　ローマは永遠の都

第1節　永遠の都（ローマの別称）

〔伊〕Roma : la città Eterna, Città dei Cesari. Roma è bella.
　　（ローマ、永遠の都、シーザーの都、美しきローマ）

〔独〕Rom : die Ewige Stadt（ローマ、永遠の都、帝国の都）

〔英〕Rome: Eternal City, the Imperial City.（ローマ、永遠の都、帝国の都）

第2節　全ての道はローマへ通じる

〔伊〕Tutte le strade conducono a Roma.　＊condurre 3複現直　（全ての道はローマに通じる。）
〔伊〕Tutte le strade portano a Roma.　＊portare 3複現直　（同上）
〔独〕Alle [Viele] Wege führen nach Rom.（全ての道はローマに通じる。）
〔独〕Es führen viele Wege nach Rom.（同上）
〔英〕All roads lead to Rome.（全ての道はローマに通じる。）
〔英〕There are many roads that lead to Rome.（多くの道はローマに通じる。）

第3節　ローマは一日でできるものではない

〔伊〕Roma non fu fatta in un giorno.　＊essere 3単遠直　＊＊fare 過分
　　（ローマは一日にしてならず。）

〔独〕Rom ist nicht an [in] einem Tage erbaut worden.
　　（ローマは一日にして建設されていない。）

〔独〕Rom wurde [ward] nicht an einem Tage erbaut.（ローマは一日にしてならず。）

〔独・参〕Was Lange währt, wird [endlich] gut.　＊währen 3単2複現直
　　（時間をかけたものはよくできている。）

〔独・参〕Auf einen [den ersten] Hieb fällt kein Baum.　＊fallen 3単現直
　　（一回叩いただけで倒れる木など無い。）

〔独・参〕Von einem Streiche fällt keine Eiche. = Keie Eiche fällt auf einen Streich.
　　（同上）

〔英〕Rome was not built in one day.（ローマは一日にしてならず。）

〔英・参〕There is no royal road to learning (knowledge).（学問に王道なし。）

第4節　弁の立つ者はローマへ行く

〔伊〕Con lingua in bocca a Roma si va.　*andare 3単現直
（話すことのできる者がローマに行ける。―知らないことは聞いて訊ねよ）

〔伊〕Chi lingua ha a Roma va.（同上）

〔伊・参〕Chi va a Rome perde la poltrona.　*perdere 3単現直
（ローマに行く者は安楽椅子を失くす。―危ないことはせず今あるもので満足せよ）

〔独〕Mit Fragen kommt man nach Rom.（ローマへは人に聞きながらたどり着く。）

第5節　ローマに行ったら→郷に入っては郷に従え

〔伊〕Quando a Roma vai, fa' come vedrai.　*fare 2単命 **vedere 2単未
（ローマに行ったら見るがままに振る舞え。）

〔独〕In Rom tu', wie Rom tut.（ローマに行ったらローマ人と同じように振る舞え。）

〔英〕Do in [at] Rome as the Romans do.（同上）

〔英〕When at Rome do as the Romans do.（同上）

〔英〕When you are at Rome do as the Romans do.（同上）

〔英〕When you are at Rome do as they do at Rome.（同上）

〔英〕When they are at Rome, they do there as they see done.
（ローマに行ったら見るがままに振る舞え。）

〔英〕One must live at Rome after the manner of Rome.
（ローマではローマのやり方で生活しなければならない。）

第6節　ローマに行って法王を見ない――大事なことをしない

〔伊〕Non tutti possono andare a Roma e vedere il Papa.　*potere 3複現直
（皆が皆、ローマに行って法皇を目にすることができるわけではない。）

〔独〕Er ist in Rom gewesen und hat den Papst nicht gesehen.
（ローマで法王と争うのは難しい〈ばかげている〉。―長いものには巻かれろ）

〔独〕Er war in Rom und hat den Papst nicht gesehen.（同上）

〔独〕Es kann nicht jeder um Ablass nach Rom ziehen. *カトリック用語
（皆が皆ローマに行って免償を乞うことはできない。）

〔独・参〕Rom（= der Papst）hat gesprochen = die Sache ist entscheiden.
（法王が口を開いた＝論争が治った。―鶴の一声）

〔独・参〕Wer den Papst zum Vetter hat, kann Kardinal wohl werden.
（法王のいとこは簡単に枢機卿になれる。―良い伝手のある者は成功する）

〔英〕It is hard to sit in Rome and strive with the Pope.
（ローマで法王と争うのは難しい。―長いものには巻かれろ）

〔英〕It is folly to be in Rome and strive with the Pope.
（ローマで法王と争うのはばかげている。）

第7節　ローマを主題とすることわざのいろいろ

〔伊〕Roma è eterna.（ローマは永遠である。）

〔伊〕Roma è bella.（ローマは美しい。）

〔伊〕Chi bestia va a Rome, bestia ritorna.
（獣がローマに行っても獣として帰ってくる。―何も変わるわけではない）

〔独〕Lieber in einem Dorfe der erste als in Rom der zweite.
（ローマで二番よりは、村で一番の方がよい。―鶏口となるも牛後となるなかれ）

〔独〕Lieber der Erste hier als der zweite in Rom.（同上）

〔独〕Auf diesem Messer kann man nach Rom reiten.
（この刀にまたがってローマまで行ける。―この刀はなまくらだ）

〔独〕Das sind ja Zustände wie im alten Rom.（古代ローマ末期のようなひどい状態。）

〔独〕Ablaß nach Rom tragen.（排水をローマまで持っていく。―よけいなことをする）

〔独〕Bei den Römern galt Tapferkeit als die erste Tugend. *gelten 過分
（勇気がローマの最初の長所である。）

〔英〕A man is never the better for going to Rome.
（ローマへ行ったからといって人間の値打ちが高まるわけではない。）

〔英〕Who goes a beast to Rome, a beast returns.
（獣はローマに行っても、帰るときにもやはり獣である。）

〔英〕All things are sold for money（are to be bought）at Rome.
（ローマではあらゆるものが金に換えられる〈金で手に入る〉。）

〔英〕Better (to) be first in a village than second at Rome.
（ローマで二番よりは、村で一番の方がよい。―鶏口となるも牛後となるなかれ）

〔英〕Go [fly / hop] to Rome with a mortar on his head.
（頭にすり鉢を載せてローマに行く。―普通にはできないことをする）

〔英〕Step by step one goes to Rome.（一歩ずつローマに行く。―千里の道も一歩より始まる）

〔英〕It is ill sitting at Rome and striving with the Pope.
（ローマに座り込んで法王と争うのはよくない。）

〔英〕Fiddle while Rome is burning.
（紀元64年ローマが炎上した際に暴君ネロが聖琴を奏しながら見物したという。―大事をよそに安逸にふけること）

M.M

第11章　筆者選定のことわざの出典となった文献数

第1節　イタリア語のことわざ（669文について）文献数

文献数　イタリア語　日本語訳　（本書の章－節）

6〔伊〕L'apparenza inganna.（外見は人を欺く。）(4-4)

6〔伊〕Chi prima arriva meglio macina.
　　（最初に着いた者がたくさん臼ひきができる。―早い者勝ち）(5-5)

5〔伊〕Molti pochi fanno un assai.（塵も積もれば山となる。）(5-9)

5〔伊〕Ad ogni uccello il suo nido è bello.（鳥にとっては自分の巣が一番。―住めば都）(6-4)

5〔伊〕Mente sana in corpo sano.（健康な身体に健全な心。）(7-1)

5〔伊〕La fame è una cattiva consigliera.
　　（空腹はできの悪い助言者だ。―腹が減っていてはろくな判断ができない）(8-1)

4〔伊〕Volere è potere.（意志は力なり。）(5-1)

4〔伊〕Dal dire al fare c'è di mezzo il mare.
　　（口で言うことと行うことの間には大海ほどの違いがある。―言うは易く行うは難し）(5-2)

4〔伊〕Pietra mossa non fa muschio.（転石苔むさず。）(5-8)

4〔伊〕Meglio poco che niente.（少しある方が何もないよりまし。）(5-25)

4〔伊〕Paese che [in cui] vai, usanze che trovi.（行った土地ではその地の習慣に出会う。）(6-3)

4〔伊〕Chi è bugiardo è ladro.（うそつきは泥棒の始まり。）(6-12)

4〔伊〕Sbaglia il prete all'altare e il contadino all'aratro.
　　（司祭が祭壇で説教を間違い、農夫が犂で失敗する。）(6-15)

4〔伊〕L'eccezione conferma la regola.（例外が規則を作る。）(9-2)

4〔伊〕Tutte le strade conducono a Roma.（全ての道はローマに通じる。）(10-2)

4〔伊〕Prendere due piccioni con [ad] una fava.
　　（一つのソラマメで二羽のハトを捕る。一挙両得）(第1部2-3)

第2節　ドイツ語のことわざ（1012文について）文献数

文献数　ドイツ語　日本語訳　（本書の章－節）

10〔独〕Man muß das Eisen schmieden, weil warm ist.（鉄は熱いうちに打て。）(5-3)

8〔独〕Aller Anfang ist schwer.（全て始めが難しい。）(5-15)

8〔独〕Alle [Viele] Wege führen nach Rom.（全ての道はローマに通じる。）(10-2)

7〔独〕Not bricht Eisen.（苦難は鉄をも壊す。）(1-15)

7〔独〕Auf Regen folgt Sonnenschein.（雨のち晴れ。）(1-18)

7〔独〕Der Schein trügt.（外見で人を判断するな。）(4-4)

7〔独〕Wie die Saat so die Ernte.（蒔いたように刈り取るべし。）(5-7)

7〔独〕Ende gut, alles gut.（終わりよければすべてよし。）(5-16)

7〔独〕Je mehr desto [umso] besser.（たくさんあればあるほどよい。）(5-24)

7〔独〕Viel [Soviel] Köpfe, viel [soviel] Sinne.
（人それぞれに好みがある。―人の好みは十人十色）(6-1)

7〔独〕Unkraut verdirbt [vergeht] nicht.（雑草は決して枯れない。）(6-8)

7〔独〕Keine Regel ohne Ausnahme.（例外のない規則はない。）(9-1)

7〔独〕Rom wurde [ward] nicht an einem Tage erbaut.（ローマは一日にしてならず。）(10-3)

6〔独〕Zwei Fliegen auf einen Schlag.
（ひとたたきで2匹のハエを仕留める。――一挙両得）(第1部2-3)

6〔独〕Träume sind Schäume.（夢は泡。）(1-4)

6〔独〕Wissen ist Macht.（知は力なり。）(3-2)

6〔独〕Kleider machen Leute.（身なりが人を作る。）(4-6)

6〔独〕Aus den Augen, aus dem Sinn.（見えなくなれば心も見えなくなる。―去る者日々に疎し）(4-13)

6〔独〕Wo ein Wille ist, (da) ist [auch] ein Weg.（意志あるところに道は開く。）(5-1)

6〔独〕Eile mit Weile.（ゆっくり急げ。）(5-6)

6〔独〕Steter Tropfen höhlt den Stein.（点滴石を穿つ。）(5-11)

6〔独〕Kommt Zeit kommt Rat.（時期を待てば手段がわかる。）(5-13)

6〔独〕Was du heute kannst besorgen, das verschiebe nicht auf morgen.
（今日できることは明日に延ばすな。）(5-21)

6〔独〕Wer nicht wagt, der nicht gewinnt [gewinnt nicht].
（冒険をしなければ何も得られない〈儲けもない〉。）(5-22)

6〔独〕Eigener Herd ist Goldes wert.（自分の群れは金と同じ。―住めば都）(6-4)

6〔独〕Vorsorge verhütet Nachsorge.（治療より予防の方がよい。）(6-14)

6〔独〕Ein gesunder Geist in einem gesunden Körper.（健康な肉体に健全な精神。）(7-1)

6〔独〕Morgenstunde hat Gold im Munde.（朝の時間は金を口に運ぶ。―早起きは三文の得）(7-3)

6〔独〕Die Zeit heilt alle Wunden.（時間はあらゆる傷を療治する。）(7-7)

5〔独〕Das Handwerk nährt seinen Mann.（技術は人を養う。）(1-13)

5 〔独〕Not lehrt beten.（苦しい時の神頼み。）(1-15)
5 〔独〕Durch Fehler lernt man.（逆境は人間を利口にする。）(1-19)
5 〔独〕Ein Unglück kommt selten allein.（災いは一人でやってくることはない。）(1-20)
5 〔独〕Ehrlich währt am längsten.（長い目で見れば正直は最良の方策である。）(1-24)
5 〔独〕Übung macht den Meister.（練習は熟達に通じる。）(3-3)
5 〔独〕Es ist nicht alles Gold, was glänzt.（外見で人を判断するな。）(4-4)
5 〔独〕Ein räudiges Schaf steckt die ganze Herde an.
　（一頭病気になれば羊の群れは皆病気になる。）(4-7)
5 〔独〕Wer Pech angreift [anfaßt], besudelt sich.
　（松ヤニに触れる者はべっとり汚れる。―朱に交われば赤くなる）(4-7)
5 〔独〕Gleich und gleich gesellt sich gern.（似た者同士が集まる。―類は友を呼ぶ）(4-8)
5 〔独〕Alles Ding hat seine Zeit.（あらゆる物事には時というものがある。）(5-3)
5 〔独〕Wie man's treibt, so geht's.（正しくするしか道はない。―自業自得）(5-7)
5 〔独〕Mit der Zeit pflückt man Rosen.（時が来ればバラは摘める。）(5-13)
5 〔独〕Erst wägen dann wagen.（良く考えてから行動を起こせ。）(5-14)
5 〔独〕Wer zuletzt lacht, lacht am besten.（最後に笑う者の笑みが一番。）(5-16)
5 〔独〕Über den Geschmack läßt sich nicht streiten.（好みには論争のしようがない。）(6-1)
5 〔独〕Andere Länder, andere Sitten.（その土地、その土地に習慣〈慣例〉がある。）(6-2)
5 〔独〕Mit den Wölfen muß man heulen.（狼でも、皆と共に吠えなくてはならない。）(6-3)
5〔独〕Wer lügt, der stiehlt (auch).（うそつきと泥棒は仲が良い。―うそつきは泥棒の始まり）(6-12)
5 〔独〕Vorsicht ist besser als Nachsicht.
　（前もって用心しておくことは後の注意にもつながる。―転ばぬ先の杖）(6-14)
5 〔独〕Ein voller Bauch studiert nicht gern.（満腹だと勉強が良くできない。）(8-5)
5 〔独〕Hunger ist der beste Koch.（空腹は最良のコックである。）(8-6)
5 〔独〕Viel Köche verderben den Brei.（コックが多すぎると粥がまずくなる。）(8-8)
5 〔独〕Keine Regel ohne Ausnahme.（例外のない規則はない。）(9-1)
5 〔独〕Not kennt kein Gebot.（必要に規則はない。）(9-3)

第3節　英語のことわざ（1519文について）文献数

文献数　英語　日本語訳　（本書の章－節）
11 〔英〕Hunger is the best sauce [cook].
　（空腹は最良のソース〈コック〉である。―空腹にまずいものなし）(8-6)

10 〔英〕 Where there is a will, there is a way.（意志あるところに道は開く。）(5-1)

9 〔英〕 A friend in need is a friend indeed.（必要な時の友は真の友。）(4-1)

8 〔英〕 Laugh and grow [be] fat.（笑って太れ。―笑う門には福来たる）(1-22)

8 〔英〕 Time and tide wait for no man.（時間と潮の満ち干は誰も待たない。）(2-3)

8 〔英〕 Practice makes perfect.（練習が完全をもたらす。―習うより慣れろ）(3-3)

8 〔英〕 Make hay while the sun shines.（日の照るうちに干し草をつくれ。）(5-3)

8 〔英〕 First come, first served.（最初に来た者が最初に給仕を受ける。―早い者勝ち）(5-5)

8 〔英〕 No news is good [the best] news.（便りのないのがよい知らせ。）(5-17)

8 〔英〕 The more the merrier.（たくさんあればあるほど幸せになる。―多々ますます弁ず）(5-24)

8 〔英〕 Better late than never.（遅くても来ないよりまし。―遅れてもしないよりまし）(5-26)

8 〔英〕 There is no accounting for taste.（人の好みは説明のしようがない。）(6-1)

8 〔英〕 Tastes differ.（人によって好みは異なる。）(6-1)

8 〔英〕 There is no smoke without fire.（火のないところに煙なし。）(6-9)

8 〔英〕 There is no use crying over spilled milk.
（こぼれたミルクを嘆いても仕方がない。―覆水盆に返らず）(6-10)

8 〔英〕 A sound mind in a sound body.（健康な身体に健全な心。）(7-1)

8 〔英〕 Too many cooks spoil the broth.
（コックが多すぎるとスープが台無しになる。―船頭多くして船山に上る）(8-8)

8 〔英〕 The exception proves the rule.（例外が規則を作る。）(9-2)

8 〔英〕 All roads lead to Rome.（全ての道はローマに通じる。）(10-2)

7 〔英〕 Between two stools one falls [you fall] to the ground.
（二つの腰掛の間に座れば尻もちをつく。）(第1部2-4)

7 〔英〕 Art is long and life is short.（芸術は永遠だが人生は短い。）(1-12)

7 〔英〕 Truth is stranger than fiction.（真実は小説より奇なり。）(1-23)

7 〔英〕 Time flies.（時は飛ぶ。）(2-1)

7 〔英〕 Birds of a feather flock together.（同じ羽の鳥は群をなす。―類は友を呼ぶ）(4-8)

7 〔英〕 Out of sight, out of mind.（見えなくなると心も離れる。―去る者日々に疎し）(4-13)

7 〔英〕 Make haste slowly.（ゆっくり急げ。）(5-6)

7 〔英〕 The more haste, the less speed.（急ぐ時ほどスピードを抑えよ。―ゆっくり急げ）(5-6)

7 〔英〕 The farthest [longest] way about [round] is the nearest [shortest] way home.
（一番遠い道が家に最も近い道。）(5-6)

7 〔英〕 Many a little [Every little] makes a mickle [great].（塵も積もれば山となる。）(5-9)

7 〔英〕 He laughs best who laughs last.（最後に笑う者の笑みが一番。）(5-16)

7〔英〕Even Homer sometimes nods.（ホーマーでさえときには居眠りをする。）(6-15)

7〔英〕Necessity [Need] knows no law.（必要に規則はない。）(9-3)

6〔英〕While there is life, there is hope.（命ある限り希望はある。）(1-5)

6〔英〕Necessity is the mother of invention.（必要は発明の母である。）(1-15)

6〔英〕God helps those who help themselves.（神は自ら助くる者を助く。）(1-16)

6〔英〕Heaven helps those who help themselves.（天は自ら助くる者を助く。）(1-16)

6〔英〕There is no royal road to learning.（学問に王道なし。──学びに近道はない）(3-1)

6〔英〕All work and no play makes Jack a dull boy.
　　（勉強ばかりで遊ばないと子供はだめになる。）(3-1)

6〔英〕Diligence is the mother of good fortune [luck].（勤勉は幸運の母である。）(3-5)

6〔英〕Fine feathers make fine birds.（美しい羽根が美しい鳥を作る。）(4-6)

6〔英〕Well begun is half done.（始めがよければ半分できたも同然だ。）(5-15)

6〔英〕Nothing venture, nothing have [gain].
　　（冒険をしなければ何も得られない〈儲けもない〉。）(5-22)

6〔英〕Many hands make light [quick] work.（人手が多いと仕事は楽に〈早く〉なる。）(5-24)

6〔英〕Much would [will] have more.（あればあるほど欲しくなる。）(5-24)

6〔英〕Murder will come out.（人殺しはいずればれる。）(6-11)

6〔英〕Prevention is better than cure.（治療より予防の方がよい。）(7-4)

6〔英〕Rome was not built in one day.（ローマは一日にしてならず。）(10-3)

諸言語の特性を考える

日本語は難しい

　これまで84年間母語として日本語を学び日常的に使ってきた。他方70余年間に9つの言語を学んできた。言うなればちょっと齧ったにすぎないが、思うことはいろいろある。諸言語に比べて、日本語は語の構成が複雑で、規則性に乏しく、状況によって使い方が変わったり、敬語が多すぎるなど、日常的に困ることが多く、使うには不便極まりないと感じてきた。80余年日本語を学んで来たというのに、国語辞典や漢字辞典、ことわざ辞典が手にとどくところにないと、文章を理解したり書いたりできない。ちょっとした調べには最近買い求めた電子辞書が便利であると解かったが、もっと精しい調べには、部厚な漢和大辞典や大百科事典が必要である。このところ紙の辞書か電子辞書かの論議も盛んなようであるが、筆者は紙にしがみつくしかないと思っている。

　最近日本語に関するいろいろな本を読んでいると、現在の日本語の文字は漢字、片かな、平がな、ローマ字（例NHK）、アラビア数字（1、2、3……）などから成り、世界の言語の中で一番複雑であるとされる。しかも漢字は表意文字で、かな、ハングル、ローマ字などの表音文字とは異なる。漢字の発音は呉音、漢音、唐（宋）音、慣用音、それに訓もある。

　さらに日本で作られた漢字（国字）もある。かなにしても片かなと平がなの2種あり、共に48字ずつあり、五十音として習う。伊語のアルファベット常用21字＋外来語用5字、独語の26字＋ウムラウトを含む字など4字、英語の26字に比べてはるかに多い。しかも、かな文字でも文中で表記と発音の異なる場合が多い。例えば、私は……はワタクシワと発音するなどである。

　以上のような難しい言語である日本語を読み、書き、話す人々は1億2000万強も居り、多くは日本列島の島々に住む日本民族から成り立ち、日本国籍を有し、外国に住む人とは異なった生活様式や習慣を持っている。日本国の公用語は日本語のみである。諸外国をみると、1つの国に複数の民族が住み、その数だけ言語があり、2言語以上の公用語で生活している。また1言語が多数の国で共用されているものもある。

諸言語の違いの一端

　20世紀に入って英語が世界で共通的に話され、とくに第2次大戦後はアメリカ

が政治・外交・戦略・経済・科学・医療など凡ゆる面で主導的になると、アメリカ英語（米語）が世界共通語のように使われる。アメリカ発の最新の科学書はすぐに日本語に訳されて読むことができるので、英語読解力が劣った日本人でも最新の知識を得ることができる。それに翻訳のための時間的な遅れも近年短くなっていることに気づく。さらに近年日本のいくつかの会社では米語を日常的に使う訓練も行っていると聞く。

　話を漢字にもどす。筆者は小学生の頃には漢字をよく学んだと思っている。といっても学ぶことも、遊ぶことも少なかった時代なので、学ぶ意欲を満たすのはそれしかなかったのかもしれない。その頃家族皆で使っていた漢字の字典が今筆者の手許にある。それは小柳司氣太著『新修漢和大字典』（東京博文館藏版）である。その奥付には昭和19年6月20日344版（35,000部）定價8圓と書いてある。これは終戦の前の年、1944年である。この本は戦中の疎開などによる移動ののちに末弟である筆者の勉強机の上に残された。さらにその後、仙台から大阪へ、さらに滋賀県までと何度かの転居に耐えて残ってくれた。その間70有余年一貫して筆者の漢字学習を見守ってくれた唯一の書籍である。紙質や製本技術の悪い上に何度も手にして頁をめくられたせいか、紙は黄変し、頁の端や本の背はぼろぼろになっている。

　漢字は戦後、その存立について厳しい状況にあったと聞くが、終戦の翌年（1946）当用漢字1850字が発令された。1948年には当用漢字音訓表と教育漢字が、そして1949年には当用漢字字体表が発表された。これは手許にある前記漢和大字典に比べて極めて少ない字数である。その30年後の1981年に、当用が常用に改められ、常用漢字1945字の音と訓が定められた。更に30年後の平成22年（2010）に常用漢字表2136字が定められた。そこには常用される漢字と一部の元（正字など）の漢字が示されている。各々の漢字の音訓（振りがな）と送りがなや用例などが示されている。発令は内閣告示とか内閣訓令となっている。これは独語などでいわゆる正書法に相当するのであろう。

　漢字について少し時代を遡って考えてみると、明治時代にはこれを廃止しようという声があったというし、さらには日本語を止めてフランス語（仏語）にしようという極端な発言もあったという。最近でも漢字が日本語を滅ぼすと云う主張がある。一方では漢字はすごいとか日本語は美しいとかの主張もある。また『昭和を騒がせた漢字たち』円満字二郎著（吉川弘文館）と云う本も出ている。筆者もその騒ぎの中で右往左往させられた昭和生まれの一人である。

　最近日本語漢字の略字を止めて、もとの難しい正字を使う人が増えているようにみえる。例えば 学→學、沢→澤、浜→濱、竜→龍 など枚挙に遑(いとま)がない。固有名詞ではしかたがないが、日常の文章では繁

雑であると考えられる。

一時使われた略字、例えば草書体の门（門）、それに杛（機）、耺（職）、斗争（闘争）などは最近みかけない。

諸言語の違いの一端

中国では文字の改革によって簡体字が使われている。一部の簡体字（子）と繁体字（親）と比べると、子と親の関係の想像しにくいものがある。例えば、机（機）= jī、书（書）= shū、电（電）= diàn、样（様）= yàng、听（聽）= tīng などである。先祖は同じでも日本語の漢字やその略字と簡体字とは異なるので意味も通じなくなる。同じ字を見るとほっと安心するが、発音や意味を辞書で確認する必要がある。昔は日本人と中国人は漢字の筆談で話しが通じたとも聞くが今はどうなのか。

日本語と中国語（中文）の違いの１つに中文の構造が 主語（S）+動詞（V）+目的語（O）であること。これは英文の構造 S + V + O と同じである。他方、日本文は S + O + V である。こちらの方は韓国語（ハングル）の構造と同じである。その点、学び易いのである。

韓国語の話になったので、マレーシア語（馬語）との関連で注目していることがある。人と別れる場合、日語では誰もが「さようなら」の一つの言い方である。韓国語（ハングル）では二つの言い方がある。その場に居残る人（見送る人）と立ち去る人の言い方が異なるのである。居残る人は立ち去る人に対して、안녕히 가세요（アンニョンヒ カセヨ）「安全に行って下さい」と、立ち去る人は居残る人に対して、안녕히 계세요（アンニョンヒ ケセヨ）「安全に居て下さい」と言うのである。馬語の場合、前の立場では Selamat jalan（スラマ ジャラン）「安全に行って（旅行して）下さい」、後の立場では Selamat tinggal（スラマ ティンガル）「安全に居て（留って）下さい」である。このような表現の仕方の相似性は、何に由来するのだろうか。とても興味深いので、今後の宿題としたい。

日本語の構成する漢字やかなの組合わせの複雑さと発音の難しさ、さらに文章の組立ての特徴なども考えてみた。

その他に方言の難しさも忘れてはならない。

筆者は生れてから25歳まで仙台弁をしゃべって育った。仙台弁を含め東北全般を東北弁通称づうづう弁といわれる。最近はそう感じないが、少年の頃はづうづう弁をはずかしく思い、学校で習う標準語（共通語）で話すように努めていた。就職のため関西地方に移ることが決まってから、恰かも外国語を習うように関西弁を習った。関西弁といっても実際住んでみるとその中に大阪弁、京都弁そして滋賀弁などがある。上手に言えなくとも聞いて分るので日常生活で大きな支障がなかったのは幸いである。

日本に生れ育って、仕事をし、音楽を楽しんだりして生活する80余年生活して

来た筆者でも、日本語の難しさに疲れてしまった。外国人が日本語を学ぶことの難しさは測り知れないものがあるだろう。日本に来て日本語で職業訓練を受けて、いよいよ最後の国家試験を受けたとき、漢字が分からなくて落ちたため、帰国した人がいると聞いた。言語の壁である。英語を母語とする人が最も難しいとする言語の一つは日本語であると聞いている。

欧州旅行での言語の壁

さきに、述べた自分史の中で、初めての欧州旅行で二つの壁を体験したと書いた。実は三つ目の壁を書くのを忘れていた。それは言語の壁についての体験であった。パリに行ったとき、ホテルや街で英語で聞いても答えてくれない、そこで用意した仏語のカンニングペーパーをとり出して聞くと答えてくれた。ただし求める答は「ウイ」か「ノン」だけだ。当時（1977）仏語は英語とともに欧州では公用語で、仏語の方が優勢であったため、フランス人はプライドが高いのだと聞かされていた。

ワルシャワでの学会のあった朝タクシーに乗ると、運転手が「チャイニーズ？」と言ってきた。日本人が多かったせいか、昼に乗ったときには「ジャパニーズ？」に変った。日本人は金持ちと分ったのか「チェンジマネー？」ときた。我々の持っている米ドル札を現地の通貨に闇レートで換えてくれるというのだ。米ドル札を示し、指先で説明するのだ。言葉は喋らなくとも分かるのだ。彼ら運転手はここで換えた米ドル札を政府の関係者や外国への旅行者により高率の闇レートで売って利鞘を稼ぐというのだ。勿論これは違法だから警察当局に発覚すれば、売り手も買い手も逮捕投獄されるという。タクシー内は密室で露見しにくいが、囮捜査もあるから注意し、利用しないのがよいと言われていた。

ドイツでは研究室でも会議でも英語が主流で、日独の学会でも英語で発表するのがきまりであった。独語を復活させたいという気運もあると聞いた。ケルンやボン（当時西独の首都）の街を歩いたとき、高齢の男性から「ヤパーナー？」と声をかけられたことが2度あった。「ヤ、イッヒ ビン ヤパーナー」と答えるとペラペラとしゃべって来た。ゆっくり話してもらうと、日本に行ったことがあり、日本に好意をもっている様子であった。行きたいと思っていた百貨店（Kaufhaus）までつれて行ってくれた。

またコブレンツでライン下りの遊覧船に乗った。お目あてのあの岩（ローレライの岩）を見て、あの歌を独語で歌うためだ。船がその岩に近づくとスピーカーからあのメロディーが流れた。すると船上のあちこちから歌声が響いた。筆者も歌詞のカンニングペーパーを手にして大声で叫んだ。"Ich weiß nicht, was soll es bedeuten……" これは直訳では「私は知らない。それは何を意味するか……」日語の名訳によると「なじかは知

らねど……」となる。皆は姿形や出身は異なっても、同じ言葉で歌っていたので、ここでだけは言語の壁を感じることはなかった。

英語と米語の違い

次の旅行先はイギリスだ。言語のトラブルをできるだけ少なくしたいと思い、いろいろな場面・状況に則した英会話のカンニングペーパーを作ったので、一応準備はできたと思っていた。

フランクフルト空港に来た。東京からフランクフルトに来たとき乗ったのは〔独〕のルフトハンザ(Lufthansa)であった。ここはヨーロッパのハブ空港なのだ。アメリカ航空 American Airlines (AA)や英国航空 British Airways(BA)などの航空機をたくさんみる。ここで airlines と airways の違いに気づいた。筆者の用意したカンニングペーパーは米会話の本によって作ったものだが、米語と英語で異なるものがある。これから Queen's English (King's English) の国に行ってプライドの高い国の人々と会うので筆者が英語を習った原点に帰らなければならない。しかしもう遅い。ここから米語と英語の言語の壁にふり回されることになった。

ロンドンの空港 Heathrow Airport の手荷物台 turntable から自分の〔米〕baggage が〔英〕luggage に変わって出てきた。エレベーター〔米〕elevator に乗ろうと思っていたら、それは〔英〕lift であった。地下鉄〔米〕subway をさがしたところ、それは〔英〕underground であった。辞書をみたら〔米〕underground は〔英〕subway のことで地下道と書かれている。何だこれは？とあわててしまった。それからは出逢った単語は全て書きとめておき、ホテルに帰ってから辞書（ポケット用しかなかった）で調べることにした。

駅などの手荷物一時預り所をみた〔英〕Cloak room であるがあとで教えてもらったのは、これは便所またはトイレの遠まわしの云い方であり、辞書で〔米〕Check room や〔米〕Coat room のことであるとわかった。

ロンドンのタクシーは黒色で重厚な感じで、運転手に話しかけていいのかわからなかったが、なぜかハンドルと云ったら、〔英〕steering wheel と返ってきた。筆者は自動車に関心がないので、カンニングペーパーには書いていなかったので、アドリブで色々聞くことにした。見えるものからフロントガラスは？と云ったら、けげんな顔して、"Pardon!" ときた。指さすと〔英〕windscreen だと言う。あとで調べたら〔米〕windshield で、フロントガラスは和製英語だとわかった。ついでにワイパーは〔英〕windscreen wiper〔米〕windshield wiper である。後ろの座席からはボンネットが高く見えたので聞くと〔英〕bonnet〔米〕hood、方向指示器は〔英〕winkers〔米〕blinkers 共に複数である。他にもたくさ

ん聞いたが省略する。

　先方の会社に行くときに鉄道〔英〕railway〔米〕railroad を利用した。車中では、案内してくれた人に英語と米語の違いをいろいろ聞くことができた。

各言語の方言にも注目

　外国を旅行するとき、その国の共通語や公用語を学んでおくが、訪れる地方の方言を知っておくことも大切である。

　イタリアは古くから栄えたのに、国家として統一されたのは19世紀中頃であり、フィレンツェの方言を基にして、イタリア語標準語の共通語そして公用語が認められた。首都ローマの方言ではなく、著名な詩人・作家のダンテ（Dante, A）が、彼の作品をフィレンツェ方言で書いたので、その文体を基にしてイタリア語の共通語が定められた。

　欧米でも日本でも話し言葉から標準語・共通語が定められたのに、イタリア語の標準語は書き言葉から作られたという特徴がある。イタリアに数多くある方言のうち昔、音楽の中心的な都市として栄えたナポリ〔伊〕Napoli〔英〕Naples の方言は今日でもカンツォーネの歌詞に生きており、〔伊〕canzone napoletana として親しまれている。とりわけ Santa Lucia や O Sole Mio は日本で最も愛されている歌である。筆者の通うオペラ講座では、最後に皆で上の2曲のどちらかを歌って解散する。これはわずか2分位だが至福の時である。

　次にドイツ語（独語）は北から南にかけて大別して三つの方言に分けられる。それぞれにいくつかの地域の方言に分かれている。独語辞典に方言地図が描かれているのをみると、北部は Niederdeutsch（低地独語）、中部は Mitteldeutsch（中央独語）、南部は Oberdeutsch（高地独語）である。日本人の好きなモーツァルト（Mozart, W.A.）はオーストリア国のザルツブルク市（Salzburg）生れである。ここは Oberdeutsch の内のバイエルオーストリア Bayrisch-österreichisch に属する方言とされる。また筆者が学生の時に友人から教わったあの「ムシデン ムシデン……」の歌はドイツ南西部シュヴァーベン（Schwaben）地方の民謡であることがわかった。これも Oberdeutsch の一方言であった。

　英語についてみると、ブリテン島の小さな島国のイギリスが、17世紀に世界に乗り出し、200年の間に沈む日（太陽）を見ないと言われる大英帝国を形成した。多くの植民地には英語が普及するとともに現地の言語と混合したり、年月の経過に伴って方言に進化した。

　筆者が最初教わった英語は英国の英語即ち British English であった。これは Queen's English 又は King's English とも言われる。敗戦後はアメリカ英語が入ってきた。今日ではアメリカ英語（米語）カナダ英語、オーストラリア英語、ニュージーランド英語、インド英語、シ

ンガポール英語、フィリピン英語など、夫々に特徴が認められる。それらの独立した国家の公用語として英語が用いられる。

伊語の感想

諸言語を少しずつ齧っただけなのに、感想を述べるのもおこがましいが、一つの区切りをつけなければならない。

本書は筆者の収集した伊独英ことわざ手帳である。言語の並び順は、学び始めてから短い順である。即ち84才（2016）を基にふり返って伊語約14年間、独語約66年間、英語約72年間である。またこれは筆者がこれからより多く学びたいと思い、より好ましいと思っている順番である。伊語をもっと早く始めなかったかと残念に思っている。とり返すことができるのか、毎日朝食前の30〜60分をカンツォーネとオペラアリアを聴く時間としている。優れた歌い手はデル・モーナコ（Del Monaco, M.）、ディ・ステーファノ（Di Stefano, G.）から、三大テノールのパバロッティ（Pavarotti, L.）、ドミンゴ（Domingo, P.）、カレーラス（Carreras, J.）それにプラティコ（Praticò, B.）と連ねている。語学としてはオペラに精しい武田好の著書、「CDブックこれなら覚えられる！イタリア語単語帳」（NHK出版）のCDを聴いている。

伊語はアルファベットの文字が常用21字に外来用のための5字、合計26文字で少なく、発音はローマ字読みと同じであ

るから、字と音が一体的に感じられ、我々には発音し易い。歌も歌詞の音がメロディーの流れによくマッチしている。独語のリートと比べるとそう感じられる。メロディーと歌詞のくり返しが多いが違和感がなく聞けるし、却って覚え易い面もある。歌の最後は高い音で終わるものがあり気持ちが高揚するので良い。これは高齢者にとって発声しにくいが、聞いて楽しむには良い。単語の末尾の母音が省かれていることには、ちょっと納得できない。日本語の音は全部母音で終わっているのだ。単語が英語と同じものや似ているものが多い。伊語→英語→日語の順で覚えるのが覚え方のコツと思っている。

独語の感想

独語は筆者が若く、記憶力の盛んなときに学び始めた。最初は der des dem den から始まった。der はデルと発音したが今ではデアと発音するように書かれている。昔からの歌を聞くとデルと発音しているように聞こえるのでなつかしい。

独語の文章は正書法によってきっちり書かれており、歌詞もきっちり書かれているので意味がつかみ易いように思われる。ただ歌詞の音とメロディーが合致しにくい場合があり、この点、伊語の歌はメロディーと歌詞の音がうまく合致しているように感じる。独語の枠構造は他の言語ではみられない特徴があって興味深

い。単語を2個以上繋ぎ合わせて1個の単語とする。とくに医学用語や科学用語で多く、日本語に似ている点である。独語学習の最大の壁は名詞に文法上の性(gender)があること、男性・女性・中性の3種である。伊語では男性と女性である。ドイツでは子供のときから物など名詞の前にder(男性)、die(女性)、das(中性)をつけて教えられるそうで、理屈をこねるようでは覚えにくいのかもしれない。独語の単語でも、伊語の単語と同様に、英語と同じか、名詞の頭字を大文字に変えるだけの語があるが、そういう単語は独語→英語→日語と関連づけて覚えるとよい。

英語は世界の共通語か

英語は中学1年(1945年)に始めたので84歳(2016年)の今で学習71年になる。半世紀をはるかに超えている。しかしその進歩のほどはすでに書いた通り語るのも恥ずかしい。英語は独語と同じ先祖から分れたとされるが、歴史の途中で独語で最も苦手とされるあの文法上の性を捨ててしまった。欧州の主要な言語で、フランス語の仲間とされる伊語・仏語・西語なども文法上の性を残している。

日本人が諸言語を学ぶときの最大の難関は名詞の文法上の性であり、これによって冠詞や形容詞や動詞の語形が変ることに悩まされ、学ぶのをあきらめる事にもなる。英語に文法上の性がない上に、伊語や独語の単語と似ているものが多く、仏語もよくとり入れ(借入語)ている。文章の構成も柔軟に富んでいるように思われる。このように英語の歴史の過程で変化した姿が、今日世界の共通語としての地位を占めるようになった要因の一つかなと考えている。

自分史の鳥瞰図

自分史の中では、母語である日本語と外国語として学んだ9つの言語そして、自分の仕事と趣味としての音楽を編年体形式でまとめた。これを時系列で整理すると図表(202頁～203頁)に示すような結果が得られた。この図表は自分で最も満足できるものとなった。自画自賛である。以上のような経過を通じて諸言語のことわざを集めてことわざ手帳をつくってきた。今回はそのうち伊独英の3言語のことわざを書き出し、注釈を付けた。3言語については、集めたいものがまだ残っており、その他の言語については手をつけたばかりである。

著者経歴と自分史の鳥瞰図

著者経歴と自分史の鳥瞰図

年齢・年号		経　歴
0〜	1932年	仙台市生まれ　（6月25日） 仙臺市上杉山通國民學校、宮城県仙台第二高等学校卒
20〜	1958年	東北大学大学院（農学専攻）　修士課程修了 塩野義製薬株式会社入社　研究所勤務 抗生物質開発のための動物実験に従事
30〜	1962年	実験用犬の繁殖育成と薬理実験・慢性毒性試験に従事
	1964年	社団法人日本動物福祉協会会員 Animal Welfare Institute, New York, U.S.A. 会員
	1968年	同社油日ラボラトリーズに異動　抗原虫薬開発担当
	1969年	犬の生物学　朝倉書店出版
	1970年	The International Commitee on Laboratory Animals（ICLA）会員
40〜	1975年	大阪大学より医学博士授与　（微生物病研究所猪木正三教授）
	1976年	ニワトリコクシジウム病の病態生理学　自費出版
	1978年	開発薬の説明と学会発表のため、英国、独逸、仏国、波蘭に出張
	1980年	犬、その文芸・科学・医学におけるプロフィール　丸善京都出版
	1981年	動物実験におけるネコ、安全性試験の領域　（堀内茂友と共著） 中野・前島編　医学・生物学のためのネコ　ソフトサイエンス社出版
50〜	1982年	実験用ネコの繁殖育成と薬理実験担当 脳生理学研究に参加　（大阪大学基礎工学部　村上富士夫教授）
	1984年	フルート学習開始　（52歳）
	1985年	摂南大学薬学部非常勤講師　（兼任）　生物学・発生学担当
	1988年	大阪大学微生物病研究所原虫学部非常勤講師　（兼任）
60〜	1992年	イヌ・ネコの寄生虫学実践入門（塩田恒三と共著）　山水書房出版
	1992年	塩野義製薬株式会社定年（60歳）退職
	ほかに	医学生物学書編集分担執筆5篇、総説・解説約100篇、原著論文25篇、 特許出願（日本、外国）5件、実用新案1件"
	1993年	大阪大学医学部附属動物実験施設非常勤講師
	1994年	マッキー総合学園日本動植物専門学院京都校非常勤講師　生物学担当
	1996年	マレーシアにおけるイヌ・ネコの寄生虫事情　山水書房出版
	1997年	どうぶつたちのおはなし（イヌ・ネコ執筆）　前島編　アドスリー出版
	1997年	New York Academy of Sciences　会員
	1999年	Marquis Who's Who in the World　掲載
	2000年	Marquis Who's Who in Science and Engineering　掲載
70〜	2003年	The Charles Darwin Associates of the New York Academy of Sciences and the Board of Governors
	2003年	老人性白内障と冠動脈狭窄で短期入院8回　（2005年まで） モーツァルトの勉強開始　（71歳）
	2004年	JRジパングのイタリアオペラ講座受講　（2016年も継続）
80〜	2013年	ことわざ伊独英併記手帳のまとめを始める
	2016年	石を投げるな──ことわざ伊独英併記手帳出版　（84歳）

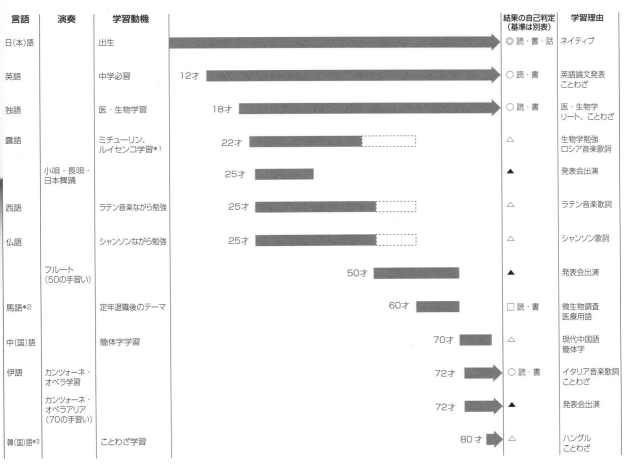

あとがき

　本書は筆者がイタリア（伊）語を14年間、ドイツ（独）語を66年間、英語を71年間、日本語を84年間学んできた間に、心に留めたことわざを書いた手帳である。その中で、どうしても受け入れることのできなかった「一石二鳥」については、根拠を示して新しい解釈を試みた。

　筆者にとっては、辞典・事典は引くものではなく読むものであった。現役時代の仕事である医学・生物学関係の語彙や退職後の趣味である音楽関係の用語や歌詞を調べるときには、その語のすべての説明を読むことにしてきた。それは辞典・事典の編集者や歌詞の作者の意図することに近づけるのではないかと考えたからである。そこに諺・慣用句・名句・名文を見出すと、これをことわざ手帳に書き留めてきた。それらの文はそれが説明する状況・状態（situation）によって、章と節に分類して、伊・独・英の順に並べて記入した。またその分類に近い内容や反対の意味のものも〔参〕と記入して加えた。分類の適否については更に検討を要するとも考えられるが……。

　とくに筆者が71歳の時に白内障や冠動脈の検査・手術を前後6回に分けて受けてからは、音楽を聞きながら資料を整理するという所謂「乍ら族」（昭和33年、1958年初出）の習慣が再発した。これが作業を楽しくした。

　長い間に書き留めたことわざは「塵も積もれば山となる」の如く3200を超えるが、それらのうち真理に反するもの、差別（人種、性別、年齢、動物種）的なもの、倫理に反するもの、教育上不適切なものを除外した。とりわけ「一石二鳥」は国語学者・英語学者そして科学ライターの著書、それにNHKや新聞などで、その使われ方が適切でないように考えられる。岩波新書の説明にも納得できない部分がある。そこで真理性と環境問題の観点から考察を加えて新しい解釈を提案した。

　ことわざ手帳に集めた手書きの文章をパソコンに入力する段階で筆者の身体上の困難さのために着手しかねていた。そんな時に幸いにも新たに家族の一員となった息子の嫁・怜の協力を得ることができた。彼女にとって伊・独語の文章は初めてのことであり、筆者の読みにくい字とりわけnとuの違いや、筆記体のr, g, zなどの判読に苦労しながら頑張って、すべてを入力してくれた。2015年の夏に原稿の第一刷ができあがった。

　初めは自費出版で自分史の記録程度にと安易に考えていたが、このことを地元彦根市のサンライズ出版社代表取締役岩

根順子氏に相談したところ、人に読んでもらえるようにとすすめられ、出版事情について教えていただいた。

　もとより筆者は伊・独・英・日全ての言語の専門家ではないので、スペルチェックと伊・独・英語の日本語訳を指導していただく方について、公益財団法人・日本イタリア会館事務長片山智士氏に相談したところ立元義弘氏を紹介していただいた。立元氏は大阪大学の講師で、元パナソニックイタリア㈱取締役社長（在伊）等を歴任され、しかも同会館の会誌で20回にわたりイタリアと伊語について解説と講演をされた方である。筆者は読者・聴講者の一人としてすでに存じ上げる方であった。早速先生にお願いしたところ、快く引き受けて下さり、さらに独・英語チェックと和訳の指導をしていただく方々を紹介して下さった。その方々のお名前は薮内敏彦氏、ロメル・ウェーレン女史、ティノ・シュラーマン氏、楠本理紗女史である。日本語のチェックについてはサンライズ社の方にお願いした。皆様に厚く御礼申し上げる。

　資料の検索と収集については、1996年以来20年間にわたり龍谷大学図書館の司書の方々にお世話になったことも記して感謝申し上げる。

　資料集めと云えば、戦後の混乱期から図書館通いをして、ノートに書き写しをし、一歩進んでカメラを持ち込んで写しとった。複写の方法は最初は謄写版、それから青焼き、白黒コピーそしてカラーコピーへと進歩した。印刷については邦（和）文の場合は清書した手書きの原稿を専門の邦文タイピストか印刷所に渡した。欧文の場合は欧文タイプライターが普及し、自分でタイプした。初めは手動ものが電動となって、仕上がりがきれいになり、処理能力が増した。続いて欧文と邦文共用のワープロ(wordprocessor)(1970年)ができ、それからパソコン(personal computer)(1976)が普及し、これを自分で所有することができ、複写もできるようになった。

　今では（1993年以後）インターネットを使えば電子辞書や専門誌の記事内容が家のパソコンで手に入るようになった。まさにIT即ち情報技術(information technology)優位の時代であり世間ではパソコンやインターネットを使いこなせるか否かで情報格差(digital divide)を生じている。筆者は情報技術貧乏老人の一人としてとり残されていると感じている。

　こんなことで息子の亘は筆者の専門外のことを書くのだから注意するようにと手綱を引き締めてくれた。また妻の淳子は日本語の校正をすると共に、表紙デザイン等、更に孫の澪里(M.M)の10歳時の画を頁の余白にアレンジして飾ってくれた。

　こうして本書は多くの方々の指導と協力によって出来上がったもので感謝の至りである。今日の長寿社会で健康長寿の日々を過ごしてこられたからこそ味わえる喜びをかみしめている。

最後に本書の原稿について校正を重ねるとき、その都度思ったことがある。それは四字熟語で「校書掃塵」である。これは広辞苑第六版によると「書を校するは塵を掃うが如し」とある。本書校正作業を通じて身にしみて感じたことである。時には辞書や辞典などでもスペルの誤りを見出すことがあるが他人事ではないと思う。この言葉は今や筆者の座右の銘でありことざわ中のことざわと肝に銘じている。

　今後健康寿命を延ばすことができれば補遺増訂をしたいと思っているが、84歳の誕生日（6月25日）をひかえて、ここで一旦筆を擱く。欧米では85歳以上を「超高齢」(the oldest old)と云われるがあと1年余でそこに手がとどくことになる。

　諸言語のことわざ収集の過程でどうしても受容できない「一石二鳥」について、自分なりの考察を行った。石を投げてはいけないと言っておきながら、一石を鳥にでなく、池に投じて波紋が広がるか否か待ってみたい。

2016年（平成28年）6月吉日

及　川　　弘

引用および参考文献

伊語および伊語ことわざ（含ラテン語）（I-）

I-1 小学館：伊和中辞典　小学館第2版　1998
I-2 武田正實：現代伊和熟語大辞典　日外アソシエーツ　2001
I-3 西本憲二，斎藤憲：イタリア語動詞活用表　白水社　20刷　2008
I-4 長神悟：イタリア語のABC CD付　白水社　2003
I-5 伊藤太吾：ロマンス語　ことわざ辞典　大学書林　第1版2004
I-6 伊藤太吾：フランス語・イタリア語・スペイン語が同時に学べる本　ナツメ社　2007
I-7 武田好：イタリアオペラに行こう　NHK出版　2010
I-8 タカコ・半沢・メロジー：イタリア謎だらけ 中公文庫　中央公論社　2004
I-9 Dizionario plus：Sinonimi, Dizionario dei sinonimi dela lingua italiana, Antonio Vallardi Editore, Milano 1999
I-10 Barron：501 Italian verbs, Barron's 3rd, ed, 2007
I-11 R.Schwamenthal & M.L. Straniero: Dizionario dei proverbi' italiani e dialettali, BUR Dizionari 2005
I-12 野津寛（編著）：ラテン語名句小辞典　研究社2刷　2011
I-13 Arthaber, A: Dizionario Comparato Di Proverbi e Modi Proverbiali in Sette Lingue, ULRICO HOEPLI, 2002

独語および独語ことわざ（G-）

G-1 国松孝二（代）：独和大辞典　小学館　1985
G-2 相良守峯：大独和辞典　博友社　39刷　2005
G-3 在間進（編）：ドイツ語新正書法ガイドブック　三修社　1997
G-4 山川丈平：ドイツ語ことわざ辞典　白水社　1975
G-5 野本祥治：ドイツの諺　郁文堂　1961
G-6 乙政潤，グイドヴォルデリング：ドイツ語ことわざ用法辞　大学書林2版　1995
G-7 瀬川真由美：猫の嘆きと白ネズミ ドイツ語の動物表現　白水社　1996
G-8 福田幸夫：英語でわかるドイツ語入門（新装版）第三書房4版　2010
G-9 木下康光：孜々として倦むことを知らぬ男（上）（下），ヴァンダー「ドイツ語ことわざ辞典」覚書 図書2012年（上）5月，（下）6月　岩波書店　2012
G-10 Barron's：501 German Verbs, Barron, 2008
G-11 Der Verlag：Standard Wörterbuch Italienisch, Italienisch-Deutch, Deutsch-Italienisch, Axel Juncker verlag, 2002
G-12 K. F. W. Wander：Deutsches Sprichwörter-Lexikon 1867～1880（京都大学図書館蔵）

英語および英語のことわざ（E-）

E-1 研究社：新英和大辞典　5版8刷　研究社　1984
E-2 研究社：新英和大辞典　6版7刷　研究社　2009
E-3 大塚高信，高瀬省三：英語諺辞典　三省堂　1987
E-4 奥津文夫：ことわざ英語と日本語　サイマル出版　1978
E-5 奥津文夫：日米ことわざの比較文化　大修館書店 2刷　2004
E-6 井坂陽一郎：ことわざ英文法　評論社　1975
E-7 新田等：新編英語ことわざ辞典　むさし書房　1972
E-8 千葉万平：和英格言俚諺辞典　成学館　1956
E-9 ライドウト・ウィティング（共著）中西秀男（訳）：常識としての諺800　北星堂書店

1967
E-10 西元篤：和漢洋対照 ことわざ辞典 創元社 10版 1986
E-11 安藤邦男：東西ことわざものしり百科 春秋社 2012
E-12 ピーターミルワード（著）別宮貞徳（訳）：英語の名句名言 講談社現代新書 6刷 講談社 2008
E-13 M. P. Tilley：A Dictionary of the Proverbs in England, In the Sixteenth and Seventeenth Centuries, Univ. Michigan Pr. 1950
E-14 Routledge：Dictionary of European Proverbs, Vol Ⅰ, Ⅱ & Ⅲ, Routledge 1994
E-15 Oxford：The Oxford Dictionary of English Proverbs Oxford at the Clarendon Pr. 1984
E-16 J. Speake：Oxford Dictionary of Proverbs, 5th Oxford Univ. Pr. 2008
E-17 R. Ridout & G Witting：English Proverbs Explained. Heineman, 1967（和訳本：中西秀男訳 上記 E-9）
E-18 M. H. Manser（ed.）：Dictionary of Synonyms and Antonyms, Chambers 2000
E-19 A. Spooner：A Dictionary of Synonyms and Antonyms, Oxford Univ. Pr. 1999

日本語のことわざ（J-）

J-1 新村出（編）：広辞苑 第6版 岩波書店 2008
J-2 小学館：日本国語大辞典 第2版 小学館 2001
J-3 F. B. ギブニー：ブリタニカ国際大百科事典, ディービーエスブリタニカ 1988
J-4 下中直人：世界大百科事典 改訂新版 平凡社 2007
J-5 相賀徹夫：大日本百科辞典 ジャポニカ 小学館 1980
J-6 中村明他：三省堂 類語新辞典 三省堂 2005
J-7 柴田武，山田進（編）：類語大辞典 講談社 2002
J-8 尚学図書：故事俗信 ことわざ大辞典 小学館 1982
J-9 自由国民社：故事名言由来 ことわざ総解説 自由国民社 1979
J-10 江川卓他：世界の故事名言 ことわざ総解説 10版 自由国民社 2012
J-11 延原政行（編）：日本の故事・諺 金園社 1967
J-12 時田昌瑞：岩波ことわざ辞典 15刷 岩波書店 2011
J-13 三省堂：故事ことわざ慣用句辞典 10刷 三省堂 2006
J-14 北原保雄：明鏡 ことわざ成句使い方辞典 大修館書店 2007
J-15 野本拓夫：ことわざと故事・名言分類辞典 法学書院 2008
J-16 西谷裕子：言いたいことから引ける慣用句ことわざ四字熟語辞典 東京堂出版 2012
J-17 永野恒雄：ことわざ練習帳 平凡社新書 平凡社 2013
J-18 柴田光蔵：ことわざの法の知恵 講談社現代新書 講談社 1987
J-19 鄭芝淑：比較ことわざ学の可能性 言語文化論集 29巻2号, 433-447, 2008
J-20 岩波書店辞書編集部（編）：ことわざの知恵 岩波新書 岩波書店 2010
J-21 岩波書店辞書編部（編）：四字熟語ひとくち話 岩波新書 2007

その他の言語（O-）

O-1 野津寛（編著）：ラテン語名句 小辞典 2刷 研究社 2011
O-2 吉岡正敞：フランス語ことわざ集 駿河台

出版社　1976
O-3　A. W. Hamilton：Malay Proverb. Times Books International　1987
O-4　賈恵京：改訂版 日韓類似・ことわざ辞典　自帝社　2007

音楽文芸関係（主なもの）（M-）
M-1　田辺秀樹：NHK CDブック やさしく歌えるドイツ語のうた　日本放送協会　2006
M-2　三ヶ尻正：歌うドイツ語ハンドブック　ショパン　2006
M-3　森田学：歌うイタリア語ハンドブック　ショパン　2006
M-4　ビクター：Italian Pops Collection　ビクターエンタテインメント　2006
M-5　青木純（友谷達則）：Cantare, Mangiare, Amore NHKテレビ　2005年4月～2006年3月
M-6　関孝弘, ラーゴ・マリアンジェラ：よくわかる音楽用語のはなし　全音楽出版社　2006
M-7　Philips：シャンソンド・パリ・リフレクション18　日本フォノグラム㈱　1975
M-8　藤沼貴, 佐藤純一他：NHKロシア語〈歌と詩〉（カセットテープ付）日本放送協会　1973
M-9　平凡社：ファブリ世界名曲集1～60　平凡社　1970年～1972年
M-10　浅利慶太：時の光の中で、劇団四季主宰者の戦後史　文芸春秋社　2004

■著者略歴

及川　弘（おいかわ　ひろし）

1932年（昭和7年）仙台市生まれ
仙台第二高、東北大農卒
塩野義製薬研究所で新薬の開発と動物実験に従事
医学博士（大阪大学）、農学修士（東北大学）
大阪大学（医）摂南大学（薬）非常勤講師
New York Academy of Sciences　会員
Marquis Who's Who in the World　掲載
著書「犬の生物学」朝倉書店1969など多数
特許・実用新案6件

石を投げるな ―ことわざ、伊・独・英　併記手帳―

2016年6月25日　印刷
2016年8月20日　発行

著　者	及　川　　弘（Oikawa Hiroshi）	
制　作	サンライズ出版	
編集協力	公益財団法人日本イタリア会館事務局 立元義弘	
発行者	及　川　　弘（Oikawa Hiroshi）	
発売元	サンライズ出版 〒522-0004 滋賀県彦根市鳥居本町655-1 電話 0749-22-0627　FAX 0749-23-7720	
印　刷	P-NET信州	

© Hiroshi Oikawa 2016　Printed in Japan
ISBN978-4-88325-595-5 C1087
定価はカバーに表示しています　　無断複写・複製を禁じます